기독교 상담과
일반상담의 차이점

– 새로운 상담기법 FE-Toil과 상담은 목회의 사명 –

– 새로운 상담기법 FE-Toil과 상담은 목회의 사명 –

기독교 상담과
일반상담의 차이점

이 해 종 지음

한국학술정보[주]

책을 내면서

　"다음 달 전기료와 아이들 학원비가 없어 하나님께 기도해 보셨나요?"
라는 안양의 R성도의 말이 가끔씩 떠오른다. 많은 이들을 상담해 보았지만
유독 안양의 R성도가 생각나는 것은 무엇일까? 그것은 아마도 나의 느낌
과 감정에, 슬픔에 빠진 여인을 실제적으로 도울 수 없는 나의 현실을 아
직도 느끼기 때문이라 생각한다.

　2005년도 한여름에 귀국한 나는 여러 선배님들과 동료들의 도움과 사랑
을 듬뿍 받았다. 나를 포용하며 등을 두들겨 주신 선배님, 강의하도록 여러
가지로 배려하여 주신 선배님, 그리고 나를 최고(?)의 후배로 사랑하여 주
시고 극찬하여 준 선배님 등등. 지금까지 강의를 하면서 나의 후배들에게
그 도움과 사랑을 조금이나마 나눠주어야 하는 작은 짐이 내게는 생겼다.
이 책의 출간으로 약간의 보답이 될 수 있을는지…….

　나는 유학 후 귀국하였을 때 참 막막했다. 그리고 얼마나 하루하루가 힘
이 들던지 하나님께 기도하는 것을 여러 번 쉬었었다. 그리고 답답한 시간
이 찾아올 때 나는 훌륭한 여러 선배님들이 나의 곁에 계신다는 것을 하
나님께 감사했다. 이러한 가운데 안양의 R성도를 만나 상담하였을 때 우린
속으로 서로 많이 울었다. 그래서 이 책을 내면서 그 성도가 생각나는 듯
하다. 지금도 나는 하나님의 은혜와 사랑이 그 가정에 있기를 기도한다.

　한국학술정보(주) 출판사의 요청으로 나는 이 '기독교 상담과 일반상담

의 차이점'이라는 책을 내게 되었다. 나의 논문을 선정하여 책을 펴낼 수 있도록 한 한국학술정보(주) 출판사 사장님과 임직원들에게 감사를 드린다. 이 책은 새로운 상담기법을 소개하고 있으며, 특별히 성경적 근거를 제시하여 '상담'이 교회사역의 핵심인 것과 '사명'이라는 것을 주장하고 있다. 그리고 안양대학 신학대학원에서 후학들을 위해 강의하면서 틈틈이 논문과 교안을 정리하여 이 책을 펴낼 수 있게 되었다. 그러므로 이 책은 나의 모교인 안양대학의 발전을 위한 뜨거운 마음이 무엇보다도 담겨 있다.

이 시간에도 어렵고 힘들게 살아가는 수많은 사람들에게 '용기를 잊지 말라'고 당부하고 후에 하나님 앞에 서는 날 부끄럽지 않은 삶을 살았다면 당신이 성공한 자가 될 것이라고 감히 말하고 싶다. 선교사의 아버지인 윌리엄 캐리는 "하나님께로부터 큰 것을 기대하라. 하나님을 위하여 큰 것을 시도하라"라고 했다. 이 책이 조금이나마 기독교 상담학을 공부하는 많은 사람들에게 열매의 도움이 되길 나는 바란다.

나는 죽도록 사랑하는 사람들이 있다. 그들은 바로 사랑하는 부모님과 아내 그리고 이 세상에 리더들이 되기 위해 힘쓰는 사랑하는 세 자녀이다. 이들이 없었더라면 나는 어두운 밤길을 한없이 걷는 이 세상의 나그네로 남았을 것이다. 지면을 통해 가족들을 사랑한다고 말하고 싶다.

끝으로 지금 이 시간도 내적인 갈등과 문제로 고민하고 해결을 위해 노력하는 사람들이나 이들을 상담하고자 하는 상담사역자, 상담사, 그리고 목회자들에게 이 책이 유용한 참고서가 되길 바란다.

항상 위대한 가슴과 밝은 눈동자로 나를 지켜보고 감동을 주시는 살아 계신 하나님께 아주 많이 감사하고 모든 영광을 돌린다.

"The Lord is my shepherd I shall not be in want"

2007년 9월

역촌동 서재에서   이해종

차 례

1. 느낌과 감정에 수고하기(FE-Toil) ·············· 11

1) FE-Toil 기법의 의미 ···················· 11
2) FE-Toil 기법의 성경적 근거 ················ 12
3) 상담사역의 중요성 ······················ 16
4) FE-Toil 상담기법의 성경적 의미 ············· 17
5) FE-Toil 상담기법의 결과로서 성숙의 의미 ········ 22
6) FE-Toil 기법의 단계적 의미 ················ 25
7) FE-Toil 기법에 대한 의학적(뇌 의학) 접근 ········ 52

2. 상담자가 알아야 할 Stress에 대해서
   (느낌과 감정치유를 위한) ················ 61

1) 스트레스(Stress) ······················· 61
2) 스트레스의 원인 ······················· 62
3) 일반 스트레스와 영적 스트레스
   (General Stress And Spiritual Stress) ········· 63
4) 스트레스에 반응하는 뇌의 반응 중 하나인
   아드레날린 호르몬과 뇌하수체에 대해서 ········· 67
5) 강박장애란? ·························· 76

3. 일반상담에 관하여 ····················· 83

1) 상담의 종류 ························· 83
2) 상담의 개요 ························· 85

4. 기독교상담과 일반상담의 차이점
(기독교상담은 교회의 사명을 핵심으로) ················· 89

1) 들어가는 말 ··· 89
2) 연구 방법 및 범위 ··· 92
3) 일반상담에 관하여 ··· 94
4) 일반상담과 인간 ··· 101
5) 기독교적 상담에 관하여 ································· 112

5. 기독교상담과 일반상담의 일반적 차이점 ················· 125

1) 기독교상담자와 일반상담자의 차이점 ················· 125
2) 기독교상담과 일반상담 목적의 차이점 ··············· 129
3) 기독교상담과 일반상담의 기초원리의 차이점 ········· 133
4) 기독교상담과 일반상담의 인간의 의미 차이점 ········· 136

6. 일반상담과 기독교상담의 사역의 차이점 ················· 145

1) 교회의 상담사역에 대해서 ······························· 145

7. 상담심리의 일반 방법론 ································· 193

1) 상담의 진행 과정 ··· 193
2) 일반상담 심리치료 ··· 196
3) 상담심리에서 발생하는 질문들 ························· 203
4) 프로이드 심리학
   (Sigmund Freud. Psychology (1856 – 1939)) ··············· 213
5) '의존의미요법'에 대해서 ································· 219
6) 인지 – 행동요법 ··· 222

8. **청소년상담** ·· **225**

　　1) 일반적인 청소년상담의 의미 ······················· 225
　　2) 청소년 폭력문제 상담의 실제 ····················· 234
　　3) 성폭력에 대해서 ······································· 237
　　4) 기타 청소년 비행문제(음주, 자살, 성폭력) ·········· 247

9. **집단상담(Group Counseling)에 대해서** ··············· **259**

　　1) 집단상담(Group Counseling), 집단치료(Group Care),
　　　집단지도(group Guidance)의 차이 ················· 260
　　2) 집단상담이란 ··· 262
　　3) 교회에서 상담사역 ··································· 263
　　4) 상담으로서 치유사역에 필요 요소 ················ 265
　　5) 집단상담과 집단토의 ······························· 273
　　6) 집단상담과 집단지도, 집단치료 ··················· 274
　　7) 집단상담의 질 관리 ································· 275

10. **게슈탈트(Gestalt)** ····································· **279**

　　1) 게슈탈트 치료의 역사 ······························· 280
　　2) 주요 개념 ··· 281

참고문헌(Bibliography) ································ **283**

1. 느낌과 감정에 수고하기(FE-Toil)

1) FE-Toil 기법의 의미

(느낌과 감정노동)충실하기 기법은 실제로 내담자의 느낌과 감정 회복을 우선으로 치유해 나아가는 기법이다. 물론 내담자의 모든 문제(갈등 포함)는 느낌과 감정 부분에 포함되어 있으나 느낌과 감정적인 부분을 어떻게 시작하나 어떻게 접근할까라는 의문이 들게 된다.

무너진 혹은 더 심한 경우 파괴된 내담자의 느낌과 감정의 부분은 흔한 표현으로 '영혼 치유' 혹은 '내적 치유'라는 말을 하기도 한다. 그러나 영혼 치유는 영혼의 상처와 아픈 부분을 회복시킨다는 말이지만 실제로 내담자의 영혼 부분을 수술하거나 두뇌 부분을 의학적으로 점검하는 것이 아니다. 하나님의 말씀을 통하여 위로해 나아가는 것이다. 내적 상담은 기법적인 표현이라기보다는 상담의 한 부분으로서 기독교상담이 사람들의 숨겨진 아픔, 말 못 하는 아픔 같은 내적인 문제를 위로 및 회복시켜 나아가는 것을 의미한다. 물론 이것도 하나님의 말씀을 통한 것이다.

즉 FE-Toil도 역시 성경의 조명과 상담자의 성숙한 영성이 요구되면서 나아가 하나님의 말씀으로 상처 난 느낌과 감정 부분, 파괴된 느낌과 감정, 현재도 아파하는 느낌과 감정 부분을 회복시켜 나아가는 것이다. "God's word acknowledges that we have feelings but calls on us to see that they are governed.[1]"(하나님의 말씀은 우리가 스스로 자신을 잘 알 수 있는 느낌들도 있지만 그것을 불러내어 다스릴 수 있음을 허락하셨다.) 물론 성령의 도우심과 역사하심을 의지하는 것은 당연하다.

2) FE-Toil 기법의 성경적 근거

모든 내담자의 문제는 느낌(Feeling)과 감정(Emotion)의 문제라는 의식을 갖고, 내담자를 만나서 상담에 임할 때 내담자 감정과 느낌에 주로 수고하는 상담자 자세가 중요하다.

알코올, 이성, 돈, 가정, 교회, 성, 직장, 직업, 사회적응, 학교에 관한 상담내용이 있을지라도 상담의 목표는 내담자로 하여금 변화를 유도하여 사회적응상에 문제나 갈등이 없도록 하는 것이므로 느낌과 감정 부분이 관련되지 않은 것이 없다. 그러므로 새내기 상담자들은 초면상담에서 다른 상담내용을 내담자가 말하는 것 같으나 분명 느낌과 감정의 문제라는 사실을 전제해야 한다.

한 예로 다윗의 문제(갈등)를 알아보자. 다윗은 흔한 말로 우리아의 아내인 '밧세바'에 대해서 강간죄, 그의 남편에 대해서 살인죄 그리고 모든 죄를 속인 '거짓증거'(하나님의 대해서)를 저지른 성경전문에 걸쳐 이만한 큰 득죄를 행한 자가 없는 죄를 다윗은 저질렀다.

다윗이 하나님에 대해서 저지른 죄는 성경적으로 고백되기를 아픔과 Feeling(느낌)과 Emotion(감정) 부분으로 제한할 수 있다. 다윗은 고백하기를 "내 속에 생각이 많을 때에 ……"(시94:19) 여기서 생각이라는 단어가 영어 N. I. V. 버전 영어 성경에서는 'Anxiety'(걱정거리)라는 단어를 사용하고 있다. "…… 내가 괴로워 말할 수 없나이다."(시77:4) 영어 성경에서는 'troubled'(괴로워) 단어를 사용한다. 즉 다윗은 문제 의식과 걱정거리가 많았다. 이보다 더 많은 시편과 잠언을 통하여 다윗은 느낌과 감정은 파괴되고 무너졌음을 알 수 있다. 특히 삼하11:3 이하부터 왕상까지 전반에 걸쳐 다윗은 마음과 심정에 고통을 가졌으며 괴로워했다. 그는 하나님께 대해서는 회개하기를 시6:1 여호와여 주의 분으로 나를 견책하지 마옵시며 주의 진노로 나를 징계하지 마옵소서, 6:2 여호와여 내가 수척하였사오니 긍휼히 여기소서 여호와여 나의 뼈가 떨리오니 나를 고치소서 6:3 나의 영혼도 심히 떨리나이다. 여호와여 어느 때까지니이까 6:4 여호와여 돌아와 나의 영혼을 건지시며 주의 인자하심을 인하여 나를 구원하소서 6:5 사망 중에서는 주를 기억함이 없사오니 음부에서 주께 감사할 자 누구리이까, 6:6 내가 탄식함으로 곤핍하여 밤마다 눈물로 내 침상을 띄우며 내 요를 적시나이다."

여기서도 자신은 하나님께 매우 부족하다고 고백하고 'agony'(아픔과 같은 Pain의 의미가 강한 고민, 고통)를 뜻하는 단어를 사용하고 있다. 느낌과 감정은 이미 의학적인 증거로 대뇌 특히: 전두엽(Frontal Lobe), 두정엽(Parieta lobe), 측두엽(Temprorl Lobe) 후두엽(Occipital Lobe)의 기능에서 감각과 감정의 변화, 판단, 지각, 말하기 듣기, 시각, 운동기능 등을 한다. 육체의 모든 명령 하달은 뇌가 한다.[2]

사람의 느낌과 감정은 총체적인 감각기관의 본부와 같다. 물론 마음을 다스리고 달래주고 위로하고 또 영혼을 위로하고 달래주고 다스리는 것은 실제적으로 그 사람의 느낌과 감정의 부분을 다스리고 달래주고 위로해주는 것이다. 간음으로 임신한 아들을 하나님께서 제하실 때, 다윗도 밤새도록 기도하였지만 아내 밧세바를 위로한 다윗은(삼하 12:24 'comforted': 위로하다) 새 인생을 시작한다. 그러므로 모든 내담자의 문제는 느낌과 감정의 회복과 치유에 초점을 두고 실제적인 치유와 회복에 나아가야 한다. 무조건 느낌과 감정에 좋은 말을 하거나 '하나님께서 함께하시니 참아보라'식의 권면적 상담은 내담자로 하여금 실망내지 듣기는 들어도 주최할 수 없는 느낌과 감정으로 상담의 의욕까지 상실할 수도 있다.

실제적으로 내담자의 느낌과 감정에 어떻게 충실하게 최선을 다할 수 있을까? 정확한 답은 내릴 수 없다. 그러나 이렇게 말할 수 있다. 느낌과 감정에 노력(충실)한 상담이 되기 위해서는 첫째로 권위적 상담이 되어서는 안 된다. 윗사람이라고 아래 사람 부리듯 혹은 말하듯 한 상담을 진행해서도 안 된다. 무엇보다도 진정한 위로는 같은 마음을 갖는 것이다. 그리고 간단한 신체접촉(손을 잡아주는 것, 어깨를 두드려주는 것, 혹은 친분 관계에 따라 안아주는 것 그리고 내담자 수준에 맞는 함께 걷기, 같이 울기, 무엇인가 구체적인 약속으로 내담자에게 신뢰감을 주는 것(다시 만날 것, 같이 회복을 같은 마음 갖기 등) 하나님의 사랑은 구체적이다. 그리고 늘 우리와 함께하시고 약속하셨다. 그리고 실천에 옮겼다. 효과적 상담, 성경적 상담은 많은 상담을 성경적으로 가르치는 것이 아니라 성경적으로 조명하고 상담자가 내담자를 위해서(내담자에 따라 달라짐) 동행하고 함께하려는 한 번의 실천이 중요한 것이다. 사랑은 감상적인 것이 아니다. 구체적이고 실제적인 주고받는 느낌과 감정인 것이다.

사랑이 말은 쉬워도 행동이 어려운 것은 바로 이 때문이다. 함께 동행하지도 못하고 함께 어울리지 못하면서 '친구'라 하고 같은 '성도'라 하고 하나님의 이름을 함부로 사용하는 상담행위 말이다.

왜 감정노동에 수고하는 상담이 중요한가? 그것은 청소년 문제에서도 나타나고 청소년을 둔 가정에서도 나타나고 사이즈가 큰 교회에서도 나타나는 것이 있는데 그것은 감정지수가 낮다는 것이다. 감정지수가 낮다는 것은 상호 즉 성도와 성도, 개인과 개인, 가정식구와 식구 등에서 공감대가 낮아진다는 것이다. 공감대가 상호 낮아지면 언어생활, 신앙생활, 각종 행동에서 악영향을 미치게 된다. 특히 감정은 사랑과 호감 그리고 느낌의 풍성함으로 한 사람이 건강하고 성숙하게 성장하게 되는 중요한 내적 요소이다. 그러므로 감정적인 면에 수고하는 상담이야말로 효과적 상담을 이룰 수 있다. 나아가 내담자들의 이모저모의 문제와 고민 등을 스스로 치유에 대한 확신과 나아가 사회적응상의 문제가 없게 되는 것이다. 이러한 감정적인 요소를 중요시 여기는 게리 채프먼(Gary Chapman)은 『The Five Love Languages of Teenagers』에서 다니엘 골맨(Daniel Goleman)의 말을 인용하면서 "공감하는 마음은 다니엘 골맨이 '감성지수'라고 부르는 근거 가운데 하나이다. 그는 감성지수를 다른 사람의 감정을 읽을 수 있고 비언어적인 영역에서도 효율적으로 의사소통할 수 있고 일상 가운데 감정의 고저를 조절할 수 있고 사람들과의 관계 속에서 적절한 기대감을 가질 수 있는 능력"[3]이라고 말을 했다. 이러한 감정과 느낌은 청소년은 가정에서 부모에게서 성도들은 목사의 언행과 교회의 지도자들에게서 흡수하는 경향이 많다. 그러나 느낌과 감정적인 부분을 상담해주지 않는다면 성경에서 말하는 '참기쁨'은 소유하기 어렵게 된다.

FE-Toil 기법의 전반적인 의미와 개요는 후반에 다시 전개하도록 하겠다. 여기서는 간략한 의미를 살펴보는 정도로 소개한다. 이는 다른 상담기법과 기독교상담에 관한 의미와 개요를 알고 FE-Toil 기법을 비교했을 때 또는 접했을 때 분명한 피상담자의 느낌과 감정의 부분이 얼마나 중요한 것인가 알게 되고 '성경적 상담', '기독교상담'이라는 상담 범주에서도 FE-Toil 기법이 성경적으로도 타당성을 인정할 수 있는가를 판단할 수 있기 때문에 후장으로 소개를 하는 의도를 갖게 되었다.

3) 상담사역의 중요성

기독교상담의 가장 큰 의미는 상담은 교회 사역 중 가장 중요한 사역 중 하나라는 것이다. 그리고 교회의 사명은 복음을 전하는 것이다. 이 복음을 전하는 수단으로 그리고 방법으로 교회는 '상담'을 실행해야 한다. 왜냐하면 하나님은 주님은 성령님은 '상담자'이시고 '상담사역'을 명하셨기 때문이다.

사람을 전도하는 것부터 시작하여 그 영혼이 하나님의 말씀으로 성장하기까지 전 과정에서 기독교상담은 접목되고 상담으로 마치게 되어있기 때문이다.

끝으로 중요한 부분으로서 주님께서 '성령'에 대해서(요한복음 16장) 말씀을 하셨는데 우리는 '성령의 역사'라 하여 기적으로 몸이 고침을 받는 '몸 고침'을 강조한다. 부인하는 것은 아니지만 한마디로 '보혜사'란 '상담자'(Counselor)를 의미한다. 요16:7 "그러하나 내가 너희에게 실상을 말하노니 내가 떠나가는 것이 너희에게 유익이라 내가 떠나가지 아니하면 보혜사가 너희에게로 오시지 아니할 것이요 가면 내가 그를 너희에게로 보내리니"에서 보혜사를 영어 성경 N. I. V. 버전에서는 The Counselor(상담자)로 K. J. V. 버전에서는 The Comforter(위로자)

로 번역하고 있다. 또한 성령을 "진리의 영: The Holy Spirit＝The Spirit of Truth"(요14:16; 16:13)이라고 하는데 성령은 진리 그 자체로서 자기 자녀들을 인도하실 때 '상담적 방법'을 사용하신다는 것이다. '상담'(consultation, counsel)이라는 말은 원래 법적 용어 정치와 군사적 용어로 서양에서 사용되어 왔다. 특히 영국 왕실이 고문 자격자를 맡거나 법적인 상황에서는 '변호인'을 두고 사용하였다. 특히 전시에는 전략과 전술에 능한 사람을 일컬어 말하기도 하였다.

보혜사를 히브리어로 'παραχλητος'(파라클레토스: 곁에)라는 뜻과 'παρα'(파라: 부름받은)뜻의 χλητος(클레토스: 곁에서 돕기 위해 부름받은 자)라는 뜻을 갖고 있다.

성령께서는 이러한 모든 의미를 함축하고 있는 방법으로 우리들을 인도하시는 것이다. 하나님이 자기 백성을 그렇게 인도하셨기 때문에 성령을 따르는 것이다.

이러한 주장을 호크마 주석(요14:16)에도 같은 의미로 주석하고 있다.[4] 그래서 혹자는 설교할 때 성령을 'Helper: 돕는 자'라고 말을 한다. 상담의 목적은 자기 백성을 하나님의 뜻대로 인도하시는 것이다.

4) FE-Toil 상담기법의 성경적 의미

느낌과 감정으로 모든 상담을 대할 때 내담자의 여러 문제들을 회복시킬 수 있을까? 답은 가능하다. 물론 모든 상담이 완결로서 끝날 수 없다. 다만 내담자에게 느낌과 감정의 회복으로 얼마든지 치유될 수 있다. 내적 치유가 의학적인 신경체계와 깊은 관련이 있다. 즉 아픔과 상처 혹은 고통에 대한 느낌과 감정은 내적인 문제 갈등의 표현이다. 이것을 치유하는 것을 '위로'라고 말할 수 있다. 성령의 도우심은 바로 이 위로를 주시는 것이다. 이 위로를 받을 때 모든 인간은 행복하다! 기쁘다고 고백한다. 이것이 성령의 최종적 사역이시다. 요 16:20-24에 보면 이 기쁨의 역사를 약속하고 있다. "내가 진실로 진실로 너희에게 이르노니 너희는 곡하고 애통하리니 세상이 기뻐하리라 너희는 근심하겠으나 너희 근심이 도리어 기쁨이 되리라. 여자가 해산하게 되면 그때가 이르렀으므로 근심하나 아이를 낳으면 세상에 사람 난 기쁨을 인하여 그 고통을 다시 기억치 아니하느니라. 지금은 너희가 근심하나 내가 다시 너희를 보리니 너희 마음이 기쁠 것이요 너희 기쁨을 빼앗을 자가 없느니라. 그날에는 너희가 아무것도 내게 묻지 아니하리라 내가 진실로 진실로 너희에게 이르노니 너희가 무엇이든지 아버지께 구하는 것을 내 이름으로 주시리라. 지금까지는 너희가 내 이름으로 아무것도 구하지 아니하였으나 구하라 그리하면 받으리니 너희 기쁨이 충만하리라."

참된 기쁨은 참된 회복, 참된 위로에서 나오는 것이다. 진리영이 우리 곁에서 상담하는 것은 우리의 느낌과 감정이 회복되길 바라시는 것이다.

끝으로 데이빗 A 씨맨즈는 말하기를 모든 사람의 느낌과 감정은 나무속의 나이테와 같다.(David A Seamands. Healing for Damaged Emotions) 나무의 나이테 속에는 전문가가 보았을 때 언제 홍수가 있었는지, 가뭄이 있었는지, 추운 겨울이었는지의 기억을 알 수 있다고 한다.

우리의 잘못된 관념이라고 할까? 생각이라고 할까? 흔히 '성령 충만' 받으면 '은혜받으면' 사람들의 내적인 아픔이나 느낌과 감정의 부분까지 자동으로 해결된다고 믿는다. 믿는 것은 좋지만 사실 그렇지 않다. 예수를 영접하고 성령의 충만으로 다시 태어나는 것은 평생에 중요한 사건이요, 귀중한 은혜의 사건이다. 그러나 그렇다고 감정적인 부분, 느낌에서 받은 상처까지 모두 회복되었다고 볼 수 없다. 한 예로 암 환자가 병원에서 수술을 받고 하나님의 도우심으로 새 생명을 찾았다고 가정하자. 그렇다고 그 사람의 건강이 모두 회복되었다고 말할 수 있을까? 건강의 기회를 찾은 것이다. 거기서부터 이 암 환자는 식생활, 가정생활, 신앙생활, 직장생활, 사회생활, 인간관계 등등에서 조심할 부분들을 찾고 노력해야 할 것이다. 마찬가지로 은혜를 받았고, 성령 충만을 받았다면 그 이후의 생활을 좀 더 조심스럽게, 성숙하게 해 나아가야 한다. 그리고 극단적으로 자신의 체험을 강조하며 그렇지 못한 사람을 비교하여 함부로 말하고 행동하는 행위 등을 조심해야 한다.

상한 부분은 영혼이거나 마음이 아니다. 그리고 총괄적인 의미에서 내적인 세계가 아니다. 이 개념은 너무나 현실감이 떨어진다. 느낌과 감정의 치유가 시급하다. 이것이 위치한 것이 의학적으로 신경계요, 내적 세계이다. 사단은 바로 이 내적 세계에 자리한 예민한 소중체인 느낌과 감정을 파괴 혹은 상처를 입혀 스스로를 좌절하게 하고 의욕과 소망을 마비시킨다. 그리고 악이라는 바이러스(흔히 스트레스 증후군: 별도로 기록)를 도구로 삼아 다른 이들을 공격하여 사단의 계획을 이루려고 하는 것이다.

열등감, 자존심은 바로 느낌과 감정이 치유되지 못한 부분에서 나온 내적인 '암'이다.

히브리서 4:15절에 "우리에게 있는 대제사장은 우리 연약함을 체휼하지 아니하는 자가 아니요 모든 일에 우리와 한결같이 시험을 받은 자로되 죄는 없으시니라" K. J. V. 버전에서 "For we have not an high priest which cannot be touched with the feeling of our infirmities; but was in all points tempted like as we are, yet without sin."(N. I. V.: 위 ……who is unable to sympathize with our weaknesses,:누가

우리의 연약함을 위로할 수 ……)5)

예수님은 우리의 연약함을 아셨다. 연약할 때 우리는 죄를 짓게 된다. 그 이유는 죄와 싸울 능력과 지혜 그리고 힘이 부족하기 때문이다. 이러한 우리의 연약함을 예수님은 우리의 연약함과 불구의 상태에서 오는 모든 무시무시한 감정 일체를 다 경험하신다.6) 주님은 심한 통곡도 눈물로 아셨고 통곡하며 간구하는 것이 무엇인지 아시는 분이시다.7) (마26: 37-38)

이제 상담자 예수께서 성령을 통하여 연약한 심령들을 위로하고 치유, 회복시키시기 위해서 진리로써 상담을 진행해 나아가신다는 것을 알아야 한다. 그 과정에서 진실한 그리고 충실한 고백이 들려질 때 사람들은 회복되고 위로받을 것이다. 여기서 내적인 변화와 회복을 위해 과거의 아픔과 연약함 모두를 거짓 없이 충실히 아뢰는 일은 당신 몫이다. 정확한 진단은 당신을 진단하는 자를 믿는 믿음과 솔직한 병명을 말하는 것에서부터 시작하는 것이다.

남아프리카(Grahamstown) 성 바울 신학대학장인 던컨 부케넌(Duncan Buchanan)은 기독교 상담사역에 대해서 "개인의 삶 속에서 하나님의 구원을 회복시키는 것이다"라고 말하였다.8)

부케넌은 "사람에게 있어 분노는 일반적인 것이다. 특별히 이(남아프리카) 나라에서는 분노가 거의 일상화되었다. 분노의 한 표현은 폭력이다."라고 언급하였다.

오늘날 복잡한 현대 사회에서 사람들은 많은 아픔과 상처를 주거나 받고 살아간다. 상처는 분명 아픔을 동반한다. 더 나아가 그 상처가 씻을 수 없는 듯한 영혼 깊은 곳에 있거나 큰 상처일 경우 가정과 사회에서 관계성을 잃게 되고 결국 마음속에 남모르게 '분노'를 갖고 살게 된다. 육체의 상처는 시간에 따라 아물게 된다. 그러나 영혼의 상처는 스스로 아물지 않는다. 다만 잊고 있거나 영혼 깊이 묻어두고 있을 뿐이다.

과연 영혼의 상처는 무엇인가? 앞서 말했듯이 Feeling과 Emotion이 관계된 아픔인 것이다. 주님은 우리의 이러한 아픔을 회복시키기 위해 오셨다. 사람들이 FE - Toil(works)에 충실할 때 비로소 영혼이 회복된다. 그리고 기쁨을 얻게 된다. 우리의 기쁨은 주님이 주시는 참기쁨이다. 그 기쁨은 느낌(Feeling)과 감정(Emotion)이 회복될 때 구원의 기쁨을 발견하게 되는 것이다. 반대로 구원을 받았다 해도 교회생활에 기쁨이 없고 가정에서 우울하고 할 수 없이 밥하고 밥 먹고 직장생활 하는 것은 모두다 FE가 상실되거나 무너졌기 때문이다.

어떤 상처라도 FE이 관여하지 않는 구석이 없다. 반대로 사람의 FE이 회복된다면 어떤 아픔과 상처도 치유되지 않는 것이 없다.

한번 생각해보자. 주일날 은혜받아야 할 주일 예배에 당신의 Feeling(느낌)과 Emotion(감정)이 상해 있다면 말씀에 은혜가 되던가요? 아마 형식적인 인사, 만남, 식사, 찬송, 예배이지 않겠는가? 이 역시 FE가 회복되었다면 모든 것이 은혜롭고 기쁠 것이다. 주님은 보혜사 성령을 보내심이 바로 이 참된 기쁨을 주시기 위함이라고 약속하시고 말씀하셨다. "And ye now therefore have sorrow: but I will see you again, and your heart shall rejoice, and your joy no man taketh from you. And in that day ye shall ask me nothing. Verily, verily, I say unto you, Whatsoever ye shall ask the Father in my name, he will give it you .Hitherto have ye asked nothing in my name: ask, and ye shall receive, that your joy may be full ."(John16:22 - 24 K. J. V.) 지금은 너희가 근심하나 내가 다시 너희를 보리니 너희 마음이 기쁠 것이요 너희 기쁨을 빼앗을 자가 없느니라 그날에는 너희가 아

무엇도 내게 묻지 아니하리라 내가 진실로 진실로 너희에게 이르노니 너희가 무엇이든지 아버지께 구하는 것을 내 이름으로 주시리라 지금 까지는 너희가 내 이름으로 아무것도 구하지 아니하였으나 구하라 그 리하면 받으리니 너희 기쁨이 충만하리라."(요16:22-24)

물론 이 말씀은 성령을 우리에게 보내주신다는 약속이 전제된 것이 기 때문에 당연히 참된 기쁨도 성령에 의해서만 받을 수 있는 것이다. 그렇다면 우리는 이미 성령에 의해서만 이러한 기쁨이 받게 된다는 사실을 알 수 있다. 참된 기쁨은 사람들의 FE가 회복될 때 가능하며 그 회복은 성령이 'Counselor'라는 사실을 먼저 알고 믿어야 한다. 그 분이 우리의 세심한 그리고 예민한 부분 또한 깊은 곳의 상처까지 다 회복시키시고 치유하시는 유일한 분이신 것이다. 요한 16장 7절의 말 씀은 이런 점에서 상담학적으로 너무나 중요한 말씀인 것이다.

5) FE-Toil 상담기법의 결과로서 성숙의 의미

성숙(mature)이란 익은 것을 표시하며 정신이나 지력(知力)의 원숙 을 나타내는 일이 많다. mellow 성숙한 상태의 '원만함, 감미로움'을 나타냄.

'성숙'이라는 단어로 'ripe' 단어가 있는데 ① (과일·곡물이) 익은 여문. ② (술 따위가) 숙성한 먹게 된. ③ 원숙한 숙달된(of): 심신이 성숙한. 뜻이 있다. 그러나 '성숙한'으로 'ripeness'라는 단어를 사용하 기도 한다.

바울은 Philippians 3:12 "Not that I have already obtained all this, or have already been made perfect, but I press on to take hold of that for which Christ Jesus took hold of me."(내가 이미 얻었다 함

도 아니요 온전히 이루었다 함도 아니라 오직 내가 그리스도 예수께 잡힌바 된 그것을 잡으려고 좇아가노라 빌3:12)라고 말을 하였는데 여기서 성숙이라는 헬라어 'teleios'(텔레이오스)를 사용했다. 이 텔레이오스는 영어 성경에 'perfect'(완전한)으로 번역되어 사용된다. 이것이 한글 개혁으로 '온전한'으로 번역된 것이다.9) 이외 'complete' 단어가 있는데 'complete'은 'perfect' 서로 바꾸어 쓸 경우도 있으나, complete는 '완비한'이라는 양적 충족을, perfect는 '이상적인'이라는 질적인 주관적 가치 판단을 강조하는 경향이 있음10)을 알 수 있다. 그러므로 '성숙'이란 외적인 의미보다 내적인 완벽한 갖춤을 지시하는 의미가 강하다 할 수 있다.

과연 흔히 말하는 영적인 성숙함이란 무엇일까? 아마도 나는 영이란 부분이 느낌과 감정의 부분으로 이루어진 것이라 주장하면서 이 부분(느낌과 감정)이 성경이 말하는 대로 온전하게 수준을 이루고 있는 상태를 말하는 것이 아닌가 판단한다. 그렇다면 성경이 말하는 온전함이란 무엇일까? 이 질문을 위해 마5:48 "그러므로 하늘에 계신 너희 아버지의 온전하심과 같이 너희도 온전하라."(Matthew5:48 Be perfect, therefore, as your heavenly Father is perfect.)고 기록되어 있다.

바울이 말하는 '성숙한', '온전한' 한 상태의 모습과 행동을 위해서는 한 명령을 세심하게 묵상해야 할 과제가 있다. 그것은 "그러므로 땅에 있는 지체를 죽이라 곧 음란과 부정과 사욕과 악한 정욕과 탐심이니 탐심은 우상 숭배니라 이것들을 인하여 하나님의 진노가 임하느니라 너희도 전에 그 가운데 살 때에는 그 가운데서 행하였으나 이제는 너희가 이 모든 것을 벗어버리라 곧 분과 악의와 훼방과 너희 입의 부끄러운 말이라 너희가 서로 거짓말을 말라 옛 사람과 그 행위를 벗어

버리고 새 사람을 입었으니 이는 자기를 창조하신 자의 형상을 좇아 지식에까지 새롭게 하심을 받는 자니라 거기는 헬라인과 유대인이나 할례당과 무할례당이나 야인이나 스구디아인이나 종이나 자유인이 분별이 있을 수 없나니 오직 그리스도는 만유시요 만유 안에 계시니라.

그러므로 너희는 하나님의 택하신 거룩하고 사랑하신 자처럼 긍휼과 자비와 겸손과 온유와 오래 참음을 옷 입고 누가 뉘게 혐의가 있거든 서로 용납하여 피차 용서하되 주께서 너희를 용서하신 것과 같이 너희도 그리하고 이 모든 것 위에 사랑을 더하라 이는 온전하게 매는 띠니라"(골3:5-14)

여기서 바울은 분명히 성숙을 위해 완전에 성숙에 온전에 이르지 못하게 하는 것을 죽이고 버리라고 권면한다.

성숙은 끝이 있는 것이 아니다. 멈추는 것이 아니다. 그러나 성숙하지 않으면 주님의 어떠한 명령에도 따를 수 없게 된다. 다만 흉내만 있을 뿐이다. 성경에서 말하는 성숙은 개인적인 노력만을 한다고 이루어지는 것이 아니다. 개인적인 노력도 중요하지만 아울러 말씀에 따라 역동적 있게 각자의 삶과 각자의 느낌과 감정에 충실할 때 생기는 내적인 수준으로 생명력 있게 자라는 것이다.

이러한 성숙은 자신으로부터 내적인 참된 기쁨과 행복으로 나아가게 하고 이러한 FE에 충실하여 외부적인 어떠한 방해와 무너뜨림에도 견디어 승리한다면 하나님의 자라게 하심을 체험하게 될 것이다. 그래서 사람은 느낌과 감정이 파괴되지 않도록 유지하려는 노력과 훈련 그리고 성령의 도우심으로 그 역할을 다하고 하나님은 '가장 좋은 길', '의로운 길', '참된 생명과 기쁨의 길'로 인도하는 역할을 하시는 것이다.

6) FE-Toil 기법의 단계적 의미

느낌과 감정에 충실하기는 다음과 같이 3단계로 나누어진다. 이 단계는 역할과 기능적인 부분이 강한 단계이다. 그러므로 단계별로 느낌과 감정의 수고는 항상 단계별로 수고하고 상담해야 한다. 이런 점에서 FE-Toil 기법은 필요한 것이다.

(1) 1단계: 개인적 FE-Toil(Personal FE-Toil)

FE-Toil 1단계는 개인별 상담과정이다. 사실 모든 FE에 수고하기는 한 사람 한 사람에 대한 감정과 느낌이 소중하다는 전제를 잊어서는 안 된다. 이 말은 각 개인의 느낌과 감정은 상처와 치유에 있어서 대인관계 즉 제2단계인 사회적 관계에 영향을 미치게 된다. 우리사회의 개인적인 아픔과 고통 그리고 여러 가지 상처들이 많게 될 때 사회적인 악영향은 이루 말할 수 없다. 우리사회에 이념적 갈등, 빈부격차의 갈등, 정치계 불신 그리고 사회범죄와 가정범죄의 증가, 이혼율 증가 등은 개인적인 느낌과 감정에 상처가 많다는 증거이며, 치유되지 않은 상태에서 생활하는 안타까운 현실을 말한다고 볼 수 있다. 특히 인간이란 사회라는 밖의 생활과 가정이라는 안의 생활을 하기 때문에 감정과 느낌에 1차적인 상처를 받게 된다. 그러므로 1차적인 느낌과 상처를 치유해야만 삶의 질은 물론 개인적인 행복과 기쁨 그리고 사회적인 안정과 성숙 그리고 발전을 기대할 수 있다.

1단계에서 개인적인 상담의 목적을 다스리는 것이 목적이다. 한 개인의 상담적 치유를 우선시하고 그 개인의 환경적 문제, 사회적 문제, 종교적 문제, 대인관계의 문제들은 2단계에서 다루게 되는 것이다.

한 개인의

1) 느낌과 감정은 어떤 상태인가?

2) 느낌과 감정의 상처 정도는 어떠한가?

3) 내담자가 자신에 대해 시급하게 치유를 원하는 것은 무엇인가?

4) 내담자가 자신에 대해서 시급히 해결하기를 원하는 상담의 목적은 무엇인가?

5) 내담자와 상담자가 느끼는 문제와 다른 의식을 하는 것은 무엇인가?

이러한 5단계로 개인적인 1단계 FE상담을 진행하게 된다. 물론 내담자가 자신의 느낌과 감정적인 문제는 없다고 하거나, 2단계인 사회적 단계와 3단계 영적인(정신적 문제 포함) 문제가 더 시급하게 말할 수 있으나 FE-Toil에서는 개인의 느낌과 감정치유를 우선해야 함과 고려해야 한다는 것이다.

정신분석학에서는 무엇보다도 개인의 심리적 측면 즉 내적인 심리상태를 점거하고 테스트를 한다. 그리고 개인의 성장환경과 성장배경을 무엇보다도 중요시 여긴다. FE-Toil에서도 이 역시 중요시 여기게 된다. 다만 내담자 개인의 느낌과 감정은 시간의 정도에 따라서 내제되어진 상태가 다르다. 짧은 시간 전에 받은 좋은 느낌과 감정인지 긴 시간이 흐르는 동안 쌓여진 나쁜 느낌과 감정인 것인지, 반대로 짧은 시간에 받은 나쁜 감정인 것인지, 긴 시간 동안 받아온 좋은 느낌과 감정인 것인지 말이다. 이 시간적 개념은 아마도 정신분석학에서도 다루는 의미가 있다. 한 개인의 심리적 환경과 성장배경 등은 시간이라는 개념을 전제하고 있기 때문이다.

상담자는 1단계에서 내담자의 상태가 파악되어 상담의 목적이 설정되면 내담자의 느낌과 감정에 충실하게 수고해야 한다. 그리고 상담진행 가운데 울거나 웃거나 껴안고 위로하기(hug) 등을 두들겨주기, 손 잡고 기도해주기 내담자가 스스로 말하기(고백과 독백)를 실행 또는 할 수 있도록 안내하고 실행해야 한다. 진정한 사랑과 평화 앞에 모든 담과 악한 것은 무너지거나 패하는 것이다. 말로만 따뜻한 상담은 하였어도 또다시 상처는 발생한다는 전제 아래 스스로 내적인 치유능력을 경험하고 행할 때 다시 발생된 상처들은 치유되는 것이다. 성령은 움직이는 자와 함께 움직이고 가만히 있는 자와 가만히 계신다.

청소년들에게 가장 기분과 감정이 나쁘고 가장 기분과 감정이 좋을 때는 언제인가, 왜 그런가라는 설문을 출석하는 교회 청년들과 학생들에게 한 적이 있다.(The First Korean Church Presbterian of St Louis) 그때 1) 오해를 받거나, 나쁜 소식을 들을 때 2) 자신의 마음을 몰라줄 때, 3) 일이 잘 풀리지 않을 때 4) 기타: 누구와 싸웠을 때, 몸이 피곤할 때, 하고 싶은 일을 하지 못할 때라고 했었다. 그리고 1) 칭찬이나 격려를 받았을 때 2) 하고 싶은 일을 할 수 있을 때 3) 직장에서나 가정에서 자신을 인정해줄 때 4) 일(학업)에 성과가 있을 때 순으로 기분이 좋거나 감정이 좋을 때라고 했다. 나는 이 결과 청소년과 학생들은 사랑받을 때와 버림받고 있다는 생각을 할 때 느낌과 감정에 큰 영향을 준다는 것을 알게 되었다. 물론 문화와 계층마다 약간의 차이는 있을 수 있지만 사랑에는 벽이 생길 수 없고 미움에는 벽이 없을 수 없다는 생각을 하게 된다. 성령의 충만은 이미 제시한 대로 당신의 느낌과 감정에 참된 사람과 참기쁨을 주는 것을 말하는 것이다. 치유와 기적은 이후인 것이다.

(2) 2단계: 사회적 FE-Toil(Social FE-Toil):
(가정문제가 사회에 미치는 영향.)

2단계 사회적 FE-Toil은 사실 1단계인 개인적 FE가 치유되면 2단계
인 사회적 FE-Toil은 문제해결이 쉬워진다. 사회가 성숙하다는 것은
사회 구성원인들이 성숙하다는 것을 알 수 있다. 그러므로 한 개인은 한
사회의 구성원이 됨으로 그 사회의 성숙도를 측정할 수 있다. 이러한 면
에서 우리 사회는 여러 가지 문제를 안고 있다. 특히 가정문제는 빼놓을
수 없는 큰 문제이다. 한 개인 소속된 사회는 문제가 없을 수 없다. 그러
나 분명한 것은 그 사회의 성숙도는 한 개인의 느낌과 감정으로도 충분
히 그 사회를 판가름할 수 있다. 우리 사회가 가정문제로 큰 고충을 겪
는 것은 개인의 느낌과 감정이 치유나 회복되지 않는 상태에서 일반적
으로 부딪히는 부패와 부조리 그리고 개인과 사회에 상처를 주는 강력
범죄들이 늘어난다는 것에서 더 큰 문제 지적하지 않을 수 없다.

우선 가정문제 중 미혼모와 각종 폭력에 관한 자료를 아래와 같이
살펴보면 다음과 같다.

"부부는 이불만 덮고 자는 것이 아니라 상처도 덮는다"

작년 한 해에만 31만 940쌍이 결혼하고 13만 9365쌍이 이혼했다.
몇몇 언론에 보도된 것처럼 이 통계자료를 근거로 혼인가정의 삼분의
일 정도가 이혼한다고 해석하는 것은 심각한 문제가 있다. 인구 천 명
당 이혼건수를 의미하는 조이혼율은 2.9건에 그치기 때문이다. 그렇다
하더라도 이혼율의 증가와 가족의 해체 및 위기는 부정할 수 없는 사
실임이 분명하다. 한편 통계청의 자료에 따르면 이혼원인의 1, 2, 3위
는 성격차이, 경제적 이유, 가족 간 불화가 차지한다.

1 「미혼모 현황 및 욕구조사」 주요 결과

□ 미혼모 연령 및 학력

시설 입소 미혼모 중 20대 초반 미혼모가 가장 많아

① 미혼모 시설에 입소한 미혼모들의 연령별 비율은 21 -25세가 45.8%로 가장 많고 16 -20세가 31.5% 26 -30세가 14.3%로 나타났다.

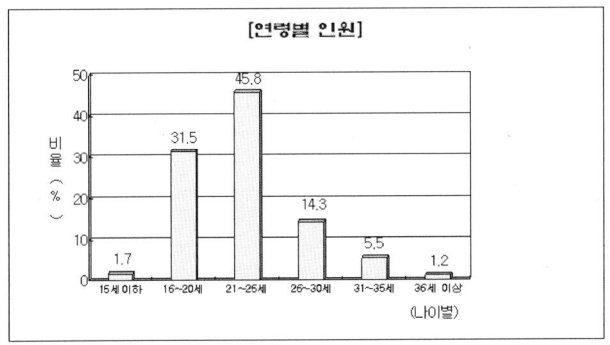

② 학력은 고등중퇴 이하가 35.3%, 고졸 47%, 대재 이상 17.7%로 조사되었다.

□ 미혼모의 임신·출산이유 및 이전 출산 경험

피임에 실패했거나 피임을 하지 않아
원하지 않는 임신을 한 경우가 82%

임신된 이유를 보면 '교제 중 원치 않게 임신'한 경우가 66%로 가장 높고 '피임에 실패해서'가 16.0%로 나타났다.

이는 시설 입소 미혼모들의 경우 대부분 아이를 원하지 않는 상황에도 불구하고 피임을 하지 않았거나 피임방법을 제대로 몰라서 피임에 실패한 경우라고 할 수 있다.

'아이를 갖고자 하는' 자발적 의사에 의한 출산이 26.3%

출산을 하게 된 이유에 대해 '낙태시기를 놓쳐서'가 28.8%로 가장 높게 나타났으며 자발적으로 '아기를 낳기 위해서' 출산한 경우도 26.3%나 차지하였다.

입소 미혼모의 28.6%가 이미 출산 경험

조사대상 미혼모의 28.6%가 미혼상태에서 이미 출산한 적이 있다고 응답해 미혼모들의 재임신 출산의 문제가 심각한 것으로 나타났다.

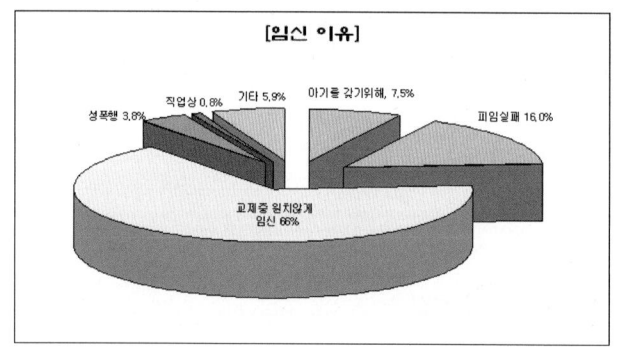

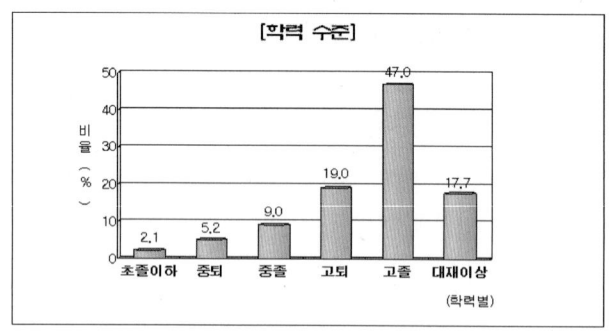

□ 미혼부와의 관계

예상치 못한 임신·출산의 문제는 미혼모가 혼자서 감당

① 미혼모들은 미혼부를 친구 소개(37%), 우연히(16.4%), 직장동료 (13.4%)로서 만나 이성교제 중에 자연스럽게 성관계를 갖게 된 것으로 나타났다.

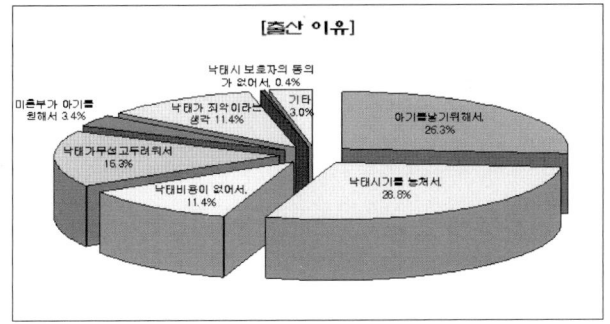

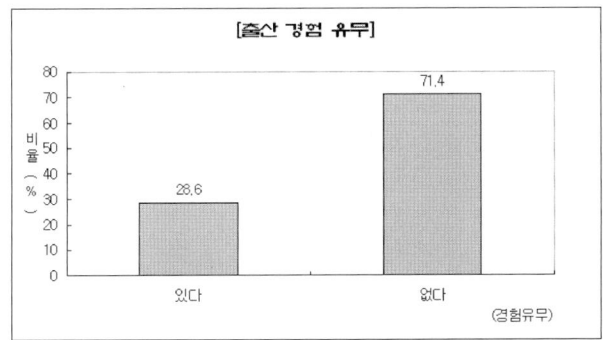

② 그러나 임신 후 미혼부와의 관계를 보면 '헤어졌다'가 62.1%, '가끔 왕래'가 10.8%인데 반해 '결혼예정'은 6.0% '교제 중'인 경우가 19.4%로 나타나 관계가 유지되는 경우는 25.4%에 불과하였다. 이는

미혼부들이 이성교제 시 혼전성관계에 대해서는 자유로운 사고를 갖고 있으나 예상치 못한 임신에 대한 책임은 주로 미혼모 혼자서 감당해야 하는 상황임을 보여주고 있다.

□ 미혼모의 입양/양육 결정 문제

**미혼모 10명 중 3명이 양육을 원하고 있으며,
양육 시 경제적 지원이 가장 필요**

① 출산 후 아기문제에 대해서는 68.3%가 입양을 31.7%가 양육을 선택하였다.

② 아동을 양육하기로 결정한 경우 경제적 지원(43.8%)이 가장 필요하며 가족의 이해(24.7%), 아동무료보육(13.7%) 등이 필요하다고 응답하였다.

**경제적 지원이 이루어진다면
입양을 선택한 미혼모의 37.7%가 아이 양육 원해**

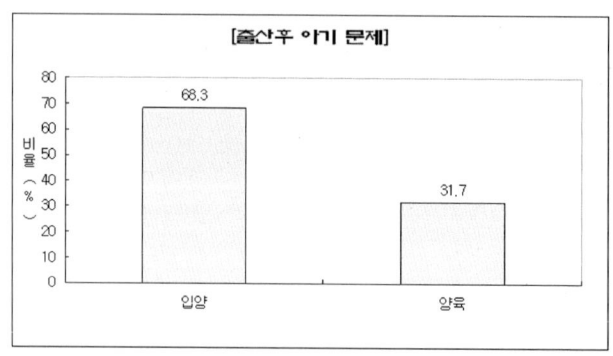

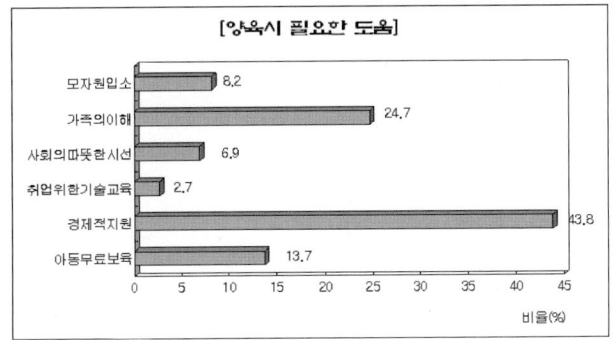

① 입양을 선택한 미혼모들은 아이에 대한 죄책감(46.1%)과 아이에 대한 미련(34.6%)으로 매우 힘들어하는 것으로 나타났으며 아동을 양육할 수 없는 주요 이유로는 '경제적 문제'(42.0%)와 '아이의 장래'(20.4%)를 꼽았다.

② 특히 입양을 선택한 미혼모 중 37.7%가 경제적 지원이 이루어진다면 아이를 양육할 의사가 있는 것으로 조사되었다.

□ 미혼모의 어려운 점

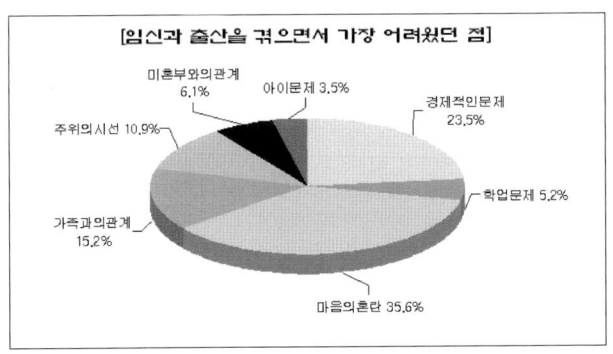

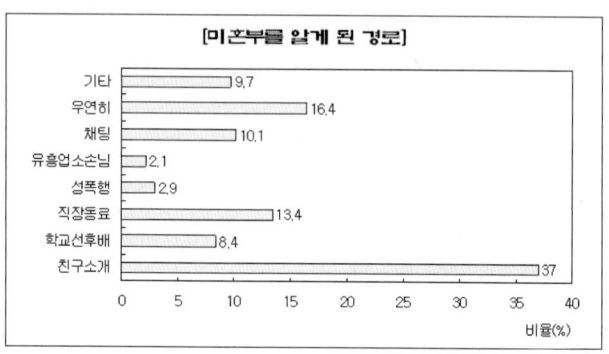

① 미혼모들은 대부분 어린 나이에 거의 모든 사회적 관계가 단절된 상황에서 혼자서 임신·출산을 겪어내야 하므로 마음의 혼란(35.6%), 경제적인 문제(23.5%), 가족과의 관계(15.2%)를 어려운 점으로 지적하고 있다.

□ 미혼모의 요구 및 지원

① 미혼모들이 겪고 있는 어려움을 해소할 수 있는 적절한 도움으로 경제적 지원(28.0%), 분만지원(25.0%), 상담(23.7%) 등을 들고 있다.

② 취업 시 필요한 교육으로는 컴퓨터(29.6%), 미용기술(22.9%) 등을 선호하였으며 홈패션, 제과제빵, 외국어 등 다양한 분야에 대해 고른 요구를 보였다.

이는 미혼모 중 고등학교 이상 졸업자가 점차 증가하고 있어 보다 다양하고 전문적인 분야의 취업을 위한 직업교육의 필요성을 보여주고 있으며 다른 한편으로 아직도 고등학교 중퇴 이하가 35.3%에 달해 취업 등 사회참여를 효과적으로 지원하기 위하여 대안학교 운영 등 기본적인 학력이수 지원 필요성도 나타났다.

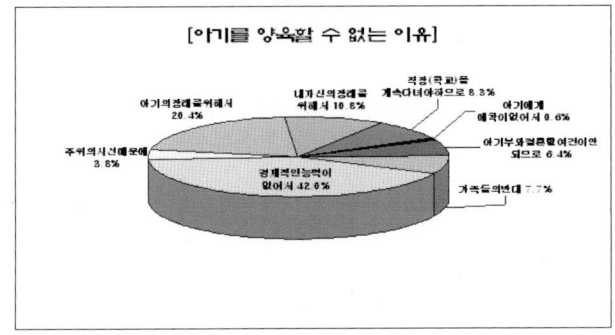

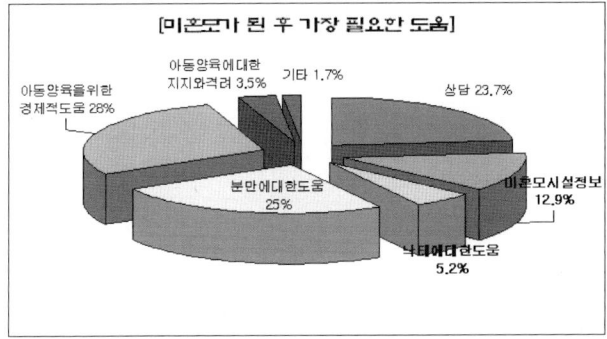

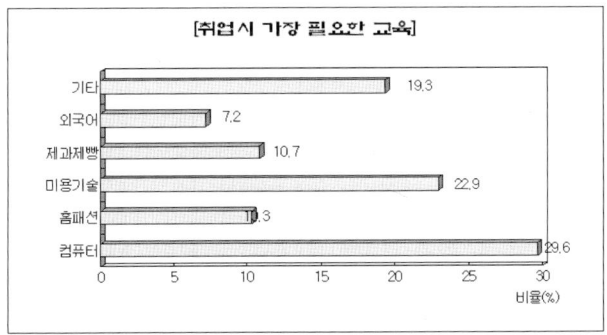

③ 미혼모들이 가족에게 바라는 점으로는 '가족의 이해'가 48.6%로 가장 높았으며 그다음으로 '숨기고 싶다'가 31.0%로 나타나 가장 가까운 관계에 있는 가족에 대해 매우 상반된 복합적 성향을 보이는 것으로 조사되었다.

36

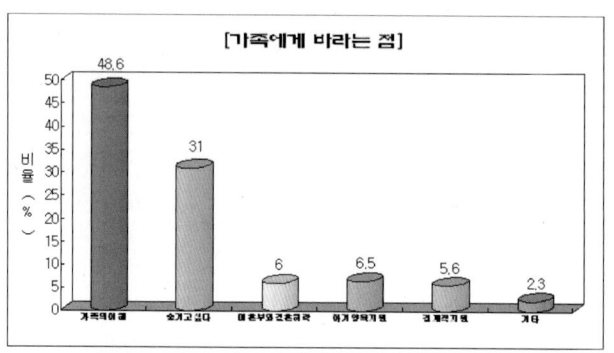

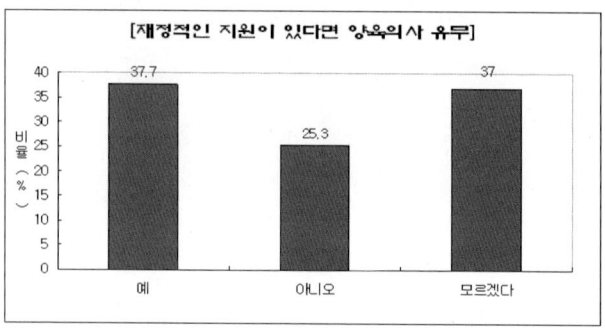

2 미혼모부자 종합 지원 대책 수립

　　□ 주요 추진 과제

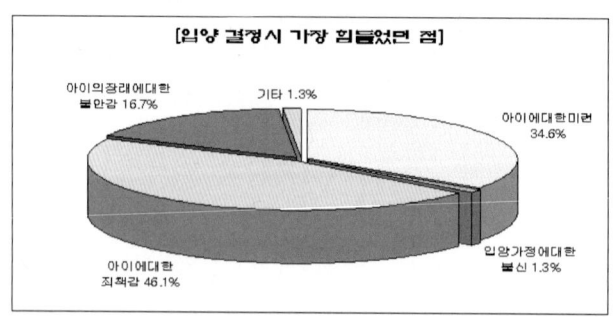

○ 양육미혼부모의 경제적 자립 지원
- 시설 퇴소 시 자립정착금 지급을 통한 초기 자립 지원
- 특화된 직업교육과정 시범개발·운영 취업 알선
○ 「양육미혼부모 자립 지원 그룹홈」 확대 및 개선
- 그룹홈의 법적 근거 마련 및 확대 설치
- 운영수준 제고(면적 확대, 종사원 보강, 보호기간 연장 등)
○ 「미혼모시설」 운영 개편 및 기능 강화
- 기존의 '미혼모시설'에서 '미혼모부자시설'로 개념 확대
- 출산 후 미혼모의 일정 기간(90일 내외) 초기 양육 지원
- 미혼모로서의 분만 및 출산영아에 대한 의료보호 확대
- 미혼모의 퇴소 후 자활을 위한 프로그램 확대 실시
○ 미혼부모에 대한 「상담 및 정보지원 센터」 운영
- 미혼부모들의 소외감 극복, 자아 존중감 및 자립의지 확보
- 건강가정지원센터 및 미혼모시설을 활용하여
  · 가족과의 단절극복을 위한 가족치료 및 부모상담
  · 미혼부모들의 긍정적인 관계 및 책임 공유 상담 지원
  · 정부 및 민간 분야의 지원사항을 종합안내하는 원스톱 정보제
    공 서비스
○ 사회적 인식개선 및 성교육 확대
- 미혼모부자가족을 다양한 가족의 형태로 인정하는 인식 확산
- 청소년의 성교육 의무화 및 다양한 성교육 프로그램 개발[11]

성폭력에 관한 농도도 점점 짙어가고 있고 성폭력 대상도 어린아이에서 가정이라는 울타리에서도 빈번히 발생하고 있다. 상습적으로 음주폭력을 휘둘러 오던 가장이 자녀들에게 먹이려고 구해둔 돼지고기

를 술과 바꿔 마신 데 격분해 남편을 목 졸라 살해한(17일자 9면 보도) 이 모(36·여) 씨에 대해 여성단체가 구명운동에 나섰다.

서울 '여성의 전화'는 18일 "이 씨의 변호사를 선임하고 수사 시 정상참작을 위한 의견서를 제출하는 한편 이웃 주민들과 함께 탄원서를 작성해 법원에 제출할 방침"이라고 밝혔다.

여성의 전화 관계자는 "17일 이 씨를 면회한 결과 전형적인 가정폭력 사례인데다 우발적 범행으로 보여 구명운동에 적극 나서기로 했다"고 설명했다. 면회 때 이 씨는 "그동안 남편의 상습적인 음주와 폭력을 고치기 위해 알코올 중독 치료를 시도하고 경찰에 신고하는 등 백방으로 노력했지만 폭력은 계속됐다"[12] 뿐만 아니라 40대 가장이 10대 친딸 2명을 상습적 성추행한 것으로 2005/11/11 08:04에 한국일보에 보도되어 우리 사회에 충격을 주었다.(경기지방경찰청 여경기동수사대는 10일 친딸들을 성추행한 혐의(성폭력범죄의 처벌 및 피해자보호 등에 관한 법률 위반)로 A(42. 용접공) 씨를 구속했다. 경찰에 따르면 A 씨는 지난 2003년 7월부터 9월까지 수원시 장안구 자신의 집에서 친딸 2명을 상습적으로 성추행하고 ……)

또한 가정의 문제 중 청소년 문제가 심각하다. 특히 음주와 자살, 성적 타락은 청소년 문제의 핵심이다.

1) 음주: 청소년들이 주로 술을 마시는 이유로는 친구들과 놀다가(28.4%), 생일 혹은 축하파티(16.4%)와 같은 대인관계 유지를 위한 것이 44.8%로 가장 많으며 수학여행이나 수련회(13.6%) 축제나 체육대회 동아리모임 등(6.2%) 소풍, 견학(4.6%)과 같은 학교 행사와 같은 이벤트를 계기로 마시는 경우가 24.4%로 나타났다. 그리고 시험 후(10.1%)나 백일주(5.8%)와 같이 시험과 연관되어 마시는 경우가 15.9%이며 명절, 제사 때 혹은 가족모임 때 어른들이 권해서 마시는

경우가 12.0%로 각각 나타났다. 초등학생의 경우에 명절, 제사, 가족 모임에서 어른들과 함께 마시는 경향이 높으며(45.6%), 중학교 이상 고등학생의 경우에는 친구들과 놀다가 혹은 생일이나 축하파티와 같은 대인관계 유지를 위해 마시는 비율이 초등학생에 비해 2배 가까이 높게 나타났다.

2) 음주: 연간 음주율은 47.2%이며 지난 한 달간 음주한 경험으로 알아본 월간 음주율은 31.3%이다. 음주율의 추이를 살펴보면 지금까지 한 번이라도 술을 마셔본 경험으로 측정한 평생 음주율이 1999년 60.2%에서 2002년 70.4%였던 것이 이번 조사에서는 74.4%로 나타나 지속적인 증가 추세를 보이고 있다.

3) 자살: 구체적인 자살 생각 및 이와 관련하여 도움을 바라는 요구를 살펴본 결과 6개월 내에 죽고 싶다는 생각을 했던 청소년이 31.5%이었다. 죽고 싶은 이유로는 가족 간의 갈등, 성적, 입시관련 문제, 외로움, 이성 및 친구문제 등이 높은 순위를 차지했다.

자살시도 방법으로는 약물복용, 투신, 칼이나 끈 등의 사용을 생각했다고 하였다. 한편 자살 생각을 하고 표현한 대상은 친구가 가장 높은 비율로 62.4%이었고, 앞으로 죽고 싶은 생각이 들 때 가장 도움을 받고 싶은 대상도 친구 59.9%였다. 그리고 부모에게 도움을 받고 싶은 경우도 26.1%나 되었다.

본 연구에서 자살 사고율 및 자살 시도율이 각각 29.6%(남자 25.6%, 여자 33.7%)와 5.31%(남자 3.3%, 여자 7.3%)인 점과 자살시도의 위험 요인이 우울 증상의 정도 알코올 의존인 점을 고려할 때 알코올 의존 및 우울 증상의 조기 발견과 치료 그리고 자살 사고자 및 자살 시도자에 대한 정신의학적 접근과 추적관찰에 대한 방안이 강구되어야 할 것으로 생각된다.[13]

3) 성폭력과 관련해서는 다음과 같이 성폭력 대상이 나이가 낮아지고 있으며 구체적인 성 삽입 폭력이 대다수임을 알 수 있다. 이는 한 개인의 육과 영혼에 씻을 수 없는 상처와 가정의 파괴는 물론 나아가 사회에 대한 불신으로 이어져 피해자는 대인관계회피와 사회적응력 상실, 정신적 증세 등이 나타날 수 있어 세심하고 구체적인 범죄예방과 피해자보호와 치유 프로그램과 가해자의 범죄 재발방지를 위한 프로그램과 무거운 법적 조치가 요구된다.

밝게 자라야만 할 아동들에게 영원히 지워지지 않을 악몽이 되는 인면수심(人面獸心: 최근 잇달아 매스컴을 달구고 있는 아동 성폭행 가해자들에게 자주 붙는 수식어구이다)의 범죄, 아동 성폭행(성학대)의 발생빈도는 지난 2004년 5월부터 1년간 아동성폭력 피해구제센터인 '해바라기아동센터'에 접수된 사례만 418건(성폭력 피해사례)에 이른다. 이는 범죄 특성상 피해자들이 적극적인 상담을 꺼리는 경우가 많아 실제 발생사례는 상회할 것으로 보는 것이 일반적인 시각이다. 이들 418명 아동 중 7세 이하의 아동이 전체 절반이 넘는 232명(56%)에 달했으며 8세~13세 이하 아동이 168명(40%), 14세 이상의 아동이 9명(2%)인 것으로 나타나 주로 13세 이하 아동, 그중에서도 7세 이하의 아동에 집중되고 있는 것으로 조사됐다. 이들 아동 중 90%에 이르는 377명의 아동이 여자 아이였으며 10%가 남자 아이여서 여아 아이뿐만 아니라 남자 아이들도 성폭력의 피해를 입고 있는 것으로 나타났다.

피해유형별로 분석해봤을 때 추행이 68%(283건)로 가장 많았으며 협박이나 위협 또는 폭행이 결부된 강제추행이 14%(60건)이었다. 이외 준강간, 강간도 각각 3%(14건), 7%(28건)이었다. 가해자와의 관계에 대해 조사한 결과 흔히 알고 있듯 아는 사람에 의해 피해를 입은 경우가 59%로 가장 많았으며 모르는 사람에게 피해를 입은 경우도 35%에 달했다. 그렇다면 전체 아동학대 중 성학대의 비율은 어느 정도 될까? 중앙아동학대예방센터 통계(2004년 기준)에 따르면 전체 아동학대 3,891건 중 성학대의 경우 177건으로 4.5%를 차지한다. 신체학대, 정서학대 등 다른 학대와 중복해서 일어날 가능성도 있어 중복학대에 대해 질문한 결과 266건으로 늘어났다.

아동 성폭력은 비단 아이들의 정신적 충격뿐 아니라 육체적으로도 괴로움을 주는 행위이다.

중앙아동학대예방센터 통계에 따르면 아동들의 성학대 행위는 성추행(52%)이 가장 많았으며 이어 성기삽입(17.8%), 오랄 섹스(5.5%), 성관계 장면 노출(4.3%) 등이었다. 이러한 아동 성학대 결과 아동들은 신체적 통증은 물론 항문상처, 성기상처, 성기이상, 성기질환 등의 후유증을 앓고 있으며 여자 아이의 경우 처녀막이 파열(7.7%)되거나 임신(3.0%)한 경우도 있었다.

정신과, 산부인과 전문의와 유기적인 상담 및 치료를 시행하고 있는 '해바라기아동센터'의 자료를 보면 이 같은 충격은 더욱 현실로서 다가온다.

이들 아이들의 외상을 진료한 결과 처녀막이 완전 파열된 11명의 아이들을 포함해 45명의 아이들에게서 성폭력을 확인했다. 특히 한 11세 여아의 경우 5cm 지름의 안면부 자상, 손목이 묶인 자국 등 납치로 인해 심한 폭행이 동반된 경우도 있었다. 간염검사, 성병검사 등에 대해서도 검사한 결과 질염 및 질염에 준하는 증상이 15건이 나타났으며 응급피임약을 처방한 경우도 1건 있었다.

이들 아이들의 정신과 진료 후 심리평가를 진행한 결과 외상 후 스트레스 장애(PTSD) 진단이 내려지거나 의미 있는 정도의 증상이 있는 경우가 86명(전체 상담의 47.51%)이었으며 63명의 아이들이 우울장애로 진단됐다. 또한 분리불안장애가 27명(14.91%), 일반화된 불안장애, 공황장애, 주의력 결핍 및 과잉행동장애 등의 진단이 내려졌다."[14) 이상은 성폭력에 관한 유형과 대응에 관한 요약이다.

무엇보다도 기성세대는 청소년들에게 특징이 있다는 사실을 기억해야 한다. 청소년기의 특징을 대략 살펴보면 첫째로 정서의 격렬함과 동요성이다. 둘째로는 청소년기는 무능력감과 불안정감을 일으키는 대상에 대해 정서 자극을 받는다. 셋째로는 정서가 의식적으로 억제되어 분노가 초조감이나 혐오감으로, 공포심이 불안이나 우울로, 기쁨이나 환희가 행복감으로 이행되는 정서 표현의 내면화이다. 넷째로는 청소년기의 정서 변화의 요인으로 신체적·생리적 변화를 들 수 있다. 다섯째로 개인차가 다양하고 두드러진다(이은순, 1998).

이처럼 청소년기는 급속한 신체적 변화와 정서적 변화를 경험하게 되는 시기이지만 대부분의 청소년들은 자신의 감정에 대해 배우고 인식하고, 자신의 감정을 표현하고, 다른 사람과 나누는 것에 대해서 실제로 배우고 있지 못하다. 그래서 이러한 변화에 효과적으로 적응하는 방법을 찾지 못할 경우에는 정서적 불안정이나 행동문제와 같은 심리적 부적응을 겪게 될 수도 있다(정현희, 1998). 특히 우리나라의 중·고등학생들은 대부분이 입시에 대한 불안감 속에서 진학을 위한 과외활동, 학원수강, 집단적인 학교규율에 얽매어 있는데다 부모로부터 지나친 기대를 받음으로써 더 많은 정신적 갈등과 압박을 받고 있으며 심리적 부적응을 겪고 있다(고희숙, 1997).

이러한 부적응은 다양한 주제를 가지고 자신과 가장 가까운 대인과의 관계에서나 자신의 중요한 문제를 처리하는 데 많은 갈등을 야기하고 있다. 그러므로 자신의 감정이나 의사를 표현하지 못해서 수동적인 자기표현을 하거나 직접적 간접적인 공격성으로 나타난다(김인자, 1993).

이러한 공격성은 외부적인 사건을 위협적으로 지각하게 되고 이로 인해서 부적절감이 생기며 부적절감은 부정적인 자기진술을 하게 된다. 이는 감정적인 영역에서는 두려움과 불안을 유발시키며 두려움과 불안은 분노를 촉발시켜서 공격적인 반응과 수동적인 반응을 일으키게 한다. 공격적인 반응은 타인에게 피해를 입히게 되며 수동적인 반응은 자신에게 피해를 입히게 된다(김계현, 1993).

분노의 감정뿐만 아니라 사랑의 감정과 같은 강렬한 감정에 대해서 사람들은 자신의 감정을 통제하지 못할까 봐 두려워한다. 우리가 불안을 느끼는 것도 지금 여기를 떠나 미래를 예상함으로 인해 흥분을 차단하게 되고 그 흥분이 행동으로 변화될 수 없기 때문에 나타나는 현상이라고 하겠다. 따라서 개체가 지금 여기에 몰입하여 집중한다면 흥분은 바로 행동 에너지로 전환되어 불안은 발생하지 않게 된다(김정규, 1995).

그러므로 자신의 감정을 인정하고 표현하게 되면 불행한 일이 벌어질지 모른다는 불안함에서 공격적인 행동이 줄어들고 오히려 자신의 감정 인식을 두려워하기보다 그런 감정을 자신이 느끼고 있음을 분명히 알게 된다. 이렇게 자신의 감정을 정확하게 인식하고 파악하게 될 때 적절하게 자신의 감정에 반응할 수 있을 뿐 아니라 다른 사람들에게도 자신의 정서를 보다 잘 표현하게 된다(이은순, 1998).

이러한 자신의 감정을 인식하는 것을 자각이라고 한다. 자각(awareness)이란 일종의 경험으로 개인적, 환경적 생활의 장에서 운동 감각적, 정서적, 인지적, 활동적 지원을 충분히 받으면서 가장 중요한 사건들과 깨어서 접촉하는 과정이라고 하였다(김정규, 1995; Clarkson, 1990). 즉 자각은 개체가 자신의 유기체 욕구나 감정을 지각한 다음

44

게슈탈트(gestalt)로 형성하여 전경으로 떠올리는 행위를 말한다. 현재
이 순간에 중요한 자신의 욕구나 감각, 감정, 생각, 행동, 환경 그리고
자신이 처한 상황 등을 지각하는 것을 뜻한다. 또한 자기 행동의 주체
가 자기 자신이라는 것을 깨닫는 것 특정 상황에서 자신이 선택할 수
있는 행동반응을 아는 것 등도 자각에 해당한다(김정규, 1995).

상담에 있어 자각의 사용방법은 두 가지로 나눈다. 첫째는 미해결
과제를 자각함으로써 과제를 해소하는 것이다. 미해결 과제란 자신의
욕구가 전경-배경 관계에서 방해받아 완결되지 않고 남아 있다가 배
경 속으로 들어가 현재 행동에 계속 영향을 미치게 되는 것을 말한다
(이장호, 1994).

청소년 특징에는 '공격성'이 있는데 공격성에 대해서 프로이드는 인
간의 모든 행동은 상반된 두 개의 기본적인 본능에 의해 유도된다고
했다. 하나는 건설적이며 성적이 에너지인 리비도(Libldo)이고 다른
하나는 파괴적이며 공격적인 에너지인 타나토스(Thanatos)를 말한다.
공격행동은 생존과 함께 환경에 대한 적응을 위해 필수 불가결한 것
이며 호르몬 분비와 신경 생리적 흥분 및 본능이 공격행동을 유발한
다는 것이다. 그는 공격성은 죽음의 본능이 자신의 파괴를 피하여 다
른 사람을 향하려는 시도라고 보았다.

이에 비해 유해한 행위적인 측면에 초점을 둔 Buss(1961)는 "공격
성은 다른 유기체에 유해한 자극을 가하는 반응"으로 정의했으며,
Feshbach(1964)는 "일반적으로 타인의 물건이나 타인을 해치는 행위"
를 공격성이라고 정의했다.

그 외 '자각'이라는 것이 있는데 이 개념과 정의를 간략해보면 이형
득(1994)은 자각을 각성(覺醒)이라고 표현했으며 각성이란 "어떤 가
르쳐진 양식으로서가 아니고 자기 자신의 양식으로 보고 들을 수 있는

능력이다"라고 정의한다. 인간은 신체, 정서, 사고, 감각, 지각으로 이루어지는 전체이며 동시에 인간은 자기의 신체, 정서, 사고, 지각 등을 각성할 수 있다(이형득, 1994). 또한 인간은 자기각성을 통해서 선택을 할 수 있고 자기의 행동에 대해 책임질 수가 있다. 그러므로 이 각성이야말로 형태주의 상담의 핵심이 되는 것으로서 내담자의 각성의 질과 양에 따라서 전체 상담의 성패가 달려있다고 해도 과언이 아니다.

이장호(1994)는 자각을 "자신과 생활과정에서의 주요 경험 및 사건들을 이전보다 분명히 그리고 통합된 시야에서 재인식하는 것"이라하였다. 자각은 즉각적인 경험을 말하고 있는데 유기체-환경 간의 교류에 대한 일종의 주목 또는 주의집중이라고 풀이할 수 있다. 즉 개체의 생활과정을 유기체-환경 간의 끊임없는 교호작용의 형태로 보아 이러한 기능에 대해 자각하는 사람이 건강한 개인으로 간주되는 것이다(이장호, 1994).

김정규(1995)는 자각을 개체가 개체-환경의 장에서 일어나는 중요한 내적·외적 사건들을 지각하고 체험하는 것이라고 정의하고 있으며 우리의 중요한 내적·외적 상황에 대해 구체적이고 현실적으로 알아차리는 것 즉 알아차림이라고 부른다. 알아차림은 자의식과 구분되며 자기를 대상화시키는 것이 아니라 자신의 생각이나 행동 또는 신체감각이나 욕구, 감정 혹은 환경이나 상황 등 모든 내적 외적인 현상들을 단순히 발견하고 체험하는 것이라 했다. 또한 알아차림은 내관(introspection)과도 구별되며 내부사건뿐만 아니라 외부환경이나 상황에 대한 지각까지도 포함하므로 '내관'보다는 훨씬 넓은 개념이라고 했다(김정규, 1995).

Perls(1973)는 '자각 자체가 치료적이다'고 하면서 자각만으로 치료의 효과가 나타날 수 있다고 하였다. Simkin과 Yontef(1989)는 자각은 게슈탈트 치료의 유일한 목표이고 필요한 모든 것이라고 주장했으며 Clarkson(1990)은 게슈탈트 치료의 원리를 세 가지 들면서 '게슈탈트 치료의 유일한 목적은 자각이며 그 치료적인 방법이란 바로 자각의 방법이다'라고 하였다.

Clarkson(1990)은 자각이란 일종의 경험으로 개인적, 환경적 생활의 장에서 운동 감각적, 정서적, 인지적, 활동적 지원을 충분히 받으면서 가장 중요한 사건들과 깨어서 접촉하는 과정이라고 하였다. 즉 자각이란 사고, 감정, 욕구, 신체감각, 행동, 환경자각 등의 측면을 모두 포함하는 총체적인 지각 혹은 인식을 뜻하는 것이다. 이는 개체가 자신의 생각이나 감정, 욕구를 지각하는 것은 물론 신체감각이나 행동 그리고 환경을 지각하고 나아가서 자신이나 타인의 행동패턴을 지각하는 것으로 행위의 모든 측면들을 자각의 대상으로 포함한다. 단 현상을 대상화시키는 것이 아니라 현상을 있는 그대로 발견하고 깨닫고 체험하는 것이다.

한편 박종옥(1993)은 자각을 현존 간에 관계를 맺는 것으로도 정의한다. 자각은 있는 그대로의 자아와 세계를 정확하게 인식함으로써 자아와 세계 사이에 완전히 관계를 맺지 못하도록 막고 있는 조직적 허상 즉 편견과 속단이 자기 선입견이 되어있어서 있는 그대로 볼 수 없는 것을 깨닫는 것이다.[15]

(3) 3단계: 영적 FE-Toil(Spiritual FE-Toil)

3단계 영적 느낌과 감정에 수고하기는 'FE-Toil' 기법은 결과적 상담기법이다. 물론 일반상담심리에서는 1단계에서 3단계에 이르는 과정이나 단계를 다르게 설정할 수도 있다. 그러나 기독교상담에서는 영적인 느낌과 감정을 회복시키는 것이 기독교상담의 목적이라고 할 수 있다. 이 3단계 과정을 위해서 1단계와 2단계 상담단계가 있는 것이다. 그러나 사실 지금까지 기독교상담이라고 할지라도 단계 없이(?) 내담자의 치유와 영성회복이라는 목적 아래 여러 가지 성경적 교훈과 가르침을 밑바탕으로 하여금 잘못된 생활습관, 좋지 못한 생활환경 그리고 좋지 못한 대인관계 혹은 인간관계, 나아가 역기능적인 가정풍토나 구성원 간 비화합 등을 없애거나 다스리고 극복하는 자세로 상담의 진행을 해왔다고 본다. 내담자의 문제는 분명 내담자 스스로가 문제를 알고 있다. 이는 상담의 목적도 내담자가 알고 있다는 전제가 된다. 이 말은 내담자의 내적인 문제가 '영'이라는 넓은 바다를 헤집고 다녀야 하는 상담자와 내담자 사이의 능력의 한계를 정복하려는 많은 시간과 힘의 낭비를 체험해야 한다. 이 시간에서 포기심리와 단순 기독교상담, 이를 테면 '기도 합니다', '성령께서 도우십니다', '하나님이 함께 계시니'라는 서술적 상담이 이르게 된다. 이는 곧 기독교상담의 넓은 의미의 상담적용과 일반상담심리와 어울리지 못하는 전문성 결려를 가지고 온다. 물론 성경을 인용한 서술적 상담이 기독교상담의 빈약성이라든가 아니면 잘못된 상담기법이라고 말하는 것은 아니다. 복잡한 사회에 노출된 크리스천들이 세상 사람과 별도로 '신앙'이라는 생활을 더하기 때문에 기독교상담은 더 전문성과 내담자의 심리를 더 친밀하게 파악할 수 있는 기독교상담자의 지식과 자세의 필요성을 강조하는 것이다. 이는 앞서 성경을 주관적인 판단과 상담자 개인적인 신앙 혹은 영적 체험으로 상담에 임하거나 주관적인 상담으로 상담의 근본적인 의미와 목적을 잘못 이끌어가지 않기 위해 앞서 짧게 설명한바 있으며 다음 "기독교상담은 무엇인가?"에서 더 설명할 것이다.

과연 영적인 것과 육적인 감정, 느낌은 어떤 차이가 있을까? 물론 차이가 있다. 영적(spiritual)이란 말은 '정신적'이라는 말로 '교회적인 일' 또는 '신앙적인 일'을 뜻한다. 그렇다면 영적인 느낌과 감정의 단계는 무엇을 말하는 것인가? 이 단계는 중요한 2가지 기능적 의미가 있다. 첫째 기능적 의미는 성경을 기본으로 한 교회와 신앙생활을 기초(foundation)로 한다는 의미이다. 그러나 영적인 기능도 크리스천들이 사회생활을 순기능과 적응력을 높이고 하나님께서 인간에게 명령한 사회명령과 노동명령을 잘하기 위한 정서적 기능이 있는 것이다. 이것이 두 번째 기능이다.

그러므로 영적 단계에서 FE-Toil 기법은 크리스천들의 교회와 신앙생활 그리고 사회적 적응력과 정서적 적응력을 높이기 위한 단계라고 볼 수 있다. 크리스천들에게 신앙적으로 사회적으로 정서적으로 문제가 발생했을 때는 무엇보다도 복합적인 정서적 문제가 내포되어 있음을 전제하고 싶다. 일반적으로도 감정에 대한 주장을 보면 "인간은 신체의 외적인 표현을 통해 그 자신과 타인의 감정 상태를 읽을 수 있다. 이를 통해 인간이 감정을 소유하고 있으며 정서 또한 그 경험과 표현을 통해 인간의 삶에 특히 인간관계에 지대한 영향을 미치는 것이 사실임을 알 수 있다. 인간이 느끼는 감정이 인체를 통해 드러난 것은 일상생활에서 간과하고 지나쳐버리는 표현의 매개체로써 인체의 중요성을 일깨워준다."(Humans are able to see the emotional states of their own self and others by outer physical expressions. In this respect, feelings and emotions in humans greatly affect their relationships through experience and expressions. Revealing emotions on the physical body enables us to realize the importance of body as a means of expression in everyday life.)16)

또한 기존의 감정에 대한 편견 속에는 이성과 의지는 정신의 최고 발달 상태를 의미하며 이러한 이성과 의지가 인간의 원초적인 감정을 억제해준다고 생각했다. 다시 말해서 이성은 인간과 같이 발달한 지적 존재의 특징으로 보는 반면 감정은 원초적이고 동물적인 본성을 나타낸다고 보았다. 그러나 인간의 '감정'(느낌)은 특수한 감정들, 즉 희망, 욕망, 분노, 안심, 공포, 질투, 친애, 증오, 동경, 사랑 등에 의해 인간의 다양한 감정적 삶의 원인을 제공한다고 했을 때, 기존의 편견대로 인간의 감정을 이성보다 열등한 것으로 그렇게 쉽게 가치하락시킬 수 없다. 인간의 감정은 육체뿐만 아니라 이성에 의해서도 설명될 수 없는 '감정'의 고유한 내재적 가치가 존재하는데 그것은 인간의 '감성' (감수성)적 능력에 의해 설명가능하다.

즉 감성의 독특한 기제는 '인간 고유의 독특한 감정을 이해하고 인식하는 능력', 다시 말해서 '통증, 쾌감, 공포감 등의 감정이나 느낌을 가를 수 있는' 또는 '그러한 감정을 이해하고 인식할 수 있는 능력'으로 설명된다[17]는 학문적 고찰도 있다. 이는 인간의 감정이 이성이라는 지배적 개념 아래서 나타나는 반응 정도 알고 있거나, 단순한 개념으로 희, 노, 애, 락에 대한 인간의 기본적 반응이라는 협소한 생각에 머물러서는 안 된다. 감정과 느낌은 하나님께서 인간에게 허락하신 거룩한 '영'의 기능체이다. 이는 느낌과 감정의 기능이 제대로 '역할'이나 '반응'을 하지 못한다면 영적으로나 정신적으로 죽었거나 인간으로서 기본적인 기능을 상실한 것이다.

영적인 단계에서는 위에서 이미 말한 대로 교회적인 일 또는 신앙적 일만을 다루거나 애써 영적인 부분만을 상담하려는 자세는 버려야 한다. 어떤 단계에서든지 FE - Toil 기법은 내담자의 느낌과 감정 회복과 치유를 위한 상담의 목적을 갖는다.

영적단계에서 상담을 실시한다는 것은 특별히 영적 부분을 회복하도록 성경적인 상담을 실시한다. 여기서 말하는 성경적 상담이란 제이 아담스(Jay E. Adams)가 말하는 '권위적 상담'18)을 말하는 것이 아니다. 기독교상담으로서 크리스천들이 당면하는 영적, 육적 문제에서 영적인 부분을 우선적으로 고려하는 단계를 말하는 것이고 기독교상담이 그렇듯이 상담자의 편협한 생각과 전문적 지식 없이 주관적 태도를 가지고 상담에 입하는 것을 포괄적으로 지적하는 말이다.

그러므로 영적 단계는 신학적, 성경적 지식과 함께 기독교상담학적인 전문 지식을 가지고 영적인 상담을 실시해야 한다. 그렇지 않을 때 부작용과 성도나 일반인들의 기독교상담에 대한 회의와 반감은 쉽고 빠르게 찾아올 것이다.(여기에 관련된 설명부여는 '기독교상담은 무엇인가'와 '교회 상담자가 갖추어야 자세'에 설명하였다.)

영적 단계에 주의해야 할 것이라면 다음을 말하고 싶다. 성도들은 신앙과 상회라는 두 부분에서 최선을 다하고 살아가고 있다. 그러나 간혹 만나는 성도들에 대해서 나오는 말은 "목사님은 기도만 열심히 하라고 합니다." 또는 "인내하고 기도하다 보면 열매를 맺는다고 합니다."라고 했다는 것입니다. 그러나 분명한 것은 이 말에 영적인 FE-Toil 기법은 무시되고 있음을 알아야 한다. 이는 또한 내담자의 느낌과 감정 부분을 목회자 주관적인 영적 지식과 생활지식으로 일관하여 내담자의 내적 치유의 근본인 동시에 육적 생활의 원동력인 느낌과 감정 부분을 무시하고 있을지 모른다는 것이다.

영적인 문제들이라고 육적인 부분이 분리되어 있는 것이 결코 아니다. 한 예로 김 집사가 직장생활을 하는 가운데 주일을 성수하는 문제로 고민하고 상담을 청해온다면 교회적, 신앙적인 부분으로만 문제를 접근해서는 안 된다. 성경적으로 그리고 김 집사가 대처하고 행할 수 있는 육체적 적응력까지 고려하여 소중한 직장생활을 잘하도록 해야 하고 순간순간 부딪힐 수 있는 느낌과 감정의 파괴와 아픔까지 고려하여 상담의 진단을 내려야 하는 것이다.

목회자는 성도들에게 책임감만 내세우고 가르치려는 자세만 고집해서는 안 된다. 성숙한 성도는 목회자의 의도를 알고 리더십(Leadership)에 따르겠지만 목회자 리더에 성도들이 따르도록 하는 것은 우격다짐이나, 성경을 잘못 이용하거나, 목회성공을 위한 방편으로 순종을 강요해서는 안 된다. 성숙이란 많은 깨달음을 전제로 한 순수한 믿음의 발로여야 한다. 기독교상담은 내담자의 믿음의 준비성과 신앙적 이해도가 전제된다면 효과적 상담을 이룰 수 있다. 또한 상담자 역시 성숙한 상담자의 학문적 신앙적 모범과 준비성도 중요하다. 성경은 이 모든 것의 교과서요, 최고의 준비서이다. 특히 상담의 지식과 기술은 목회자가 영적인 부분을 상담할 때 요구하는 것으로 개발하고 노력하지 않는다면 얻을 수 없는 것이다. 설교는 간혹 타인의 설교를 인용하거나 흉내낼 수 있다. 그러나 상담은 그렇지 않다는 것을 잊어선 안 된다.

영적인 단계에서 느낌과 감정에 충실하고 수고하는 것은 영, 육 이분설이나 영, 혼, 정신이라는 삼분설적인 신학적 논제는 필요 없다. 내담자를 올바른 신학자나 자기 교단의 지도자로 키우기 위한 것이 아니기 때문이다. 마틴 로이드 존슨(D. Martyn Lioyd - Jones 1899 - 1981)은 1974년 The Rendle Short Memorial Lecture에서 갖은 강연 『몸과 정신과 영혼』에서 "이 분야에서는 육체적인 것, 심리적인 것, 영적인적 그리고 정신적인 것이 모두 연관되어 있습니다."[19]라고 말했다. 영적인 단계는 그 사람이 성령의 사람인가? 육에 속한 사람인가를 판단하는 단계가 아니다. 오직 이 단계는 내담자의 느낌과 감정을 소중히 여기고 영성과 육체적 스트레스를 포함한 신앙적 반해요소들을 회복, 적응력을 높여주고 치유해 나아가는 단계이다. 오성춘 교수는 "기독교 영성은 역사적인 예수의 삶과 인격과 정신을 본받아 살며 그의 성품을 그리스도인 속에 형성하려고 한다. (중략) 예수님의 사상과 인격과 정신을 배우고 인간 예수의 정신을 신자들의 삶 가운데 내면화시키려고 힘쓴다."[20]는 것으로 설명하고 있다. 영성의 회복은 성도들의 영적인 느낌과 감정을 성경으로 조명받고 성숙한 기독교상담을 받는다면 참된 성령이 주시는 기쁨을(요16:22-24) 얻게 되는 것이다.

7) FE-Toil 기법에 대한 의학적(뇌 의학) 접근

여기서는 서두에서 밝힌 대로 FE-Toil 기법에서 왜 느낌과 감정이 중요한가를 다시 한번 강조하는 차원이 되고 지금까지 서술한 다른 기법과 상담에 필요한 일반적 학문들과 비교하는 단계에서 다시 소개하는 것이다.

상담은 방법 즉 상담을 어떻게 하느냐 문제는 상담의 종류를 선택하고 선별한다면 방법은 그리 중요하지 않다. 다만 상담자가 선택한 상담의 종류를 어떻게 선별하느냐에 따라 진행 과정과 결과가 다르고 나아가 변화와 상담의 목적도 치유도 달라질 수 있다.

FE-Toil(느낌과 감정에 수고하기이론) 충실하기 기법은 F(Feeing: 느낌)과 E(Emotion: 감정)에 충실(수고이론: Toil-theory)로 내담자의 느낌과 감정 회복을 우선으로 치유해 나아가는 기법이다. 물론 내담자의 모든 문제(갈등 포함)는 느낌과 감정 부분에 포함되어 있으나 느낌과 감정적인 부분을 어떻게 시작하나, 어떻게 접근할까라는 의문이 들게 된다.

서두에서 이미 언급했지만 무너진, 혹은 더 심한 경우 파괴된 내담자의 느낌과 감정의 부분은 흔한 표현으로 '영혼 치유' 혹은 '내적 치유'라는 말을 하기도 한다. 그러나 영혼 치유는 영혼의 상처와 아픈 부분을 회복시킨다는 말이지만 실제로 내담자의 영혼 부분을 수술하거나, 두뇌 부분을 의학적으로 점검하는 것이 아니다. 하나님의 말씀을 통하여 위로해 나아가는 것이다. 그리고 내적 상담은 기법적인 표현이라기보다는 상담의 한 부분이라서 기독교상담이 사람들의 숨겨진 아픔, 말 못하는 아픔과 같은 내적인 문제를 위로 및 회복시켜 나아가는 것을 이미 앞서 설명했다. 물론 이것도 하나님의 말씀을 통한 것이다. 즉 'FE-Toil'도 역시 성경의 조명과 상담자의 성숙한 영성이 요구되면서 나아가 하나님의 말씀으로 상처 난 느낌과 감정 부분, 파괴된 느낌과 감정, 현재도 아파하는 느낌과 감정 부분을 회복시켜 나아가는 것이다. "God's word acknowledges that we have feelings but calls on us to see that they are governed.[21]"(하나님의 말씀은 우리가 스스로 자신을 잘 알 수 있는 느낌들과 있지만 그것을 불러내어 다스릴 수 있음을 허락하셨다.) 물론 성령의 도우심과 역사하심을 의지하는 것은 당연하다.

자, 이제는 'FE-Toil'를 시작할 때 어떻게 해야 하는가? 모든 내담자의 문제는 느낌(Feeling)과 감정(Emotion)의 문제라는 의식을 갖는다.

알코올(alcohol), 이성, 돈, 가정, 교회, 성, 직장, 직업, 사회적응, 학교에 관한 상담내용이 있을지라도 상담의 목표는 내담자로 하여금 변화를 유도하여 사회적응상에 문제나 갈등이 없도록 하는 것이므로 느낌과 감정 부분이 관련되지 않는 것이 없다. 그러므로 새내기 상담자들은 초면상담에서 다른 상담내용을 내담자가 말하는 것 같으나 분명 느낌과 감정의 문제라는 사실을 전제해야 한다.

한 예로 다윗의 문제(갈등)를 알아보자. 다윗은 흔한 말로 우리아의 아내인 '밧세바'에 대해서 강간죄, 그의 남편에 대해서 '살인죄' 그리고 모든 죄를 속인 '거짓증거'(하나님의 대해서)를 저지른 성경전문에 걸쳐 이만한 큰 득죄를 행한 자가 없는 죄를 다윗은 저질렀다. 다윗이 하나님에 대해서 저지른 죄는 성경적으로 고백되기를 아픔과 Feeling(느낌)과 Emotion(감정)부분으로 제한할 수 있다. 다윗은 고백하기를 "내 속에 생각이 많을 때에……"(시94:19) 여기서 생각이라는 단어가 영어 N. I. V. 버전 영어 성경에서는 'Anxiety'(걱정거리)라는 단어를 사용하고 있다. "…… 내가 괴로워 말할 수 없나이다."(시77:4) 영어 성경에서는 'troubled' 단어를 사용한다. 즉 다윗은 문제의식과 걱정거리가 많았다. 이보다 더 많은 시편과 잠언을 통하여 다윗은 느낌과 감정은 파괴되고 무너졌음을 알 수 있다. 특히 삼하11:3 "이하부터 왕상까지 전반에 걸쳐 다윗은 마음과 심정에 고통을 가졌으며 괴로워했다. 그는 하나님께 대해서는 회개하기를 시6:1 여호와여 주의 분으로 나를 견책하지 마옵시며 주의 진노로 나를 징계하지 마옵소서, 6:2 여호와여 내가 수척하였사오니 긍휼히 여기소서 여호와여 나의 뼈가 떨리오니 나를 고치소서 6:3 나의 영혼도 심히 떨리나이다. 여호와여 어느 때까지니이까 6:4 여호와여 돌아와 나의 영혼을 건지시며 주의 인자하심을 인하여 나를 구원하소서 6:5 사망 중에서는 주를 기억함이 없사오니 음부에서 주께 감사할 자 누구리이까, 6:6 내가 탄식함으로 곤핍하여 밤마다 눈물로 내 침상을 띄우며 내 요를 적시나이다." 여기서도 자신은 하나님께 매우 부족하다고 고백하고 'agony'(아픔과 같은 Pain의 의미가 강한 고민 고통)를 뜻하는 단어를 사용하고 있다. 느낌과 감정은 이미 의학적인 증거로 대뇌(특히: 전두엽(Frontal Lobe), 두정엽(Parieta lobe), 측두엽(Temprorl Lobe) 후두엽(Occipital Lobe)의 기능에서 감각과 감정의 변화 판단, 지작, 말하기 듣기, 시각, 운동기능 등을 한다. 육체의 모든 명령 하달은 뇌가 한다.22)

그림: 뇌(Brain)구조와 기능

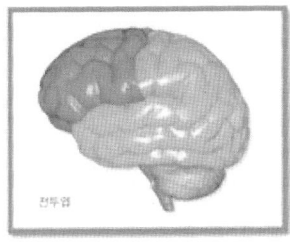

전두엽(Frontal Lobe)
대뇌의 한 부분으로 대뇌 앞부분에 있습니다.
판단, 감정, 운동능력과 같은 기능을 조절합니다.
이곳의 종양은 지나친 긴장감과 인지능력상실
을 일으킵니다.
또 반신불수, 말하는 것과 느린 움직임을 하
는 데 어려움이 따르게 합니다.

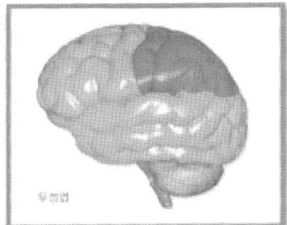

두정엽(Parietal Lobe)
대뇌의 한 부분으로 대뇌 위쪽 뒷부분에 있습니다.
감각, 지각 등의 기능을 조절합니다.
이곳의 종양은 가벼운 접촉이나 압박에 대
한 인지력 감소를 유발합니다.
또 좌우구별상실이나 신체의 시공간 인식상
실 등을 일으킵니다.

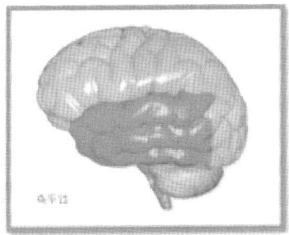

측두엽(Temprorl Lobe)
대뇌의 일부분으로 대뇌 양쪽에 있습니다.
말하기, 듣기, 감정변화 등의 기능을 조절합니다.
이곳의 종양은 말을 하거나 표현하는 데 어
려움을 일으킵니다.
또 공격적 성향의 행동을 유발합니다.

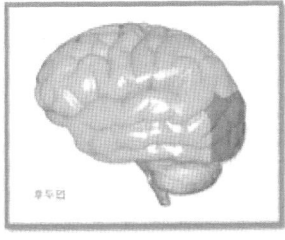

후두엽(Occipital Lobe)
대뇌의 한 부분으로 대뇌 뒷부분에 있습니다.
시각과 관련된 기능을 조절합니다.
이곳의 종양은 부분적으로 또는 완전히 한
쪽의 시각을 상실케 합니다.

뇌의 구조와 기능(아래그림)은 다음과 같다.

사람의 느낌과 감정은 총체적인 감각기관의 본부와 같다. 또한 뇌

는 감각(시각, 청각, 촉각, 미각, 후각)과 기억, 감정과 개성에 밀접한 관계가 있습니다.[23]

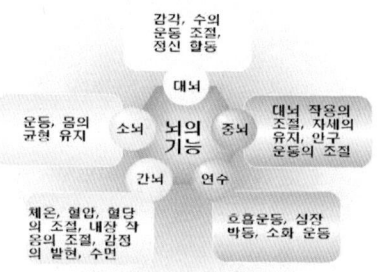

뇌의 기능(참고:http://mfs.kyungpook.ac.kr/biocosmos/high/menu.html)

물론 마음을 다스리고 달래주고 위로하고 또 영혼을 위로하고 달래주고 다스리는 것은 실제적으로 그 사람의 느낌과 감정의 부분을 다스리고 달래주고 위로해주는 것이다. 간음으로 임신한 아들을 하나님께서 제하실 때 다윗도 밤새도록 기도하였지만 아내 밧세바를 위로한 다윗은(삼하12:24 'comforted': 위로하다) 새 인생을 시작한다. 그러므로 모든 내담자의 문제는 느낌과 감정의 회복과 치유에 초점을 두고 실제적인 치유와 회복에 나아가야 한다. 무조건 느낌과 감정에 좋은 말을 하거나 '하나님께서 함께하시니 참아보라'식의 권면적 상담은 내담자로 하여금 실망내지 듣기는 들어도 주최할 수 없는 느낌과 감정으로 상담의 의욕까지 상실할 수도 있다.

실제적으로 내담자의 느낌과 감정에 어떻게 충실하게 최선을 다할 수 있을까? 정확한 답은 내릴 수 없다. 그러나 이렇게 말할 수 있다. 느낌과 감정에 노력(충실)한 상담이 되기 위해서는 첫째로 권위적 상담이 되어서는 안 된다. 윗사람이라고 아래 사람 부리듯 혹은 말하듯

한 상담을 진행해서도 안 된다. 무엇보다도 진정한 위로는 같은 마음을 갖는 것이다. 그리고 간단한 신체접촉(손을 잡아주는 것, 어깨를 두드려주는 것, 혹은 친분 관계에 따라 안아주는 것) 그리고 내담자 수준에 맞는 함께 걷기, 같이 울기, 무엇인가 구체적인 약속으로 내담자에게 신뢰감을 주는 것(다시 만날 것, 같이 회복을 같은 마음 갖기 등) 하나님의 사랑은 구체적이다. 그리고 늘 우리와 함께하시고 약속하셨다. 그리고 실천에 넘겼다. 효과적 상담, 성경적 상담은 많은 상담을 성경적으로 가르치는 것이 아니라 성경적으로 조명하고 상담자가 내담자를 위해서(내담자에 따라 달라짐) 동행하고 함께하려는 한 번의 실천이 중요한 것이다. 사랑은 감상적인 것이 아니다. 구체적이고 실제적인 주고받는 느낌과 감정인 것이다.

사랑이 말은 쉬워도 행동이 어려운 것은 바로 이 때문이다. 함께 동행하지도 못하고 함께 어울리지 못하면서 '친구'라 하고 같은 '성도'라 하고 하나님의 이름을 함부로 사용하는 상담행위 말이다.

왜 감정노동에 수고하는 상담이 중요한가? 그것은 청소년 문제에서도 나타나고 청소년을 둔 가정에서도 나타나고 사이즈가 큰 교회에서도 나타나는 것이 있는데 그것은 감정지수가 낮다는 것이다. 감정지수가 낮다는 것은 상호 즉 성도와 성도, 개인과 개인, 가정식구와 식구 등에서 공감대가 낮아진다는 것이다. 공감대가 상호 낮아지면 언어생활, 신앙생활, 각종 행동에서 악영향을 미치게 된다. 특히 감정은 사랑과 호감 그리고 느낌의 풍성함으로 한 사람이 건강하고 성숙하게 성장하게 되는 중요한 내적 요소이다. 그러므로 감정적인 면에 수고하는 상담이야말로 효과적 상담을 이룰 수 있다. 나아가 내담자들의 이모저모의 문제와 고민 등을 스스로 치유에 대한 확신과 나아가 사회적응상의 문제가 없게 되는 것이다. 이러한 감정적인 요소를 중요시 여기는 게리 채프먼(Gary Chapman)은 『The Five Love Languages of Teenagers』에서 다니엘 골맨(Daniel Goleman)의 말을 인용하면서 "공감하는 마음은 다니엘 골맨이 '감성지수'라고 부르는 근거 가운데 하나이다. 그는 감성 지수를 다른 사람의 감정을 읽을 수 있고 비언어적인 영역에서도 효율적으로 의사소통할 수 있고 일상 가운데 감정의 고저를 조절할 수 있고 사람들과의 관계 속에서 적절한 기대감을 가질 수 있는 능력"[24]이라고 말을 했다. 이러한 감정과 느낌은 청소년은 가정에서 부모에게서 성도들은 목사의 언행과 교회의 지도자들에게서 흡수하는 경향이 많다. 그러나 느낌과 감정적인 부분을 상담해주지 않는다면 성경에서 말하는 '참기쁨'은 소유하기 어렵게 된다.

1) Diane Langberg. Counsel for Pastors Wives. Zondervan Publishing House. 1988.

2) http://k.daum.net/qna/kin/home/qdetail__view.html?boardid

3) Daniel Goleman. *Emotional Intelligence*(New York: Bantam, 1995), pp.25 - 35.

4) The Chokmah Commentary. the Christian wisdom Publishing Company. 1989, p.463.

5) King james Version. Bible. & New International Version.(Hebrews4:15)

6) David A Seamands. Healing for Damaged Emotion. Victor Books. 1981, p.54.

7) David A Seamands. Healing for Damaged Emotion. pp.53 - 54.

8) Duncan Buchanan. The Counseling of Jesus. 1987.

9) Richard Walters. Counseling for Problems of Self - Control.(volume 11 of the resources Christian Counseling.) 1988.

10) English - Korean Dictionary(Essence). MinJungseorim's.

11) 여성부. 미혼모 현황 및 욕구조사 결과. 2005. 10. 가족지원팀.

12) 한국일보. 2005. 11. 18.

13) Lifeline.(생명의 전화)상담자료. 2004. 12.

14) http://news.media.daum.net/snews/culture/art/200603/10/kukinews/v11975466.html.

15) 신영재. 자각을 중심으로 한 게슈탈트 집단상담이 청소년의 공격성 감소에 미치는 효과. 계명대 교대. 석사논문. 1999.

16) 박민정. 박사학위 논문 이화여자대학교 대학원. 인간의 감정을 형상화한 인체표현 연구: 희, 노, 애, 락을 중심으로(Human Sentiments Embodied through Human Bodies: focused on Joy, Sorrow, and Pleasure) 2003.

17) 김경미. 이화여자대학교 대학원 석사논문. 아동의 감정 존중에 내재된 교육적 의미((The) Educational Implications of the Consideration for Children's Emotion) 2003.

18) Jay E Adams는 『Competent to Counsel』에서 "기독교상담은 권위 있는 교훈을 하는 것이 내포되어 있다는 점에 주목해야 한다."고 말했다. Translated by Chung - sook Chung. 목회상담학. p136. 1993.

19) D. Martyn Lioyd - Jones. Healing and Medicine. 1987, Translated by Chung deuk sil. p.149. 1994.

20) 오성춘. 영성과 목회(기독교 영성훈련의 이론과 실제). p.45. 1992.

21) Diane Langberg. *Counsel for Pastors Wives*. Zondervan Publishing House. 1988.

22) http://www.bt-cp.co.kr/bt/b__t/b__str.htm

23) Ibid.(www.bt-cp.co.kr)

24) Daniel Goleman. *Emotional Intelligence*(New York: Bantam, 1995) pp.25 –35.

1) 스트레스(Stress)

Hans Selye는 스트레스에 관하여 다음과 같이 이야기하고 있다.

"스트레스는 즐거운 것이든 즐겁지 않은 것이든 간에 신체 기관에 어떤 부담을 주는 압박감으로 인하여 비특정적인 신체반응이 일어나는 것을 말한다. 치과에 가서 치료받는 것은 스트레스를 받는 일이다. 그러나 사랑하는 사람과의 열정적인 입맞춤은 맥박을 빠르게 하고 호흡이 빨라지고 심장을 마구 뛰게 한다. 세상의 어느 누가 스트레스를 받기 때문에 기쁨을 가져다주는 일을 포기하겠는가? 우리는 완전히 스트레스를 피할 수는 없다. 그것은 불가능하다."

그러나 스트레스가 없는 것이 꼭 바람직한 것만은 아니다. 적절한 스트레스는 생활에 긴장감과 동기부여, 성장에 도움이 될 수도 있다. 문제는 과도한 스트레스나 압박감이 현실생활에 부적응적인 행동으로 나타날 수 있다는 것이다.

2) 스트레스의 원인

(1) 변 화

우리의 삶 속에 일어나는 '변화'는 스트레스를 일으키는 주요인이 된다. 왜냐하면 변화는 우리에게 새로운 상황에 맞게 적응할 것을 요구하기 때문이다. 이러한 환경의 변화에는 긍정적인 변화도 있고 부정적인 변화도 있다. 이 두 가지는 다 스트레스 요인으로 작용한다. '부정적인 변화'로 인한 스트레스 원으로는 제일 고통스러운 것이 '배우자의 죽음'이다. 그 외에도 이혼, 심각한 질병, 실직, 직업 전환 등도 상당한 스트레스가 된다. '긍정적인 변화'로 인한 스트레스 원으로는 사랑하는 사람과의 결혼, 이별 후의 만남, 성공, 집 장만, 승진 등이 있을 것이다.

일반적으로는 부정적인 변화가 긍정적인 변화보다 더 큰 스트레스를 유발하지만 결혼과 같은 인생의 중대한 변화에 있어서도 스트레스가 큰 만큼 꼭 나쁜 일만 스트레스이고 좋은 일에는 스트레스가 없다고 말할 수는 없다. 특히 현대 사회는 항상 새로운 기술과 정보가 쏟아져 나와 변화를 요구하고 전보다 직장이나 집의 이동이 잦은 편이어서 생활환경이 변하는 일이 많다. 따라서 현대인들은 변화에 따른 스트레스를 항상 갖고 있다. 이러한 변화에 어떻게 스트레스를 덜 받고 대처할 수 있는지를 생활에서 체득하는 것이 매우 중요하다.

(2) 매일의 생활의 자잘한 일들

라자루스와 포크먼(1984)은 매일의 생활의 자잘한 일상들이 외부의 중요 사건들보다 더 우리를 심하게 괴롭히는 스트레스 원인이 된다고 주장한다. 물건을 잃어버린 것, 외모에 대한 관심, 돈 걱정, 계속되는 업무 압박, 혹은 학생이라면 자신이 하고 싶은 일을 다하지 못하는 것, 외로움 등이 일상적인 스트레스의 원인이라 할 수 있다. 이런 것들은 사랑하는 사람과의 헤어짐이나 만남과 같은 생활의 중요 변화가 아니라 상당히 평소 생활에서 줄곧 고민해왔던 일들일 것이다.

라자루스는 이러한 소소한 일상의 스트레스가 쌓여서 신체적 건강과 심리상태에 매우 좋지 않은 영향을 미친다고 주장하였다. 그러나 평소 스트레스를 받을 경우 사소한 일이라고 그냥 넘기지 말고 작은 일이라도 항상 그때그때 해결하고 스트레스를 해소하려는 노력이 필요하다.

이와 같이 우리가 갖는 스트레스의 대부분이 실제로 자기 스스로 만들어진다는 것은 매우 중요한 사실이다. 그러나 많은 사람들은 그들이 혼란스러울 때 외적 원인(기후, 상사, 배우자, 주식시장 등)이 있다고 생각하는 모순이 있다. 이러한 사실을 이해하는 것이 스트레스를 해소하는 데 매우 중요한 첫걸음이라 할 수 있다.

3) 일반 스트레스와 영적 스트레스
   (General Stress And Spiritual Stress)

(1) 스트레스란

보통의 경우 스트레스란 걱정, 근심이나 일에 대한 불만족 또는 지나친 과로 등으로 생겨나는 것이라고 여겨지지만 실제로는 기분 좋은 흥분이나 행복감까지를 포함하는 인간 생활환경의 변화에서 야기되는 모든 행동적, 신체적 변화를 일컫는다.

스트레스를 받게 되면 대체로 인체는 3가지의 메커니즘 변화를 일으키게 된다. 우선 교감신경계가 활발하게 작동한다.

교감신경이 아드레날린선(腺)을 자극하면 아드레날린 호르몬과 노르아드레날린 호르몬이 나오는데 아드레날린 호르몬은 인간이 스트레스에 정면으로 대결하거나 스트레스로부터 피하기 위한 대비책으로 심장박동을 증가시켜 근육과 뇌로 보내고 산소를 운반하는 적혈구 세포의 이동을 증가시킨다.

한편 노르아드레날린 호르몬은 뇌의 감각중추를 자극시켜 인체가 스트레스를 어느 정도 소화시킬 수 있도록 도와준다. 다음으로 베타엔도르핀이라는 신경 펩티드가 혈액 속에 많이 흐르게 되는데 스트레스로 인한 고통을 줄여주는 역할을 한다. 보통의 경우는 여기서 끝나지만 스트레스의 강도가 높고 기간이 길어지면 뇌하수체 호르몬의 분비에까지 영향을 미치게 된다.

(2) 스트레스와 질병

미국의 경우 병원을 찾는 환자의 3분의 2가 스트레스와 관련된 증세를 보이고 있다. 경제적 손실도 막대하다. 스트레스로 인한 결근, 생산성 저하, 의료비부담 등으로 기업 측이 입는 피해는 연간 약 500억~750억 달러로 추산되며 이는 미국 근로자 1명당 750달러에 해당하는 액수이다.

스트레스는 미국인의 주요 사망원인인 심장질환, 암, 폐질환, 자살, 사고 등을 일으키는 요인으로 간주되고 있다. 이외에도 스트레스는 각종 경화증, 당뇨, 헤르페스성병 등을 악화시키기도 한다.

스트레스에 가장 취약한 질병은 심장병인 것으로 알려졌다. 경쟁심, 적개심, 불안정이 심한 환자 3천 명을 대상으로 한 실험을 보면 보통 사람보다 관상동맥질환의 발병률이 2배나 높게 나타났는데 그 이유는 스트레스가 쌓이는 동안에 축적했던 지방이 핏속으로 대량 유출되어 콜로스테롤(cholesterol) 수치가 높아지기 때문인 것으로 분석됐다.

암과 위궤양에 대한 상관관계는 동물실험에서 증명됐다. 즉 스트레스를 받은 흰쥐는 보통쥐보다 암에 대한 면역성이 약했고 위의 출혈도 심했는데 이는 과도한 부신피질 호르몬으로 인해 면역체계가 무너졌기 때문으로 풀이되고 있다.

(3) Stress 증후군

미국 YMCA가 1980년대에 개발한 웰네스(Wellness)라는 새로운 건강프로그램에 의하면 다음의 20개 항목은 스트레스가 쌓이면 잘 나타나는 증후이다.

1. 재미있는 일이 있어도 즐길 수 없다.
2. 커피 담배 술 등이 늘어나고 있다.
3. 쓸데없는 일에 마음이 자꾸 끌린다.
4. 매사에 집중할 수 없는 일이 자주 생긴다.
5. 아찔할 때가 있다.
6. 타인의 행복을 부럽게 느낀다.
7. 기다리게 하는 것을 참지 못할 때가 있다.
8. 금방 욱 하거나 신경질적이 된다.
9. 잠이 깊이 안 들고 도중에 깰 때가 있다.
10. 때때로 머리가 아플 때도 있다.
11. 잠들기 어렵다.
12. 식욕에 이상이 있다.
13. 이전에 비해 자신감이 떨어진다.
14. 등, 목덜미가 아프거나 쑤실 때가 있다.

15. 쉽게 피로하고 늘 피곤함을 느낀다.

16. 타인이 자신의 말을 하지 않을까 두렵다.

17. 사소한 일에도 가슴이 두근거린다.

18. 나쁜 일이 생기지 않을까 불안하다.

19. 타인에게 의지하고 싶은 마음이 강해진다.

20. 나는 이제 틀렸다는 생각이 든다.

위에 열거한 20개 항목을 체크하여 ○표가 0~6개면 심신건강 상태는 양호한 편, 7~15개일 경우는 몸의 컨디션이 무너질 우려가 있으므로 그대로 방치해선 안 된다. 16~20개면 위험하니 전문의사와 상담하는 것이 좋다.

그러므로 스트레스에 대처하기 위해서는

① 원인을 발견할 것.

② 교우관계를 돌이켜 볼 것.

③ 충고해줄 친구나 전문가를 가질 것.

④ 타인을 위해 조그만 일이라도 실행할 것.

⑤ 뚜렷한 가치관을 가질 것.

⑥ 전방 지향적인 자세를 가질 것.

⑦ 매사에 동시에 두 가지 일을 하지 말 것.

⑧ 자기 자신의 능력을 알고 무리하지 말 것.

⑨ 하루 한번은 조용한 분위기 속에서 명상할 것을 강조하고 있다.[1]

(4) Stress의 증상들

(a) 신체적 증상

어지러움, 심계항진(심장이 뜀), 가슴 답답, 가슴의 통증, 식욕부진,

소화불량, 전신 근육의 경직이나 통증(주로 뒷목이나 어깨), 사지의 저리거나 차가움, 피로, 상열감이나 안면홍조, 땀, 과민성 대장 증후군, 신경성 위장병, 신경성 피부병, 고혈압, 심장병.

(b) 정신적 증상

불면, 집중력 저하, 기억력 감퇴, 우유부단, 마음이 텅 빈 느낌, 혼동, 유머감각 소실, 두통, 우울증, 공포증, 비만.

(c) 감정적 증상

신경과민, 불안초조, 우울증, 분노, 좌절감, 근심, 걱정, 성급함, 인내 부족.

(d) 행동적 증상

안절부절, 신경질적인 습관(손톱 깨물기, 발 떨기), 과음이나 과식, 흡연과다, 울거나 욕설, 비난이나 물건을 던지거나 때리는 행동의 증가[2]

4) 스트레스에 반응하는 뇌의 반응 중 하나인 아드레날린 호르몬과 뇌하수체에 대해서

우리는 일상생활에서 많은 스트레스를 경험하게 된다. 이 스트레스는 즉각적이고도 강력한 육체적 심리적 변화에 의해 많이 발생하게 된다. 예를 들어 어떤 중요한 일을 결정한다거나 행글라이더에 매달린 채 절벽 끝으로 달려갈 때 뛰어 내려가야 할까 말까를 결정하는 것과 같은 절박한 순간에 특히 많이 발생하게 된다. 그러나 우리 몸은 이러한 스트레스를 방어하는 능력을 가지고 있다. 그러나 이러한 스트레스 방어능력이 상실되면 우울증과 같은 정신적 질환을 앓게 되는 것이다. 그렇다면 어떻게 해서 스트레스 방어능력을 상실하게 될까?

행글라이더에 매달린 채 절벽 끝으로 달려 내려갈 때 뇌에서는 에

피네프린(보통은 아드레날린이라고 불린다)을 분비하도록 부신에 신호를 보낸다. 여러분은 이른바 아드레날린 러시(adrenaline rush)라고 하는 이 효과를 즉각적으로 경험할 수 있다.

뇌는 여러 가지 화학물질을 분비하고 있다. 좋아하는 사람 앞에서 얼굴이 홍당무가 되는 것도 뇌가 분비하는 화학물질의 영향 때문이다. 이때 분비되는 물질은 노르아드레날린이라는 물질이다.

그러나 늘 스트레스를 받는 직종에 종사하는 사람은 그러한 신체 작용에 이미 과도하게 적응해 있는 경우가 많다. 위험이 많이 따르는 운동 종목의 선수들일수록 전반적인 호르몬 과다 현상이 적게 나타난다. 그러므로 위험한 스포츠를 즐기는 사람들이 늘 새로운 도전거리를 찾아 나서는 이유를 그들이 자신의 몸속에 같은 정도의 아드레날린러시를 유지시키고자 원하기 때문이라고 볼 수도 있다.3)

뇌하수체: 뇌하수체기능부전증(Hypopituitarism)
[정 의: 뇌하수체 기능이 저하되어 적량의 호르몬이 분비되지 못하는 질환]
[관련 신체부위: 뇌하수체 및 갑상선, 부신, 난소, 고환, 자궁, 신장, 유선 등]
[나이/성별: 남녀 모든 연령층에서 발생]
[증 상] 1. 생리 불순. 2. 불임. 3. 발기 부전. 4. 저혈당 및 쇠약. 5. 어린이의 경우 성장이 더딤. 6. 사춘기 2차 성징이 더디게 나타남. 7. 정신의 변화. 8. 나태가 심해짐. 9. 지속적으로 두통이 생김.
[원 인] 1. 알려져 있지 않은 것도 있음.
       2. 심한 두뇌 손상으로 뇌하수체에 압력이 가해짐.
       3. 분만 중 심한 출혈과 쇼크로 모체 뇌하수체에 혈액 공

급이 감소함.

4. 뇌하수체에 종양이 생김.

5. 뇌가 감염됨.

6. 뇌 아랫부분 혈관이 늘어나 주머니 모양으로 됨.[4]

이러한 모든 질병의 원인이 Stress에 따른 것이다. 그러므로 이러한 육체적 스트레스는 곧 영적 스트레스(Spiritual Stress)로 이어진다는 사실을 기억해야 한다. 물론 독단적인 영적 스트레스도 있다.

영적 스트레스란 무엇인가? 병명으로는 육체적으로 겪게 되는 스트레스증후군과 별 차이는 없지만 특히 크리스천(Christian)들이 신앙생활을 하면서 받게 되는 스트레스라 하여 'Spiritual Stress'라고 부른다.

영적 스트레스를 받게 되는 크리스천들의 스트레스는 신앙생활은 물론 가정생활, 직장생활 그리고 대인관계에서 많은 지장을 준다.

영적 스트레스의 원인으로는 사단적 전술이 강하다.

결과적으로 사단이 전술적으로 사용하는 모든 방법은 공통적으로 'Stress'가 포함되어 있다. 해서 본인은 영적 스트레스(Spiritual stress) 혹은 영적 바이러스(Spiritual virus)라고 한다.

[크리스천들이 받는 대표적 스트레스]

1. 죄책감. 2. 의심. 3. 불안감. 4. 좌절과 포기 5. 부담감 등이다.

죄책감, 의심, 불안감, 좌절, 포기는 곧→자존감 상실이나. 낮은 자존감을 갖게 한다. 또한 교회 내에서 받게 되는 스트레스는 부담감이다. 이 부담감은 헌금, 헌신, 봉사에 대한 부담감이 대표적이다. 부담감은 영적으로 믿음을 약하게 할 뿐 아니라 개인적인 자존감상실 혹은 열등감에서 오는 분노 등도 유발시킨다. 사단의 가장 무서운 심리적 무기는 열등감과 부족하게 느끼는 것과 자신의 가치를 무시하는 감정들이다. 놀라운 영적 경험과 믿음과 하나님의 말씀에 대한 지식이 있음에도 불구하고 이러한 감정들이 많은 그리스도인들을 속박하고 있다.[5]

결국 이러한 스트레스는 크리스천들로 하여금 두 가지 치명적 아픔과 상처를 입게 한다.

첫째: Low-Self esteem(낮아진 자존감)이다.

둘째: Lost-self esteem(상실된 자존감)이다.

이 두 가지 영적 스트레스로 얻고자 하는 사단의 목적과 결과는 우리의 생활을 실패로 이끌기 위한 것이다.

[데이빗 A가 말하는 영적 스트레스로 실패하는 4가지 생활.]

ㄱ) 낮은 자존감은 당신의 잠재력을 마비시킨다.

많은 사람들이 이 문제로 씨름하고 있다. 울고 있다. 마치 물이 밑 빠진 항아리 밑으로 빠져나가듯 모든 능력을 상실한다. 하나님께서도 그것을 보시고 통고하신다. 자신에 대한 불신, 자신이 누구이며, 어떤 사람이 되어야 하는가에 대해서 계속 실망하는 사람. 그래서 심해지는 우울증, 약물과용, 희박한 문제의식, 개선의 노력 상실 등으로 심한 전염병에 걸린다.

미국 여성 크리스천들이 겪는 우울증의 서열.

① 낭만적인 사랑이 결핍된 결혼생활.(대다수는 속이며 속고 위장하며 삶)

② 시댁이나 처갓집 식구들과 갈등.(신앙, 가정습성, 개성무시 등등)

③ 낮은 가존감.(상실된 자존감)

④ 자녀들과의 문제.

⑤ 경제적 어려움.

⑥ 고독감, 격리감, 지루함.

⑦ 성생활의 문제점.

⑧ 건강문제.

⑨ 피로감과 시간에 쫓기는 생활.

⑩ 나이를 먹는 것.[6]

ㄴ) 낮은 자존감은 당신의 꿈(이상)을 파괴시키다.

사람은 꿈에 의존하며 살지는 않지만 이상을 바라보면 사는 것은 분명하다.

행2:17 "하나님이 가라사대 말세에 내가 내 영으로 모든 육체에게 부어주리니 너희의 자녀들은 예언할 것이요 너희의 젊은이들은 환상을 보고 너희의 늙은이들은 꿈을 꾸리라." 즉 하나님께서도 사랑하는 백성들에게 꿈을 주셨다. 뿐만 아니라 하나님 자신도 백성에 대한 꿈이 있으셨다. 민수기14:8-10 "여호와께서 우리를 기뻐하시면 우리를 그 땅으로 인도하여 들이시고 그 땅을 우리에게 주시리라 이는 과연 젖과 꿀이 흐르는 땅이니라. 14:9 오직 여호와를 거역하지 말라 또 그 땅 백성을 두려워하지 말라 그들은 우리 밥이라 그들의 보호자는 그들에게서 떠났고 여호와는 우리와 함께하시느니라 그들을 두려워 말라 하나. 14:10 온 회중이 그들을 돌로 치려하는 동시에 여호와의 영광이 회막에서 이스라엘 모든 자손에게 나타나시니라."

그러나 사단은 끊임없이 자존감을 잃어버리게 하여 결국 소망이 없고 꿈도 이상도 상실케 한다.

최초의 개신교 선교사 윌리암 케리는 다음과 같이 말했다.

"하나님께로부터 큰 것을 기대하라. 하나님을 위해서 큰 것을 시도하라."[7] 라고 말이다.

ㄷ) 낮은 자존감은 당신의 대인관계를 해친다.

당신과 하나님의 관계 생각해보라 만약 당신이 스스로 열등감을 갖고 자존감을 상실하여 '하나님은 나를 사랑하지 않으신다.' 한다면 당신은 어쩔 수 없이 하나님의 사랑을 받을 수 없는 것이다.

이러한 이유로 다른 사람들과 관계를 파괴시키는 것은 사단의 꿈인 것이다.

누가 당신과 가장 지내기 어려운 사람인가? 바로 당신을 싫어하는 사람일 것이다. 그것은 당신이 스스로 학대하고 싫어하기 때문에 다른 이도 싫어하는 것이다.

낮은 자존감은 당신을 아무것도 할 수 없는 사람으로 만들고 다른 이들의 눈치나 협력만을 받으려고 할 것이다.

다른 이와 당신이 다르거나 차이가 있는 것은 하나님은 당신이 자신의 개성미를 가지고 하나님의 동산에서 활짝 핀 여러 꽃 중에 하나이기를 바라신다.

ㄹ) 당신의 낮은 자존감은 하나님을 위한 당신의 사역에 방해가 된다.

데이빗 A는 이렇게 우리에게 이렇게 질문한다.

'그리스도의 몸으로서 지어진 우리 각 사람이 지체의 역할을 감당하지 못하게 하는 가장 큰 장애물은 무엇인가?'라고 말이다. 목회자가 무엇인가 당신에게 봉사, 혹은 헌신의 일을 하라고 요구할 때 당신은 무엇이라고 말을 하는가? 보통은 '거절'이다. 그리고 '나중'이라는 단어이다. 즉 '이유'라는 급류를 타고 서슴없이 할 수 없는 이유는 목회자에게 말을 한다.

우선 우리는 다음의 두 가지를 깊이 생각하고 당신이 말한 이유에 대한 근본적인 이유를 찾아야 한다.

첫째, 하나님께서는 당신보다 월등 뛰어난 슈퍼스타를 원하지 아니하신다는 것이다. 하나님께서는 약점, 연약함을 가진 자를 찾으신다는 것이다. 왜냐하면 당신의 약함과 연약함을 통하여 하나님의 능력을 나타내시려는 것이기 때문이다.

둘째, 하나님의 요구에 당신이 이유를 되고 거절하신다면 하나님께 기회를 드려보지도 않고 자신을 과소평가하는 것은 하나님의 일을 방해하는 가장 큰 잘못이다.

자존감 상실을 위한 회복은 우선 당신의 성장기 과정을 통한 아픔과 상처를 치유해야 한다. 특히 성장과정에서 나타난 당신의 태도, 말투, 성격형성, 친구형태는 중요한 치유적 근거가 된다.

두 번째는 현재 당신의 감정과 느낌이다. 자신의 영적인 감정상태는 어떤지 불편한지, 즐거운지, 고민투성이인지, 늘 확신에 있는지 그리고 모든 면에 예민한지, 무감각적인지 살펴보아야 한다.

특히 이 부분에서는 잘못된 신앙관을 바로잡는 것이 중요하다. 아울러 말씀을 통한 반복적인 묵상이 중요하고 우선순위에 따르는 당신의 선택을 믿음으로 확신하는 태도가 중요하다.

ㅁ) 스트레스의 징후들

① 신체적 변화: 두통, 근육통, 혈압상승, 변비, 설사, 피로, 복통, 설사, 변비, 입맛변화, 바이러스 감염, 알레르기, 천식, 암.

② 정서적 변화: 불안, 분노, 공포, 우울, 권태, 짜증, 자존심 저하, 기억력 감퇴, 집중력 저하.

③ 행동의 변화: 대인관계의 장애, 안전부절, 수면장애, 과식, 음주, 약물남용, 성적저하, 업무 능력 저하

ㅂ) 스트레스 자가 진단

먼저 다음의 자가진단을 통해 여러분들의 스트레스 대응 방식을 평가해봅시다. 여러분은 스트레스에 어떻게 반응하고 있습니까?

아래 문항들을 읽고 이 문항이 현재 여러분 자신에게 적용되거나 지난 12개월 동안 적용되어 왔거나 또는 과거 심한 긴장을 경험했다면 ( )속에 ∨표 하세요.

1. 쉽게 흥분한다 ……………………………………………… (   )
2. 일정 시간 동안 정신을 집중하는 데 어려움이 있다 ……… (   )
3. 아침에 일어날 때 피로감을 느낀다 ……………………… (   )
4. 아주 사소한 결정도 잘 내리지 못한다 ………………… (   )
5. 잠드는 데 어려움이 있으며 밤중에 깨어나 안절부절 못할
   때가 많다 ……………………………………………… (   )
6. 보통 때보다 더 많은 일을 해야 한다 …………………… (   )
7. 대체로 기진맥진해하고 몸이 불편한 것을 느낀다 ………… (   )
8. 산다는 것은 희망 없어 보이며 가치 있는 것은 아무것도 없는
   것 같고 나 자신이 참으로 못났다고 생각한다 …………… (   )
9. 식욕은 없지만 건강을 위해 음식을 먹는다 ……………… (   )
10. 새로운 자료에 흥미를 집중시키는 데 어려움이 있다 …… (   )
11. 작은 두통으로 고생한다 …………………………………… (   )
12. 내가 어떤 것을 하도록 요구받았을 때 필요한 정보를
    상기하는 데 어려움이 있다 ……………………………… (   )
13. 보통 때보다 술을 더 많이 마신다 ……………………… (   )
14. 때로는 격앙되고 우울해지는 등 심한 감정동요가 있다 … (   )
15. 한두 가지 중요한 약속들을 어겼거나 늦은 일이 있다 …… (   )

16. 들떠 있어서 적절하게 휴식을 취하지 못한다 ·················· (   )

17. 이전에 비해 창의성을 보여줄 수 없다 ····················· (   )

18. 때때로 불안하여 잠이 오지 않는다 ························· (   )

19. 소화불량으로 자주 고생한다 ······························· (   )

20. 특정한 문제에 주의를 집중하는 능력이 결여된 것 같다 · (   )

21. 아주 사소한 것에 대해서도 공포를 느끼며 더 이상 대처할

    능력이 없는 것 같다 ······································· (   )

22. 보통 때보다 담배를 더 많이 피우는 것 같다 ················ (   )

23. 자주 소변을 누고 싶은 욕구를 갖는다 ···················· (   )

24. 편안하게 쉴 수가 없다 ································· (   )

25. 매사에 걱정하는 편이다 ·································· (   )

※ 채점: 체크한 것을 각각 1점씩 계산하여 합산하십시오. 나의 점
   수는?(   )

(ㅅ) 점수의 의미

 ·총점이 0-10점이라면: 당신은 정직하게 응답하지 않았거나 그렇
지 않다면 당신 자신이 스트레스의 경고신호를 잘 인식하지 못하는
경우 혹은 이미 스트레스 상황에 특별한 방식으로 잘 반응하는 경향
성을 가지고 있습니다.

 ·총점이 11점~15점이라면: 당신은 상당한 정도의 스트레스를 경험
하고 있거나 오랫동안 과다한 스트레스로 어려움을 겪었을 것으로 보
입니다. 따라서 이를 극복하기 위해 좀더 적극적인 노력이 필요합니다.

 ·총점이 16점 이상이라면: 당신의 스트레스 반응이 위험한 상태로
서 도움을 받을 필요가 있습니다.

5) 강박장애란?

강박장애는 강박사고와 강박 행동을 특징으로 하는 일종의 불안장애입니다.

강박사고란 자신은 생각하고 싶지 않은데도 자꾸 반복해서 떠오르는 생각으로 안 하려고 해도 잘되지 않고 다시 하게 되는 괴로운 생각입니다. 대개는 이러한 강박생각과 함께 강박 행동이 동반됩니다. 강박 행동은 강박생각으로 생기는 불안을 없애기 위해서 하는 행동으로 안하려고 참게 되면 점점 더 불안해져서 결국은 해야지 마음이 놓이는 행동을 말합니다. 예를 들면 더러운 것이 묻은 것 같아서 자꾸만 손을 씻는 등의 행동을 보이는 것입니다.

(1) 강박장애의 흔한 양상

ㄱ) 반복해서 씻기와 청결하게 하는 증상

물건이나 상황에 오염되었다는 생각 때문에 지나치게 손을 씻거나 오래 샤워를 하거나 몇 시간 동안 집을 청소하거나 외출한 옷은 꼭 갈아입는 것 같은 의식적인 행위를 합니다. 이렇게 함으로써 일시적으로 마음이 놓이고 편안해집니다. 그러나 씻기와 청소하기는 반복적으로 일어나고 30분에서 10시간까지 또는 며칠씩까지 계속되기도 합니다. 씻는 것이 지나쳐 피부병이 생기거나 청소나 빨래를 하느라 거의 모든 시간을 소모합니다.

ㄴ) 반복해서 확인하는 증상

나쁜 일이 일어날까 두려워하고 그 파국적 상황을 막기 위해서 지나치게 반복해서 확인을 합니다. 예를 들어 화재를 막기 위해서 외출

하기 전에 가스를 잠갔는지 전기기구의 코드를 뽑았는지 확인하느라
시간을 허비합니다. 또는 외출하고 집에 돌아와서 혹은 외출하기 전에
지갑에 중요한 물건들 신용카드와 주민등록증 등이 들어 있는지를 확
인해야 합니다. 자신의 아이가 정말로 심각한 병에 걸리지 않았다는
것을 확인하기 위해서 소아과 의사에게 수없이 확인을 해야 됩니다.
또는 남편의 만성 간염이 나빠지지 않는다는 것을 남편의 주치의에게
전화를 걸어 귀찮게 확인을 해야 됩니다. 확인을 한 번 해봐도 곧 자
신의 확인을 의심하게 되고 다시 확인하고 싶어 하기 때문에 몇 번씩,
심지어는 몇 시간씩이나 확인을 합니다.

ㄷ) 반복해서 행동하는 증상

두려운 생각이 떠오르면 그 생각이 현실화되는 것을 막기 위해서
어떤 행동을 반복해야 합니다. 반복해서 확인하는 증상과 마찬가지로
가능한 파국적 상황을 피하거나 중화시키기 위해서 그런 행동을 합니
다. 예를 들면 배우자가 죽는 것을 막기 위해서 죽음에 대한 생각이
멈출 때까지 옷을 입고 벗는 것을 반복하는 것처럼 마술적인 힘을 믿
고 행동하는 경향이 있습니다.

ㄹ) 반복해서 정리 정돈하는 증상

수적인 방식을 포함하여 어떤 엄격한 방식으로 어떤 사물을 그 주위
에 배열을 해야 되는 증상입니다. 책상이 물건이 조금이라도 삐뚤게 놓
여 있으면 불안해지고 꼭 바로 놔야겠다는 생각이 듭니다. 정리정돈을
하는 사람은 적절한 자리에 사물이 놓여 있는지 확인하는 데도 많은 시
간을 소비하고 나름대로의 방식이 흐트러졌을 때 즉시 알아차리고 불
편함을 느낍니다.

ㅁ) 사소한 물건도 버리지 못하고 모으는 증상

하찮은 물건을 모으고 그것들을 스스로 버리는 것이 불가능한 증상입니다. 못 버리는 사람들은 길을 가다가도 나중에 언젠가 필요할지도 모르겠다는 생각에 신문조각을 모으고 집에 보관합니다. 집이 완전히 고물상처럼 쓰레기와 잡동사니로 꽉 차게 됩니다. 심한 경우 집의 모든 곳이 수집품으로 가득 차서 다른 물건을 넣어둘 공간이 없을 정도입니다.

ㅂ) 생각으로 의식적 행위를 하는 증상

불안을 유발하는 생각이나 이미지, 강박사고에 대항하기 위해서 강박사고행위라고 부르는 반복된 사고와 이미지를 떠올립니다. 길거리에서 4자가 들어가는 차 번호판을 보면 재빨리 7까지 세어야지 재수 없는 일을 예방할 수 있다고 믿습니다.

가족을 해치거나 살해할 것 같은 충동 때문에 기도로 그 생각을 막습니다.

ㅅ) 반복해서 걱정하는 증상과 순수한 강박사고

조절되지 않는 분노를 일으키는 반복적인 부정적 생각을 계속해서 경험합니다. 그러나 다른 강박증상과 달리 손을 씻거나 문이 잠겼는지 확인하거나 하는 반복적 행동은 없습니다. 또한 기도하거나 숫자 세기 같은 강박사고행위도 없습니다. 그들의 걱정은 매일 늘 일어나는 하찮은 일이거나 위협적이거나 폭력적인 혹은 부끄러운 생각에도 반복해서 걱정을 하게 됩니다.

예를 들면 지금은 부자인데 사업이 잘못되어 완전히 거지가 되지 않을까 하는 걱정으로 아무 일도 할 수 없는 경우가 있습니다.

ㅇ) 강박장애의 원인

강박장애는 신경 전달물질(뇌 세포 간 간극에서 전기적 자극을 전달을 하는 물질들) 중 세로토닌이 관련된다는 설이 유력하다. 치료제로 쓰이고 있는 세로토닌 재흡수 차단제의 치료가 효과가 있다는 점이 그 학설을 지지해준다. 신경해부학적으로도 전두엽, 미상핵 등의 특정부위에 뇌혈류가 증가되어 있는 등의 이상이 발견되고 있다.

ㅈ) 강박장애의 치료

강박장애는 예전에는 치료가 잘 안 되는 신경증 중에 하나였다. 그러나 지금은 새로운 치료제가 나온 후로 비교적 치료가 잘된다. 선택적 세로토닌 재흡수 차단제와 함께 인지-행동치료가 효과적이며, 두가지 치료를 같이 병용하면 더욱 효과적이다. 특히 인지-행동치료는 그 치료효과가 장기간 지속이 된다는 장점이 있다.

(2) 약물치료

선택적 세로토닌 재흡수 차단제인 새로운 항우울제가 개발되면서 강박장애의 치료에 희망이 생겼다고 할 수 있다. 이러한 약물이 나오기 전까지는 강박장애는 잘 치료가 되지 않는 신경증으로 생각하였다. 그러나 선택적 세로토닌 재흡수 차단제를 투여하면서 약 60~70%에서 강박증상이 호전된다. 빨리 치료를 할수록 다른 성격적 문제가 없을 수록 약물에 대한 반응이 좋다.

이 약물들은 습관성이 없으며 오래 동안 복용해도 신체에 별 영향을 끼치지 않는 안전한 약이다. 처음에는 우울증을 치료하는 데 쓰였는데 강박증상에도 효과가 있다는 것을 알고부터 강박장애 치료에 쓰이고 있으며 우울증에 쓰이는 용량보다 많은 용량을 써야 효과가 있다.

감정과 느낌에 대한 아래 항목에서 ⓐ & ⓑ 항목의 수가:

10-6개 → 느낌과 감정이 쉽게 상할 수 있다.

6-3개 → 느낌과 감정이 자주 상처받거나 자각처리가 빠름.

3-1개 → 느낌과 감정의 조절은 가능하지만 상함 시 회복이 늦음.

0개 → 항목은 감정과 느낌에 무관심하거나 이미 심한 상처 있음.

1. 모든 일에 우선적으로 득실을 따져보고 판단을 한다.

　　ⓐ 항상 그렇다.　　　　ⓑ 가끔 그렇다.

　　ⓒ 그렇지 않다.　　　　ⓓ 득실을 따지지 않는다.

2. 나는 자존심을 중요시 여긴다.

　　ⓐ 매우 그렇다　　　　ⓑ 그러는 편이다.

　　ⓒ 자손심이 상하면 그렇지 않은 듯 행동한다. ⓓ 아니오

3. 나는 누구와도 함께 친교나 다정하게 지낼 수 있다.

　　ⓐ 모든 사람을 친구로 생각한다. ⓑ 이성이면 누구나 사귈 수 있다.

　　ⓒ 나를 알아주는 사람이면 친구가 가능하다.

　　ⓓ 먼저 적극적으로 사귀려고 하지 않는다.

4. 나는 기분이 나쁠 때(자신이 참기 어려운 분노 혹은 자존심 상함,
　　또는 각종 스트레스로 인한)

　　ⓐ 술을 마시거나 억지로 기분전환을 위해 애쓴다.

　　ⓑ 기분 나쁜 것을 내색하지 않는다.

　　ⓒ 마음의 안정을 위해 기분 나쁜 것을 생각지 않는다.

　　ⓓ 기분 나쁘게 한 사람에게 그대로 한다.

5. 괴로워하는 친구에게(4항과 같거나 유사한 일로)

　　ⓐ 술을 권한다.　　　　ⓑ 여행을 권한다.

　　ⓒ 참으라고 권한다.　　ⓓ 적극적으로 해결을 권한다.

6. 당신에게 오래 동안 숨겨놓은 속사정의 종류는 무엇인가?

ⓐ 돈(이성)문제 ⓑ 도덕(윤리)문제 ⓒ 학력(명예)문제 ⓓ 원한문제

7. 당신이 겪었던 일들 중에 가장 가슴 아픈 일은?

ⓐ 자존심 문제   ⓑ 경제문제   ⓒ 인간관계   ⓓ 종교문제

8. 당신은 사회생활에서 무엇이 가장 소중하다고 생각하는가?

ⓐ 성공 여부   ⓑ 감정과 느낌   ⓒ 실패와 성공   ⓓ 사랑과 인정

9. 당신은 언제 감정과 느낌이 파괴 혹은 상처를 받았다고 느끼는가?

ⓐ 자존심이 상할 때   ⓑ 사랑받지 못했을 때

ⓒ 가족이 날 외면할 때.   ⓓ 돈이 없을 때.

10. 당신의 감정과 느낌은?

ⓐ 항상 예민하다.   ⓑ 쉽게 무엇을 잊는다.

ⓒ 보통   ⓓ 신경 쓰기 싫어 대충 산다.

위 문항은 당신의 느낌과 감정에 대한 예민성과 감지성을 위한 문항이며 항목이 높고 낮음으로 당신의 감정도 & 느낌도를 '좋고' '나쁨'을 판단하는 기준은 아님을 밝힌다.

1) http://www.medcity.com/jilbyung/stress.html

2) http://www.chungaclinic.com/clinic3/clinic3__03.htm.

3) http://www.inlineworld.net/inline/adrenaline.htm.

4) http://www.reportworld.co.kr/report/data/view.html?no=90924.

5) David A Seamands. *Healing for Damaged Emotions*. *Victor* Books. 1981, p.65.

6) David A Seamands. Ibid. p.66.

7) Ralph D. Winter. & Steven C. Hawthorne. Perspectives on the World christian Movement. U. S. Centerfor world Mission. 1999, p.257.

3. 일반상담에 관하여

1) 상담의 종류

상담에는 대상이 누구이냐 혹은 어느 계층의 사람이냐에 따라서 상담의 범위, 목적, 기능이 달라질 수 있다. 특히 상담대상에 대해서 크게는 아동상담(Child counseling), 학생상담(Student Counseling), 성인상담(Adult Counseling) 등으로 나누어진다. 또한 기관이나 집단조직에 의하여 사회상담(Social Counseling)과 사회구조에 의한 집단상담(Group Counseling)으로 나누어진다. 아동상담에 있어서는 정신요법(Psychotherapy)상담이 효과를 얻게 되는데 정신요법은 대단히 발달된 도구가 되고 있고, 적용문제를 가지고 있고 있는 아동들 특히 청년 및 이들의 부모들에게 대한 유력한 방법이 되어있다.

30여 년 동안 이 정신요법에 대해서 임상적 고찰을 한 결과 급격한 진보를 보았고 정신요법 기술은 다른 어떤 분야에서보다도 아동상담

분야에서 가장 발달되어 있다. 학생상담은 고등학교나 대학생들의 적
응문제(適應問題)를 대상으로 하는 경우 개인상담 방법을 가장 많이
사용된다. 학교가 개인의 성장과 발달을 목적으로 하고 있다면 각자가
그 처지에 가장 잘 적응할 수 있도록 학생을 돕는 봉사가 필연적으로
중요시되어야 한다. 성인상담은 아동이나 학생상담과는 달리 대다수는
정신병원(精神病院)이나 심리학자(心理學者)에 의한 개인적으로 행해
지고 있다. 그러나 부부간의 적응에 관한 분야의 상담소나 조언기관
(助言機關)이 발달되었다.[1] 상담은 빈곤구제, 직업알선, 의료구제 그
리고 여성인권문제, 소수민족의 문제, 동성애의 문제, 새로운 가족구성
의 문제, 정치, 경제, 문화 문제와 정의 외곡문제, 에너지문제, 환경문
제, 전쟁, 치안문제, 교육문제 등등으로 사회상담은 범위와 대상이 다
양화되고 있어 전문적인 상담요원은 물론 충분한 재정이 따라야 하는
난제들도 있다.

여기서는 개인의 경우 상담자가 사회라는 공간과 구조 속에서 느끼
는 갈등과 적응문제가 대두되며, 사회자체에 대한 문제는 적응은 물론
새로운 해결책을 모색해야 하는 전문적인 지식과 인간과 사회구조 사
이의 적응상의 문제에 직면하여 조력을 필요로 하는 개인이 심리학적
면담을 통하여 얻는 해결이 있으며 사회 전반적인 문제는 상담소의 협
력은 물론 전문적 지식, 정신요법(Psychotherapy), 종교적 상담(Religious
Counseling) 그리고 사회적 문제는 개인 개인과 직접적인 영향을 주는
것으로 정책적 도움과 재정이 요구된다.

1인 또는 복수의 카운슬러가 사회적응(Society - Adaptation)상의
문제를 갖고 있는 복수의 내담자에 대해서 실시하는 카운슬링을 통상
집단상담(Group Counseling)이라고 부르고 있다. 따라서 카운슬링을
위한 집단은 내담자에게 사회적인 자극이나 지지(支持)를 부여하고

집단 성원 간의 교류양식(交流樣式)을 파악함과 동시에 집단의 기능과 특성을 내담자의 성장과 건전한 사회적응의 촉진을 위하여 변용시켜 가는 데다 주안점을 두고 있다.

또한 상담의 내용과 문제의 종류에 따라서 세분화할 때 다음과 같이 나누어 볼 수 있다. 상담자와 내담자 간의 관계형성이 상담과정에 미치는 영향의 중요성을 지적하는 관계상담을 비롯하여 대화상담, 성장상담, 교육상담, 가족상담, 성(性)상담, 권면적 상담, 성경적 상담(종교적 상담: 일반상담에서는 기독교적 상담을 종교 범주에서 고찰함: 著者 註) 목회상담, 대중상담 등이 있고 특별상담, 정서상담, 윤리상담, 정신 및 심리상담, 교육상담, 위기상담, 결혼상담, 직장상담 등등으로 생각할 수 있다.[2]

2) 상담의 개요

(1) 상담의 정의와 의미

일반적 상담(General Counseling)에서 "상담은 대화를 통하여 자기발견과 자기성장을 추구해 갈 수 있도록 돕는 행위이며 과정이다."[3] 라고 정인석 박사는 상담심리학을 정의하였다. 또한 Jay Edward Adams는 예수 그리스도는 상담의 시작이라고 전제하고 현재 사회에서 발생하는 모든 인간의 문제를 성경적 상담인, 가르친다(didasko)와 권면(nouthesis)에 초점을 둔 권면적 상담(nouthetic confrontation, 법정대면)을 주장한다.[4] 게리 콜린스(Gary R. Collins)는 상담은 '문제를 지닌 자 곧 내담자와 그 문제가 잘 해결되도록 도와주는 자 곧 상담자(counselor)와 상호 작용을 의미한다[5]고 말하고 변화를 강조하고 있다.

그리고 제랄드 코리(Gerald Corey)는 상담을 할 때 일반심리학으로뿐만 아니라 철학적인 심리요법을 강조하는데 무엇보다도 치유적 사람으로서 상담자(인간)를 강조한다. 그는 말하기를 "상담자는 성격이론과 심리요법에 관한 지식을 얻을 수 있고 진단기술 그리고 그 외의 광범위한 테크닉(Technique)을 배울 수 있다. 기본적으로 상담자의 치료적 과업에 수반되어야 하는 것은 인간(a Person)으로서 그들 자신이라고 믿는다. 그들은 그들의 인생경험을 내담자와의 관계에 도입시킨다. 사람들은 요법기술이나 이론에 잘 숙달될 수 있다. 그러나 만약 그들이 치유적 사람(Therapeutic person)이 아니라면 훌륭한 상담자가 될 수 없다."6)고 강조한다.

김은정 박사(연세대 행동연구소)는 "상담(counseling)이란 서로 말을 주고받는다는 의미를 포함하고 있으나 단순히 정보를 교환하고 토의하는 대화, 설교 혹은 토론과는 차이가 있다. 상담이란 도움을 필요로 하는 사람(내담자: Client)이 전문적인 경험과 지식을 갖추기 위해 일정한 훈련을 받은 사람(상담자: counselor)과의 촉진적인 관계형성을 통해서 이루어다."7)고 밝히고 있다.

여기서 나의 의견을 밝히면 기독교상담이란 목회자와 교인 간의 대화가 아니고 기도하는 분위기에 성경적 대화를 통해서 성숙한 삶을 위해서 문제를 해결하거나 진단해 나아가는 영적인 '언어적 의술'을 말하는 것이다.

'언어적 의술인'(Philological-Medical-man) 상담을 교회 안에서 실행할 때에 심리학, 정신분석학, 철학, 상담학(일반) 등의 학문을 응용하거나 이용하는데 기독교상담자는 주저할 필요는 없다. (중략) 목회상담의 가치로서 우리는 '변화'를 기대할 수 있고 확실히 변화되는 과정을 살필 수가 있다는 것이다. 마치 수술 후 그 상처부위가 치료되는

것을 의사가 확인할 수 있는 것과 같이 말이다. (중략) 성경적 상담이
란 상담자가 자기 뜻대로 상담하려는 의지를 버려야 한다는 것과 전
문적인 지식과 성경의 뜻을 습득하지 못한 채 목사라고 자기 뜻이나
방법으로 내담자를 상담하려는 자세를 버리기 위해 '성경적' '기독교
적'이라는 단서를 붙이는 것이다. (중략) 교회에서 상담사역(Ministry
Counseling)을 할 때 상담자는 보통 담임목사를 말한다. 그러나 부교
역자가 맡을 수도 있다. 그러나 목사라고 다 상담을 할 수 있는 자격
이 있다고 판단해서는 안 된다. 최소한 결혼을 하고 가정을 구성한 목
사로서 상담학적인 지식과 심리학적인 일반 지식이 있어야 한다. 그러
므로 교회는 상담 전문 사역자가 아니라면 상담사역을 실행할 사람을
미리 훈련과 교육을 준비시켜 상담사역에 투입해야 한다.[8]

그러므로 상담은 어떻게 내담자를 상담하느냐와 상담자의 상담자세
가 중요하다고 볼 수 있다. 나중에 말하겠지만 분명한 것은 상담의 기
법보다도 실제적인 내담자들의 가정, 교회, 인간관계, 사회적응상의 문
제를 해결할 수 있도록 수고해야 한다는 것이 나의 생각이다. 그래서
상담자는 내담자의 느낌과 감정에 수고하고 노력하는 상담(FE – Toil:
F: feeing, E: eomtion – Toil)을 실시해야 한다. 이것은 일시적인 치유
혹은 내적 치유라는 상담의 목적이 아니라 상담의 과정을 중시하는 상
담기법이다.

우선 상담의 방법을 알기 전, 일반적 상담에서 다루는 상담심리 진
행 과정에서 상담자와 내담자의 관계성에 대해서 다루어야 한다. 그러
나 여기서는 일반상담과 기독교상담에 대한 비교 차이점을 살펴보고
상담진행 과정에 관한 것은 "상담의 방법론"에서 알아보겠다.

88

1) Gary R. Collings, Counselling Guide, Translated by, 정석환, 기독지혜사, 1989, pp.9−10.

2) Hae Jong Lee. Midwest Theological seminary. *Doctor Degree of Graduation Paper.* 2005, pp.19−20.(*A study of the Differences in General and Christian counseling*)

3) 정인석. *상담심리학의 기초이론.* 대왕사. 1991, p.15.

4) Jay E. Adams. *Competent to Counsel.* Translated by Chung sook Chung. 1993, p.119.

5) Gary R. Collins. *Helping Pople Grow.* Translated by. Jung Suk Hwan. 1988.

6) Gerald Corey. *Theory and Practice of counseling and Psychotherapy.* Translated by. Kitai Hahn. 1992, p.343.

7) 김은정. *상담심리의 이해.* 선학사. 2005, p.6.

8) Hae Jong Lee. *Miswest Theological seminary. Doctor Degree of Graduation Paper.* 2005, pp.86−77.

4. 기독교상담과 일반상담의 차이점
(기독교상담은 교회의 사명을 핵심으로)

1) 들어가는 말

세계적으로 빠르게 변화하고 발전하는 문화와 문명 속에 현대인들은 고도로 발달한 문명과 문화의 혜택을 받으며 살고 있다. 그렇지만 정치, 경제, 사회, 문화, 교육, 종교 등에서 혼탁한 인간들의 갈등과 문제는 커져만 가고 있다. 그러나 인간은 계속적인 새 삶을 추구하기 위하여 갈등과 문제의 해결을 위하여 노력을 중단하지 않고 있다. 이러한 인간의 생활 전반에 걸쳐서 문제의 요소는 다양하고 절망과 희망이 반복되면서 인간에게는 문제를 풀어야만 하는 과제도 남기고 있다. 여기서 인간은 상담(Counseling)이나, 대화 혹은 교육(Education)을 통해 문제를 해결하려 하거나 변화를 시도한다.(의료나 의학을 필요로 하는 병은 제외).

기독교에서는 이러한 인간의 전반적인 문제의 원인을 아담(Adam)

의 타락으로 원죄가 계승되어 생긴다는 성경적 원인을 주장한다.

왜 인간들에게 새로운 삶이 필요한 것인가? 성경은 이에 대하여 여러 가지로 대답한다.

생수(Living Water)의 근원이 되시는 하나님을 버리고 물을 저축할 수 없는 터진 웅덩이를 스스로 파는 악을 행한 것(렘2:13) 때문이라고 지적하고 있다. 아마도 이 한 구절이 신구약 성경이 이야기하는 인간의 실존적인 상황을 요약하고 있다고 해도 좋을 것이다.[1] 이러한 인간의 각종 문제는 일반사회 구조는 물론 기독교계까지 미치고 있어 목회상담(Ministry Counseling)이 절실히 요구되고 있으나 의식의 차이로 목회자 자신부터가 심각성(seriousness)을 상실하고 있다.

기독교 선교 21세기를 맞는 한국교회는 기독교 역사상 유례없는 놀라운 성장을 해왔다. 내가 아는 경험으로는 미국의 여러 목사들도 세계최대의 교회가 한국에 있다는 사실을 기억하고 말하고 있었다. 그러나 양적 성장에 따라 성숙한 크리스천(Christian)을 배출하지 못한 우리의 목회현실은 많은 문제점을 안고 있다.

또한 1960년대부터 일어난 조국 근대화 운동은 1970년대를 접어들면서 경제성장을 가져옴에 따라 도시의 인구집중과 무질서한 도시팽창을 가져왔으며 정신문명이 이를 뒤따르지 못한 채 정치, 사회적으로 많은 갈등 속에서 한국교회는 자라왔으며 인간 존엄성은 대중사회의 출현으로 말미암아 짓밟혀가고 있다.[2]

이런 사회구조 속에 문제는 시대를 거듭할수록 종류를 다양화되어가고, 전문성을 요하는 문제를 가지게 되었다. 그리고 인간은 걱정과 근심으로 문제에 대한 노이로제(Neurose), 불안감(instability), 갈등(discord), 포기(abandonment), 이기주의(Self-assertion), 적당주의(looselyism), 심리불안(Psychology-uneasiness), 미래에 대한 불안감 등

4. 기독교상담과 일반상담의 차이점 91

등으로 현대인들은 육체적, 정신적, 심리학에서 말하는 심리적 그리고 기독교에서 말하는 영혼의 갈등 등이 표출되고 있다. 모든 노이로제는 불안감이 그 근거에 있지만 불안이 표면적으로 느껴지거나 나타나지 않을 경우도 있다.[3]

이러한 측면에서 인간의 문제를 상담할 때 일반상담에서는 내담자의 문제를 내담자의 전반적인 환경을 근거로 한 문제의 원인을 풀어간다. 그러나 기독교상담은 육적인 문제는 물론 내담자의 근본적인 문제가 영혼에 있음을 전제하고 영혼의 진정한 참자유에 초점을 두고 있다. 그러므로 마음을 양심과 동일시하는 것은 자연스럽다(히10:22, 요일13:19 -21).[4]

앞에서 말한바 일반상담(General Counseling)은 문제만을 해결하고 나아가서는 문제를 방지하는 데 전문성을 갖고 진단, 내담자를 상담한다. 또한 일반상담은 포괄적인 결론이 나오지만 기독교상담(Christian Counseling)에서는 영혼문제해결에 초점을 두고 있다. 물론 기독교상담에서도 심리가 적용되지 않는 것은 아니다. 기독교상담에서도 일반상담의 학문이나 상담학적 이론이나 방법 등을 이용한다. 즉 기독교상담은 일반상담에서 다루는 그 어떠한 것도 참고하고 있으나 일반상담에서는 영혼에 관한 부분은 상대성을 갖고 있다. 이것이 근본적인 일반상담과 기독교상담의 차이점이라 하겠다. 그래서 본 연구에서는 심리학(Psychology), 정신분석학(Psychoanalysis), 상담학(Counseling)에서 다루는 전문성보다는 일반상담의 결론적 가치와 기독교상담의 결론적 상담의 차이를 기독교에서는 상담자로써 예수의 또 다른 상담기본원리는 그의 끝없는 용서와 사랑에 있음을[5] 밝히고 내담자인 인간의 육적인 문제만을 심리학적, 정신분석학적, 또는 사회학적으로만 인간의 문제를 상담하는 일반상담과는 차이가 있음을 논하려고 한다.

그러므로 상담이 갖는 결과는 무엇인가에 강조를 두고 상담이 인간에게 부여(rant)하는 의미를 찾아 상담의 중요성을 찾는 데 목적이 있다. 특별히 현대목회에 있어서 상담 기능의 중요성을 밝히고 상담자로서 목사의 역할에 대해서 서술하고자 한다.

끝으로 일반상담이나 기독교상담에는 기본적인 목적에 차이가 있음을 중점으로 연구하였다.

2) 연구 방법 및 범위

본 연구는 연구 목적에서 밝힌바 있듯이 연구의 방법은 일반상담과 기독교상담의 차이를 논하는 데 있어서[6] 기독교상담은 목회상담으로 모든 인생의 여정은 하나님께서 돌보시고 있다는 신앙과 인간의 모든 문제는 성숙하지 못한 즉 모든 문제는 영성의 결핍으로 온다는 전제를 증명해 나아가는 데 연구 방법을 전개할 것이며 일반상담과 기독교상담의 차이점에 대한 연구의 범위는 성경과 심리학(Psychology), 정신분석학(Mind-analytical), 사회학(sociology)에서 말하는 인간의 근본적인 문제를 제시, 연구 목적에 접목시킴으로 결과론적 차이점을 논할까 한다.[7] 기독교에서는 오직 성숙한 신자만이 인생의 궁극적 목표 즉 예배(Worship)와 봉사(Service)에 더욱 침전(沈潛)될 수 있다.

그러므로 성경적인 상담의 주된 전략은 영적이며 심리적인 성숙을 증진시키는 것이다. 이것이 기독교적인 상담이 될 것이며 인간에 변화를 시도함으로 인간을 도우려 하는[8] 것이다. 그래서 사회에 건강한 인간으로서 그 기능을 수행할 수 있도록 학문적(심리, 정신, 사회학)으로 분석, 육적인 면에 강조가 있음을 범위로 설정하여 차이점을 통한 결과적 의미를 내리는 데 본 연구를 전개시키려고 한다. 한마디로 본 연구의 범위는 기독교상담에서는 성경차원에서 그리고 일반상담에서는 사회적 인간으로서 생활하는데 인간의 문제를 기독교상담과 일반상담에서는 무엇에 초점을 두고 접근하는지를 살펴려고 한다.

특히 일반상담은 보편적인 상담의 기초학문으로 인간상담(Human - Counseling)을 그리고 기독교상담에서는 성경을 기초로 한 일반상담과 비교 검토하여 인간의 영혼에 범위를 두어 차이점을 논할까 한다.

한 가지 중요한 것은 상담은 모든 교회의 사명이라는 사실을 밝히고자 한다. 상담이 필요하지만 일반 목회자가 상담자 역할을 해온 과거와는 다르다. 현대 목회에서는 전문적인 상담자를 청빙하거나 담임목사가 일정 기간 목회상담을 위한 전문과정을 이수해야 한다. 왜 그럴까? 이유는 하나이다. 복잡 다양한 현대 사회에서 건강한 교회와 성숙한 교회로 성장하기 위해선 이제는 숫자적인 노력보다는 성도들의 내적인 성숙을 위해 신앙뿐만 아니라 그들의 가정을 포함하여 직장, 인간관계에서 오는 전반적인 성경적 상담(기독교적 상담)을 해야 한다.

이제는 한 교회의 구성원들을 신앙만을 위한 예배, 헌신, 봉사, 전도, 친교보다는 성숙(자라남)이라는 영적 성장(Spiritual Grow)을 위해 세심하고도 관찰력 있는 상담이 필요하다. 그리고 목회자라고 누구나 상담을 할 수 있다는 잘못된 인식을 고쳐야 할 필요가 있다. 이 모든 과제가 이행되지 않는다면 아마도 건강한 교회와 급변하는 현대 사회에 교회는 병들어 신음할지도 모른다.

그러므로 현대 목회는 '상담'(Counseling)이 건강한 교회와 성숙한 교회를 좌우하게 되는 것이다.

성도들 역시 비전문가에게 들으려는 상담의 자세를 버리고 인생의 문제뿐만 아니라 기독교인으로서 사회에 적응하는 자세와 관계를 성경적으로 잘 이해하고 실천할 수 있도록 전문가에게 상담을 받으려는 능동적인 자세가 필요하며 모든 교회는 이러한 성도들에게 상담의 동기유발과 행동하도록 도와주어야 할 것이다.

이러한 이유로 '상담'은 교회의 사명이라는 사실을 결말 부분에서 서술하고 교회에서 사역할 상담자들의 자세와 목회자들의 역할을 21세기 현대목회에 중요한 요점으로 밝히려 한다.

3) 일반상담에 관하여

(1) 상담의 종류

상담에는 대상이 누구이냐 혹은 어느 계층의 사람이냐에 따라서 상담의 범위, 목적, 기능이 달라질 수 있다. 특히 상담대상에 대해서 크게는 아동상담(Child Counseling), 학생상담(Student Counseling), 성인상담(Adult Counseling) 등으로 나누어진다. 또한 기관이나 집단조직에 의하여 사회상담(Social Counseling)과[9] 사회구조에 의한 집단상담(Group Counseling)으로 나누어진다. 아동상담에 있어서는 정신요법(Psychotherapy)상담이 효과를 얻게 되는데 정신요법은 대단히 발달된 도구가 되고 있고 적용문제를 가지고 있고 있는 아동들 특히 청년 및 이들의 부모들에게 대한 유력한 방법이 되어있다.

30여 년 동안 이 정신요법에 대해서 임상적 고찰을 한 결과 급격한 진보를 보았고 정신요법 기술은 다른 어떤 분야에서보다도 아동상담 분야에서 가장 발달되어 있다. 학생상담은 고등학교나 대학생들의 적응문제(適應問題)를 대상으로 하는 경우 개인상담 방법을 가장 많이 사용된다. 학교가 개인의 성장과 발달을 목적으로 하고 있다면 각자가 그 처지에 가장 잘 적응할 수 있도록 학생을 돕는 봉사가 필연적으로

중요시되어야 한다. 성인상담은 아동이나 학생상담과는 달리, 대다수
는 정신병원(精神病院)이나 심리학자(心理學者)에 의한 개인적으로
행해지고 있다. 그러나 부부간의 적응에 관한 분야의 상담소나 조언기
관(助言機關)이 발달되었다.[10) 상담은 빈곤구제, 직업알선, 의료구제
그리고 여성인권문제, 소수민족의 문제, 동성애의 문제, 새로운 가족구
성의 문제, 정치, 경제, 문화 문제와 정의 외곡문제, 에너지문제, 환경
문제, 전쟁, 치안문제, 교육문제 등등으로 사회상담은 범위와 대상이
다양화되고 있어 전문적인 상담요원은 물론 충분한 재정이 따라야 하
는 난제들도 있다.[11)

여기서는 개인의 경우 상담자가 사회라는 공간과 구조 속에서 느끼
는 갈등과 적응문제가 대두되며 사회자체에 대한 문제는 적응은 물론
새로운 해결책을 모색해야 하는 전문적인 지식과 인간과 사회구조 사
이의 적응상의 문제에 직면하여 조력을 필요로 하는 개인이 심리학적
면담을 통하여 얻는 해결이 있으며[12) 사회 전반적인 문제는 상담소의
협력은 물론 전문적 지식, 정신요법(Psychotherapy), 종교적 상담(Reli-
gious Counseling) 그리고 사회적 문제는 개인과 직접적인 영향을 주는
것으로 정책적 도움과 재정이 요구된다.

1인 또는 복수의 카운슬러가 사회적응(Society - Adaptation)상의
문제를 갖고 있는 복수의 내담자에 대해서 실시하는 카운슬링을 통상
집단상담(Group Counseling)이라고 부르고 있다. 따라서 카운슬링을
위한 집단은 내담자에게 사회적인 자극이나 지지(支持)를 부여하고,
집단 성원 간의 교류양식(交流樣式)을 파악함과 동시에 집단의 기능
과 특성을 내담자의 성장과 건전한 사회적응의 촉진을 위하여 변용시
켜 가는 데다 주안점을 두고 있다.[13)

또한 상담의 내용과 문제의 종류에 따라서 세분화할 때 다음과 같

이 나누어 볼 수 있다. 상담자와 내담자 간의 관계형성이 상담과정에 미치는 영향의 중요성을 지적하는 관계상담을 비롯하여 대화상담, 성장상담, 교육상담, 가족상담, 성(性)상담, 권면적 상담, 성경적 상담(종교적 상담: 일반상담에서는 기독교적 상담을 종교 범주에서 고찰함: 著者 註), 목회상담, 대중상담 등이 있고[14] 특별상담, 정서상담, 윤리상담, 정신 및 심리상담, 교육상담, 위기상담, 결혼상담, 직장상담 등등으로 생각할 수 있다.

(2) 일반상담의 범위와 한계

전문적으로 이수한 카운슬러(Counselor)가 카운슬링(Counseling)과는 그 한계와 범위가 다를 뿐만 아니라 또한 상담자의 능력에 따라서도 카운슬링은 그 한계와 범위가 있기 마련이다.[15]

특히 학교 카운슬링에서 발생되는 한계는 첫째, 대상에 이어서의 한계, 둘째, 아동 학생과의 인간관계의 한계 등이[16] 있다. 이러한 한계는 내담자의 상담의 범위가 의학적인 치료를 필요로 하는 케이스(case)는 먼저 양호교사나 교의(校醫)와 상담한 연후에 전문기관을 적절하게 선정해야 하는 의료기관과의 제휴(題携)로 한계를 극복하며, 어떤 형식으로는 부적응상태(不適應狀態)가 일어날 때는(중략) 반드시 전문기관의 적절한 지도를 받아야 하는[17] 특수 교육기관과의 제휴로 해결해야 한다.

일반상담에 있어서 넓은 의미의 한계는 정신분석 전문가와 정신분석적 심리치료자들이 발표한 심도 있는 연구의 결과가 별로 없기는 하지만 정신분석 치료가 자기의 감정, 욕망, 태도 및 가치의식을 가려내고자 하는[18] 것을 포함하여 삶을 영위하는 데까지 관심을 갖는다. 특히 우리가 관심을 두고 있는 정신건강은 육신의 건강과 불가분의 관계에 있으면서도 그 나름대로의 독자성을 지니고 있으니 비단 개인의 관심사로서만 아니라 학문적으로도 큰 도전이 되고 있는 것이다.[19] 그러므로 현대인에 대한 일반적인 상담은 인간 육신의 이상적 상태에 염두를 둔 관계개선의 회복에 있다고 볼 수 있다.

오늘날은 복잡과 다양화 그리고 인간의 개별화(개인주의가 낳은 사회구조 속의 개성: 筆者 註) 여기에 전문성이 접목되어 현대 사회는 세분화되어 있다. 이러한 인간 사회 속에는 문제도 역시 전문적 진단을 요하는 것은 물론 전문적 지식을 필요로 하는 해결이 대두되고 있다. 뿐만 아니라 사회 속의 문제의 주인공도 인간이요, 치료를 요구하며 해결을 호소하는 것도 역시 인간이다. 더욱이 인간의 전반적인 생활 속에서 유출되는 문제는 인간의 육체와 정신 즉 내적 외적인 문제를 다 안고 있는 것이 인간이다. 그래서 육체와 정신이 올바른 사람을 정상인, 그렇지 못한 사람을 치료를 요하는 사람으로서 '이상자'(Some-thing Unusual)라고 한다.

본 연구에서는 바로 구조사회 속에서 신음하는 이상자를 일차적 연구 목적을 둔다. 이러한 이상자(일반인이나 크리스천 포함)를 치료하는 데 있어서는 여러 가지 방법으로 의학이 요구되는 치료, 상담을 필요로 하는 치료, 심리와 정신의 회복을 위한 치료 등이 있을 수 있다. 그러나 본 연구에서는 일반상담의 범위로 심리와 정신 회복을 위한 상담에 중점을 두기로 한다.

우리는 질병을 신체기관의 장애에서 생기는 이상이라고 규정하고 있다.[20] 또한 정신과 의사들은 정신이상을 질병이라고 부르는데 이는 병리학자들의 질병 정의와는 부합되지 않는다.[21] 그러기에 육체적 장애에 대한 일반상담의 차이점보다는 후자인 정신이상으로서 상담이나, 심리요법이 요구되는 선을 본 연구의 일반상담의 범위로 선택, 전개한다. 그러나 일반상담의 현장에서는 정신과 심리요법은 물론 육체적인 장애와 질환에도 상담의 범위로 간주되고 있다. 그래서 사실은 일반상 담학이나 기독교상담학 모두는 인간의 문제를 상담이라는 용어 안에 치료라는 의미를 내포하고 있는 것이다.

가족의 문제일 경우, 심리학자들은 가정에 습관적으로 술을 마시는 알코올 중독자(Alcohol – Toxicosis)나, 가정을 돌보지 않고 돈 버는 일 이나 직장 일에만 열중하는 일중독자(workaholic), 충동적으로 놀음을 하지 않으면 견디지 못하는 도박꾼, 외도를 해 다른 살림을 차리고 자 식들을 돌보지 않는 아버지(중략) 율법주의적인 신앙생활을 고수했던 부모, 병을 앓는 환자, 식생활을 하기 어려운 가정을 통틀어 역기능 가 정(dysfunction family)이라고 부른다.22) 이러한 가정의 문제는 사회 속에서 번식되어 가정의 울타리를 넘은 지가 이미 오래다.

이러한 문제를 일반상담에서는 심리치료로 상담의 한 방법으로 사 용하고 있다. 심리치료는 한 사람으로의 인간성장을 촉진시키는 데 기 여하는 것23)이라고 보기 때문이다.

인간의 내적과 외적의 문제를 상담(치료)하는 데 있어서는 일반상 담이나 기독교상담이나 모두가 인간을 정상이라는 선에 올려놓으려는 데는 부분적이긴 하지만 같다고 할 수 있다. 그러나 사람은 환경 때문 에 악하게 된 것이 아니다. 오히려 그는 자신이 환경을 악하게 만든 다. 이는 그가 노아와는 달리 하나님의 뜻에 민감하지도 않고 순종하 지도 않았기 때문이다. 그 죄의 결과로 인간은 자기 파멸적인 역사의 경로를 향하게 된다.24) 기독교상담과는 차이가 있다.

심리학에서는 인간은 육체를 갖고 있다. 이 점에서는 인간이 생물 적인 존재이다. 그리고 모든 생물체의 진화에서 가장 앞선 장점에 위 치하는 생명체이다. 이를 유기체(有機體)라 한다. 사람에 관하여 우리

가 알고 있는 지식에서 유기체의 생물학적 과정에 관한 지식을 빼놓
을 수 없다. 심리학에는 신체 생리적인 지식이 필수적이다. 반면 인간
은 생물적인 존재를 넘어서 측면을 갖고 있다.

사람은 사회를 이루고 국가를 형성하며 문화와 예술을 창조하고 역
사를 갖고 있으며 또한 지식을 체계화하여 학문을 발전시킨다. 이같이
육체의 생물적인 측면을 넘어선 인간의 측면을 정신(精神)이라 한다.
그러므로 사람이란 정신적인 존재이기도 하다. 심리학은 인간의 정신
적 측면에 관한 지식을 포함하여야 하는 것은 당연하다.[25]

앞에서 말한 것처럼 일반상담은 인간의 정신적인 측면을 상담의 범
위로 중점을 두고 있으며 기독교상담은 영혼의 회복을 위한 차원에서
다루고 있어 서로는 인간의 기본 이해를 떠나서 인간 내적 측면에 역점
을 두는 차이가 있다. 여기에서 일반상담은 심리학은 물론 인간을 이해
하려는 또 다른 모든 연구를 오늘날 널리 포용[26] 및 범위를 택하고 있
고 여러 활동들은 여러 가지 자극들이 정신을 통해서 각종의 근육과 신
경에 작용한 결과로 생기기 마련[27]이기 때문에 일반상담은 인간의 전
반적인 문제를 심리학과 관계된 모든 학문을 선행적으로 다루고 있으
며 문제의 근본적 성격을 영혼보다는 마음과 정신에 더 치중하여 사실
상 일반상담의 한계는 마음과 정신이라는 내적인 면이라 할 수 있다.

특히 정서(Emotion)라는 문제는 현대 사회의 인간의 내적 문제인
마음과 정신에 큰 비중을 차지하고 있다. 가장 결정적인 것은 우리가
지닌 정서적인 곤란을 어떻게 보는가 하는 점이다. 때로 그 곤란이 아
주 심한 상태일 때 우리는 감정이 다쳤다고 생각한다. 상처받은 감정
의 치유에 관하여 요즈음 많이들 이야기하고 있다.[28] 이러한 현상은
오늘날 인간의 문제는 내적인 문제가 복합되어 내적인 마음과 정신의
안위(安慰)를 호소하기도 하며 치료의 중점을 두는 것이 내담자의 방

문일 때 일반상담에서는 한계점으로 상담(치료)에 임할 수밖에 없다. 그러나 상담자의 상담(치료)의 결과는 일반상담에서는 본인의 노력에 의하여 좌우가 크게 된다. 그러기에 내담자가 단지 앵무새처럼 중얼거리면 내담자는 도움을 받지 못할 것이다. 그는 상담과정을 자기의 것으로 만들어 소유해야만 한다. 어떠한 내담자도 자신의 문제 상황을 이론적이고 추상적으로 이해하는 것으로 충분치 않다. 생동적인 이해는 행동실천과 맞닿아 곧바로 행동실천에 옮길 수 있는 이해이다. 그것은 이제 나는 내가 지금까지 무엇을 해왔으며 얼마나 자기 파괴적으로 사고하며 행동해왔는지 알게 되었으며 이것에 대하여 뭔가를 하지 않으면 안 된다 는 결단을[29] 내야 한다.

그러므로 일반상담의 한계는 내담자의 문제를 해결하기 위해 스스로의 노력이 요구될 뿐 문제 상황에 대한 내담자의 노력까지는 상담자가 안내에 그칠 뿐인 것이 한계라 하겠다.

(3) 일반상담의 기능과 목적

일반상담의 범위는 정신과 심리에 있고 한계는 내담자가 인격체로서 변화하기 위한 스스로의 노력이 중요하다는 데 인식, 상담자가 상담상황 외는 내담자에게 맡겨야 하는 것이라 하겠다. 즉 심리요법은 그 정신분석으로서 세밀한 기법(技法)에서는 심리적인 것의 의식화에 힘쓴다. 그리하여 실존분석으로서의 세밀한 기법에서 그것은 특히 책임성을—인간의 실존의 본질적 근거로서—인간에게 의식시키는 데 힘쓰는 것이다. (중략) 책임이란 항상 어떤 의무에 대한 책임이라는 것이다. 인간의 의무는 다만 어떤 의미에서 즉 어떤 인간의 생명의 구체적인 의미에서 이해되는 것이다.[30]

이 같은 설명에서 보더라도 인간의 생명이 구체적인 상담의 실체가 되는 것이요, 또한 이 생명을 위해 일반상담은 학문적(심리학, 정신분석학, 상담심리학 등), 경험적, 전문적인 지식으로 내담자의 문제를 상담(치료)한다. 그러나 분명한 것은 기독교는 성경이 가르치는 것과 인도하는 대로 인간이 믿고 따르는 의무와 달리 상담의 문제는 자신의 생명에 관하여 자신이 책임져야 하는 것이다. 이를 방법적으로 혹은 깨닫게 하는 것이 일반상담의 보편적인 기능이다. 일반상담의 상담의 의미에는 인간의 생명을 어떻게 의미를 부여하여 문제의 인간을 본질적으로 생명을 영위하는가에 학문과 과학적인 지식으로 제시하는 것이라 볼 수 있다. 따라서 생명의 의미를 문제로 한다는 것 그 자체로는 결코 인간에게 있어 병적인 것이나 편협된 것의 표현은 아니다.[31] 그래서 실존요법에서 내담자는 그들의 세계에 대한 자신의 인식을 주관적으로 경험할 수 있다. 그들은 치료의 과정에서 적극적이어야 한다[32]는 이유와 결과적 책임은 스스로에게 있는 것이다. 그러므로 일반상담의 기능은 인간의 생명을 위한 책임감을 일깨워 내담자가 책임 있게 주관적으로 경험하면서 치료하도록 안내하는 것이며 좋은 결과를 내담자가 얻도록 방향을 제시하며 인생의 중요성과 목적을 위하여 투쟁하는[33] 목적이 있다.

4) 일반상담과 인간

(1) 일반상담의 의미

상담자는 똑같은 종류의 다른 상담자(같은 종류의 다른 사람)[34]가 문제의 상황을 갖고 있는 내담자를 상담하게 되는데 카운슬링은 두 사람이 대면(對面)하는 장면이다. 한 사람은 훈계(訓練)를 받고 기능을 터득하고 있으며 상대방으로부터 믿을 수 있는 약속을 받고 있기 때문에 상대방이 적응상의 문제에 직면하여 이를 지각하고 해결하고 결심하는 데 도움을 준다. 따라서 문제해결을 위한 카운슬러와 클라이언트의 모든 노력을 포함한다. 결국 카운슬링이란 한 사람의 퍼스낼러티(Personality)의 성장(成長)과 결합(結合)을 위하여 돕는 과정이다.[35]

카운슬링은 여러 학자마다 약간의 차이가 있다. 그러나 카운슬링에 대한 정의를 검토해보면 크게 두 가지 관점으로 구별할 수가 있다. 즉 협의의 관점에서 카운슬링(Counseling)을 심리요법과 동일한 성격으로 보거나 혹은 심리요법의 한 방법으로 보는 시각이 있으며 광의의 관점에서 대상영역을 확대시켜 즉 직업상담(vocational counseling) 교육상담(Educational counseling)과 같은 비교적 정신적 요소(精神的 要素)가 적은 정보제공과 해석을 돕는 카운슬링과 인지적 요소(認知的 要素)는 카운슬링을 포괄하는 이른바 거의 생활지도에 접근시켜 보는 관점이 있다.[36]

이처럼 상담은 인간의 생활전반을 돕기 위해서 1대 1의 관계로 대화하는 것으로 도움을 주는 대화와 도움을 받는 대화가 이루어지는 과정이라 할 수 있다. 특히 상담(일반상담)에서는 자신이 알고 있는 문제이든 무의식 속의 문제이든 모든 인간의 문제 상황을 카운슬러와 풀어가는 넓은 의미를 내포하고 있는 것이다.

카운슬링은 언어적 수단에 의한 역동적 상호 작용[37]인 것이다. 빙과 뭐(W. V. Bingham and B. B. Moore)는 카운슬링을 면접(interview)과 같다고 생각하여 목적(Purpose)을 가진 대화(Conversation)로 보았으며 가렛트(A. Garrette)는 카운슬링을 전문적(Special)인 대화(Conversation)라고 설명하였다[38]. 이러한 상담의 개념은 물론 직업적이고 학적인 의미에 가깝다. 그러나 인간을 대면하는 기술적인 방법만큼은 전문적이고 학문적이어야 객관성(Objectivity)이 있으며 상담자의 주관성 있는 치료차원의 말의 기술은 소용없으므로 위와 같은 학자의 저마다의 상담의 정의는 일반적으로 통용되고 있는 것이라 하겠다.[39)]

여기서 여러 시각에서 보고 있는 카운슬링(Counseling)에 대한 정의를 검토해보면 크게 두 가지 관점으로 구별할 수가 있다. 즉 좁은 관점에서는 카운슬링을 심리요법과 동일한 성격으로 보거나 혹은 심리요법의 한 방법으로 보는 시각이 있으며 넓은 관점에서는 대상영역을 확대시켜 즉 직업상담(vocational counseling), 교육상담(Educational Counseling)과 같은 비교적 정의적 요소가 적은 정보제공과 해석을 돕는 카운슬링과 인지적 요소(cognitive factor)보다는 정신적 요소(affective factor)를 많이 내포하고 있는 카운슬링을 포괄하는 이른바 거의 생활지도에 접근시켜서 보는 관점이 있다. 이런 점에서 기독교적 상담과 상이하게 다른 점은 후에 논하겠지만 일반상담은 인간의 사회생활에 무거운 기준이 있다는 것이다.[40)] 인간을 영적인 존재로서 보고 있는 기독교의 인간 이해와는 근본적으로 다른 것이다. 그러므로 상담의 주체인 인간을 어떤 관점에서 보느냐에 따라서 상담의 의미는 달라진다 할 수 있다.

(2) 일반상담의 사회적 가치

칼 A 메닝거는 『인간의 마음 무엇이 문제인가』라는 저서에서 정신을 하나의 순응과정으로 다루어야 한다고 주장하고 있다. 메닝거는 또 말하기를 사람들이 흥미를 갖는 것은 바로 인간 그 자체라고 보고 인간이라는 것은 본능, 습관, 온갖 기억, 여러 기관의 근육 및 감각들이 한 덩이로 뭉쳐 있는 것으로 인간을 심리적 측면에 초점을 두고 있을 뿐 종교적 차원의 인간의 중요성은 상실되어 있다. 그러므로 인간의 사회적 위치와 책임 그리고 의무 나아가서는 인간의 행복을 위한 사회적 노력에 일반상담은 무게를 둔다.

일반상담의 사회적 가치란 일반상담에서는 내담자의 치료가 즉 상담의 의미가 인간으로서 얼마나 사회적으로 가치를 발휘할 수 있나라는 전제에서 상담이 진행된다는 것을 말한다. 일반적으로 인간상담은 심리요법으로서 가능하다.[41] 심리요법은 그 정신분석으로서의 세밀한 기법(Technique)에서는 심리적인 것의 의식화에 힘쓴다(중략). 인간의 실존의 본질적 근거로서 인간에게 의식시키는 데 힘쓰는 것이다. 그러므로 일반상담은 기초적 상담의 필수적 요건으로 심리요법을 쓴다. 빅터 E. 프랭크(Victor E. Frankl) 박사는 자신의 저서인 『프랭크 심리분석과 정신치료』에서 정신적인 것에서의 심리요법의 필요성을 임상적으로 밝히려고 하였다고 말하고 인간의 분석을 실존적인 차원에서 이해하기 위해서 심리요법을 사용하고 있다.[42]

심리학(Psychology)은 인간의 심리작용과 행동을 연구하는 학문이다. 인간의 자극이 무엇에 의하여 자극을 받았는가에 의하여 일반심리와 사회심리로 구분되는 학문이다.[43] 일반심리학의 내용과 사회심리학의 그것이 차이가 나는 것은 역할에서 물자극과 사회적 자극이 각각 특색을 갖고 있기 때문이다. 이런 점에서 일반상담은 서두에서 밝힌 것처럼 인간의 행복을 위한 것이요, 인간으로서 사회적 생활자극으로서의 활동을 얼마나 원만하게 잘할 수 있나, 원인을 찾고 해결하는 전문적 학문이 요구되는 것이다. 여기서 원인을 찾기 위해 일반상담은 심리학을 또는 정신요법을 동원하는 것이다. 그래서 일반상담은 인간으로서 사회적 위치를 잘 적응할 수 있도록 한다는 넓은 뜻이 있기도 하다.

이런 점에서 일반상담은 사회적으로 가치성(Value nature)이 돋보인다. 특히 내담자가 자신에 대한 정확한 인지와 자각 그리고 타인의 이해 속에서 원만한 사회생활을 모색하는 것으로써 상담의 목적을 두기도 한다. 그러기에 일반상담은 사회적 가치가 있는 것이다. 아울러[44] 성격적응에 관한 직업적 심리학은 임상심리학과 상담심리학으로 크게 나누어진다(중략). 심리치료는 성격 이탈자와의 면접(Interview)을 통하여 내용을 전달한다.

결국 일반상담은 상담의 횟수를 조절하면서 내담자를 상담해 나아가는 것은 기독교상담과 큰 차이는 없으나[45] 때로는 종결 시기(Termination Time)가 되었을 때 상태가 악화되는 경우도 있다. 이런 점에서도 언급한 바와 같이 자립하지 않으면 안 될 정신적 부담이나 불안 때문에 일어나는 경우가 많기 때문에 일반상담에서는 상담자의 전반적인 상담조절이 매우 중요하다. 특히 사회적 가치가 높은 측면은 일반상담은 나이나 직업, 사회적 위치 등에 의하여 발생된 상담의 원인을 문제의 영역으로 나누어 진단하기 때문에 포괄적인 학문적 지식과 전문적 지식에서 내담자를 치료한다는 평가에 긍정적이며 가치가 있는 것이다. 이에 반해서 기독교상담은 상담자가 성경의 계시는 가장 완벽한 상징적인 인간의 원형과 이상적인 인격의 모델을 제시한다는 차원에서 인간에 대한 기본적 이해를 갖기 때문에 일반상담의 사회적 가치는 기독교 가치와 인간이해에 관해서는 상이하게 다르다.

일반상담의 사회적 가치가 사회적응에 있어서 올바른 행동이 실천되도록 지도하는 것이다. 예를 들면[46] 사회생활을 하는 데서 공격행동을 제지하도록 훈련하는 것이라 하겠다. 그러나 기독교상담은 올바른 행동은 물론 인간 내적 즉 영혼의 성숙으로 하나님과 이웃에 대한 올바른 관계를 유지하며 신앙생활, 사회생활 하도록 지도하는 것이므로 일반상담의 사회적 가치를 포괄하면서 성숙한 기독교인화로 이끄는 데 차이가 있다. 왜냐하면 일반상담에서는 기독교적 상담의 의미를 적용시키는 예가 드물기 때문이다.

일반상담은 여러 가지 학문적 지식으로 체계를 이루며 과학적, 학문적 근거로 인간을 연구, 특히 내담자의 치료를 위한 복합적이고 세분화된 방법론으로 사회집단 속에서 불안, 초조, 근심, 걱정, 언행의 부조화, 인간관계의 파괴, 내외적으로 엄습하는 모든 문제 등 그 문제 원인을 해결하는 대안으로 그에 맞는 학문으로 내담자의 문제를 추적한다. 이것이 일반상담의 총괄적인 방법이다. 또한 과학이라는 매체는 모든 치료에 근거를 갖고 있다.[47] 이에 대한 단순한 추측이나 막연한 상식적인 해석은 과학적 방법으로 검증되지 않는 한 심리학의 지식이 될 수 없기 때문이다. 그래서 일반상담의 사회적 가치는 결과론적인 의미보다 과정에서 일반인들에게 학문적으로 신뢰를 얻고 있는 것이라 하겠다.

인간에게 개성이 있다. 이 개성으로 말미암아 심리적으로 혹은 정신적으로 종교적으로 사회적으로 적성을 검사하여 상담자는 내담자의 문제를 분석 파악하기도 한다.[48] 개성이란 개인에게 갖추어진 그 개인성을 다른 개인과 구별할 수 있는 특징을 개성이라 한다. 옥스포드 대사전(Oxford Dictionary)에는 개성(individuality)을 분할할 수 없는 상태 또는 그러한 성질, 개체로서 존재하는 사실 또는 그러한 상황, 개체에 독특한 특성의 모임, 같은 종류 내의 타인과 구별할 수 있는 속성의 총체, 개인적 특징 등으로 정의되고 있다. 이러한 정의로써 인간의 개성을 본다면 인간은 분명히 개별적으로는 개체로서 특성을 갖고 사회생활을 하기 마련이다. 이런 점에서 상담자는 마음, 정신, 심리, 육체 등의 문제가 다양하게 있더라도 말로써 상담을 하는 것이므로 격려가 필요한 생명력 있는 말은 기독교상담이든, 일반상담이든 마찬가지이다.

그러므로 일반상담은 사회적 재진출이라는 보편적 목적 아래 상담에 임할 때는[49] 다른 이들의 유익에 대하여 관심을 가지면서 자신을 억제하는 데 헌신하는 견고한 바탕이 없이 서로의 감정만을 나누는 것은 거짓되며 용기 있는 '자기중심주의'밖에는 아무것도 얻지 못한다.

이러한 상담과 응답은 앞서 말했지만 자신의 행복은 물론 타인의 이해관계에서 더 깊은 골을 파게 되는 우려를 낳게 된다. 그러므로[50] 혼인서약이 없는 육체적 벌거벗음이 부도덕으로 이끌어가듯이 다른 이들의 유익을 위한 헌신이 없는 인격적 벌거벗음은 결국 분열된 관계를 가져온다. 그것의 결과는 기껏해야 인위적인 연합일 뿐이고 그나마 오래가지도 못하는 것이다.

상담이 일반인이든 기독교인이든 모두가 사회적으로 언행에 책임은 물론 자신의 이기심으로 타인에게 피해를 주어서는 안 된다는 윤리와 도덕적으로 안정되고 마음의 양심을 망각한 처신을 배제함으로 사회적 가치로서 일반상담은 사회학적으로나 인간차원에서 모두 가치와 의미가 매우 높은 것이다.

(3) 일반상담의 상담자와 내담자의 관계

카운슬링(Counseling)은 목적을 가진 전문적인 대화를 통한 자기발견(self-exploration) 자기지도(self-direction)의 과정이 기본이 되고 있다. 철저하게 내담자의 자기노력이 주체가 되고 여기에 카운슬러(counselor)의 도움이 가해지는 관계라 볼 수 있다.[51] 그러므로 상담이란 상담자가 전반적인 문제 상황을 해결하는 것이 아니다. 오히려 내담자가 스스로 문제를 알고 노력함에 있어 상담자는 도움을 주는 것이다. 여기에 대화라는 언어의 기술을 매체로 삼아 두 관계는 문제해결에 도달하는 것이다. 그래서 상담자는 전인격적, 사회적, 자기실현을 이루고

자 하는 노력하는 사람에게 적절한 도움을 주는 전문가[52]요, 전인격적, 생명적, 자기실현을 위하여 원만하게 해결 교정되어야 하거니와 문제의 성격에 따라서는 자력으로 극복하기에는 너무도 벅차거나 불가능한[53] 일이나 문제를 상담자를 통하여 카운슬링이라는 과정에 협력하여 해결의 도움을 받는 자(者)이다. 내담자는 자기의 치료가 진전됨에 따라 어떤 초기 상담상황을 듣기 원할지 모른다.[54] 상담자는 준비된 대로 내담자의 요구를 들어주어야 한다. 그러나 때로는 이 같은 단순한 내담자의 요구가 문제 상황을 악화시킬 수도 있다.

예를 들면 어떤 학교 상담자들은 부모에게 통지하지 않고서는 그리고 의논하지 않고서는 임신된 소녀(미성년자, 필자 주)의 여러 해결책을 강구할 수 없다는 것이다. 이런 시행은 때때로 장점도 있지만 만약 소녀가 자신의 임신한 사실을 부모에게 알릴 수 없다든지 또는 자신의 감정이 어떤 이유에서 부모에게 알리기를 원치 않는다면 겁먹은 소녀는 어떻게 될 것인가? 상담자는 그녀를 만나보는 것마저 거절해야 하는가? 그렇지 않으면 최소한 공포의 감정을 표현할 수 있는 상담시간을 가져야 하는가?[55] 그래서 문제 상황에서는 내담자의 의견이 존중되어야 다음 대화가 이어지기 때문에 상담자는 내담자의 의견과 뜻에 협력해야 한다.

상담은 내담자가 상담자와 기꺼이 협력하여 수용하는 목적을 위해 함께 노력할 때만이 효과적일 수 있다.[56] 이런 점에서 일반상담의 상담자와 내담자는 상호 협력자라야 상담의 성과가 있음을 알 수 있다. 물론 기독교상담에서도 협력이 중시되지만 기독교상담에서는 상담자의 일방적인 상담이 가능하기 때문에 일반상담과는 비교가 되는 것이다. 특히 내담자의 문제를 교육이라는 차원에서 상담을 할 수가 있는데 이것도 일반상담에서는 상담자의 역할 면에서 필요시되고 있다. 교육은 개인에게 내재하고 있는 교육의 가능성 즉 가소성(plasticity)이나 가교성(educability)을 신장, 개발하여 바람직한 성장, 발달과 개체완성을 돕는 목적이며 의도적인 활동이라고 볼 수 있다. (중략) 교육은 인간의 정상적인 발달과 개체완성을 가로막고 있는 요인들이 있다면 진정한 교육을 위하여 발달의 저해요인을 제거하고 바로잡아주어야 할 것이다.57) 그렇기 때문에 일반상담자는 내담자에 대해서 문제라는 덩치에 교육이라는 도구로 상담을 완성시켜 나아가는 것이다. 이 점에서도 기독교상담은 교육적 상담이라 할 만큼 교육은 큰 비중을 차지하기도 한다. 왜냐하면 상담의 목적이 성경에 있고 상담자가 성경적인 상담을 실시하므로 교육적인 상담이 되는 것이다.

특히 상담활동이 종합적인 학습의 과정(learning process)으로서 갖는 의미란 다음과 같은 점에서 더욱 그러하다. 즉 카운슬링(Counseling)은 내담자(client)로 하여금 자기 자신과 자신의 문제를 이해하고 그것을 해결할 수 있도록 도우며 또한 각종 부적응(maladjustment)의 여러 증상을 해소시켜 주는 지원적 노력이며 조언과정(Advice Process)이라고 볼 수 있다. 이와 같은 도움을 통해서 종전에 없었던 문제해결력을 획득하였으며 부적응적 행동이 적응적 행동으로 변화되었다는 점에서 카운슬링을 종합적인 학습의 의미로 본 것이다. 그래서 상담자는 상담활동의 전반적인 학습을 진행하는 카운슬러(Counselor)인 것이다.

이런 점에서 내담자는 교육을 받는 학습자인 것이다. 그러나 실존요법에서 내담자는 그들의 세계에 대한 자신의 인식을 주관적으로 경험할 수 있다. 그들은 치료의 과정에서 적극적이어야 한다. 왜냐하면 어떤 두려움, 죄책감, 불안을 탐색할 것인가를 그들이 결정해야만 하기 때문이다.58)

오늘날은 복잡 다양화된 사회구조 속에 인간은 삶을 실천하고 있다.

이러한 가운데 앞에서 말한 것처럼 상담자와 내담자가 협력관계이고 교육자와 학습자라는 관계 외에도 한 가지 더 적용한다면 그것은 인간관계이다. 인간이 사회생활을 하는 데 있어서는 무엇보다도 인간관계가 중시된다. 특히 인간관계에서 오는 위기는 상담자로 하여금 큰 고민을 하게 된다. 왜냐하면 상담자가 다루지 못하거나, 치료 불가능하거나, 혹은 상담자로서 무관심할 수 없으나 판단하기 어려운 상황 등이 주어지기 때문이다. 인간의 위기의 성격은 우리에게 스트레스를 받고 있는 사랑의 양면적 감정상태와 이런 경우에 할 수 있는 가능한 모든 행동들을 심각하게 주의하도록 요구한다. 쉬이드만과 파베로우(Edwin Scheidman and Norman Farbow)와 같이 자살을 연구하는 사람들은 '도와 달라'고 부르짖는 자에게 민감한 주의를 기울여야 하며 해결될 수 없을 것 같아 보이는 위기를 당하는 자는 자기 파멸의 행동을 할 가능성이 높다고 말한다.59) 이러한 위기상황은 인간의 개성이 타인과 마찰을 일으키는데 그 빈도가 높을 경우에 나타난다. 개성은 성격의 특성에 관한 것만이 아니라 능력적인 모양과 태도에 대해서도 이용되고60) 있기 때문이다. 그래서 위기상담은 특별히 상담자와 내담자 간에 인간관계가 중시된다. 그렇지 않은 상태에서 상호가 문제를 풀어가다가 더 악한 관계로 행동을 유발시킬 수 있기 때문이다. 프로이드는 불안에 대해서 말하기를 무엇인지 모르는 외계로부터의 위험을 예측하고 또한 그 위험에 의하여 자신이 다치고 파국상태에 빠지는 것이 아닐까라는 추측할 경우에 불안을 느낀다61)고 했다. 이러한 불안 상태에서 상담자를 찾는 것은 그래도 안정성이 남아있기 때문에 어느 정도 상담자와 내담자가 관계를 이룰 수가 있다. 그러나 위기상황은 이미 불안이 엄습했고 문제상황이 발생된 상태이므로 여기에는 상담자와 내담자 사이가 동일한 인간으로서 관계가 선행되어야 한다. 특히 위기상황의 문제가 아니더라도 문제를 가지고 찾아온 사람을 돕기 위해서는 상담하는 과정에서 상담자와 내담자 사이에 의미 있는 관계(내담자는 상담자의 지침을 따른다는 신뢰와 상담자는 권위적인 위치가 아닌 내담자의 말에 귀를 기울여 들을 줄 아는 관계. 필자 주)가 형성되어야[62] 한다. 그렇지 않는다면 모든 상담은 파괴될 것이다.

(4) 일반상담으로 본 인간의 의미

일반상담에서는 인간을 어떻게 보는가 하는 것이 일반상담에서 상담을 풀어가는 열쇠가 된다고 본다. 왜냐하면 일반상담에서는 도덕과 윤리 그리고 선으로써 행복을 추구하는 인간에게 여러 가지 방법을 동원하여 상담을 하는 것은 사회적 인간으로서 인간관계를 올바르게 갖기 위한 것이기 때문이다. 그러므로 일반상담에서는 인간을 영적인 존재로 보는 기독교적 인간관은 근본적으로 차이가 있다.

우선 철학적(Philosophical) 학문에서는 인간은 무엇보다도 우선 동물이며 동물의 모든 특징을 가지고 있다. 인간은 유기체(有機體)이고 감각기관을 가지고 있으며 성장하고, 음식을 취하며, 운동하고, 강한 본능―자기 보존 본능이나 투쟁본능, 생식본능이라든지 그 밖에도 다른 동물들과 똑같은 본능을 가지고 있다. (중략) 인간은 자연의 지배자이다. 인간은 지구의 얼굴을 바꾸어놓았다. 그중에서 가장 눈에 띄는 것은 다음의 다섯 가지이다. 즉 기술, 전통, 진보, 다른 동물과는 전혀 다르게 사고하는 능력 그리고 끝으로 반성이다.[63] 또 정신의학(Mind Medical)에서는 인간이라는 것은 본능, 습관, 온갖 기억, 여러 기관의 근육(muscle) 및 감각(sensation)들이 한 덩어리로 뭉쳐 있는 것[64]으로 본다. 특히 퍼스낼리티(Personality, 한 개인의 내외적을 총칭하는 것, 필자 주)라는 현대 정신병학적인 뜻으로도 말을 한다. 그리고 심리학에서는 인간의식 속에 있는 경험적 사실을 연구하는 학문으로[65] 인간을 조명한다. 또한 앞서 말한 것처럼 철학적 인간의 연구처럼 인간의 본질을 지칭하는 실체(entity)란 개념을 발전시켰다.[66] 그러므로 심리학에서는 인간이 갖고 있는 지식이 그 지식을 제공하는 대상과 일치할 때 비로소 진리가 인식되는[67] 인간론(human-theory) 차원에서 인간을 조명한다.

이러한 인간관이 학문적으로 밑바탕되어 전문적 상담을 일반상담에서는 실시한다.

5) 기독교적 상담에 관하여

(1) 기독교적 상담의 목적

죄는 분명히 하나님에게서 나온 것이 아니다. 왜냐하면 하나님은 빛이시고 그에겐 어두움이 조금도 없으시기 때문이다(요일1:5). 하나님은 단정코 악을 행치 아니하시며 전능자는 단정코 불의를 행치 아니하시고(욥34:10) 그 모든 길이 공평하며 진실무망하신 하나님이시니 공의로우시고 정직하시도다(신32:4), 여호와는 나의 바위시라 그에게는 불의가 없다.(시92:15下).

성경에 의하면 죄는 창조의 형성 주간의 6일이 지나서 하나님이 모든 것을 매우 좋게 만드신 후(창1:31), 인간타락 이전의 어느 시점에 천사들의 세계에서 시작되었다. 자유의지를 부여받아 창조된 루시퍼(lucifer)는 교만의 죄를 범했고(딤전3:6), 전 천사들 중 1/3에 해당되는 천사들과 함께(계12:4) 하나님께 반역하고서(계12:7-9), 그 모든 추종자들과 함께 하늘에서 땅으로 쫓겨난 것이다.[68] 그러나 인간의

참상은 하나님의 창조의 영광인 아담과 하와의 타락으로 끝나지 않았
다. 우리의 첫 조상은 인류의 계약적 대표로서 하나님의 율법을 범한
것이다(호6:7).69) 이러한 인간의 타락으로 말미암아 성경은 인간을
하나님과 멀어진 피조물로 시작한다. 이러므로 한 사람으로 말미암아
죄가 세상에 들어오고 죄로 말미암아 사망이 왔나니 이와 같이 모든
사람이 죄를 지었으므로 사망이 모든 사람에게 이르렀느니라(롬5:12)
라는 성경에 의하여 인간은 마땅히 상담(counseling)을 받아야 하고
특히 예수 그리스도로 말미암아 생명 안에서 왕 노릇 하리로다(롬
5:17)라는 은혜로 인간은 인도받아야 한다. 그래서 기독교상담에서는
영혼구원이 우선 목적이 된다. 여기서 인간은 하나님의 권위의 지배를
받으며 그 권위에 순종할 필요가 있다.70) 인간 모두는 하나님께 나아
가도록 참생명을 얻도록 기독교상담을 받아야 한다. 이것이 기독교상
담의 목적이다.

특별히 모든 상담이 그렇겠지만 기독교상담은 하나님의 사랑으로
용납하는 그리스도를 본받는 생활을 일반적으로 강조하게 된다. 그래
서 기독교인이든 아니든 문제를 상담해주는 모든 상담자들은 내담자
가 자신을 용납하도록 도와주는 데 그 목적을 두고 있다. (중략) 여기
서 자기 용납이란 타인에 대한 용납, 그들과 함께 살아가는 능력, 문
제들을 극복하는 능력을 포함시킨 말이다.71) 이러한 전제 아래 우리
는 우리가 하는 모든 일과 모든 말에 있어 타인의 필요를 채워주려는
동기를 개발하고 유지하고 키워나가야 하는 것이다.72) 이같이 기독교
에서는 모든 이가 즉 그리스도인이 희생과 봉사가 사랑으로 타인에게
모범을 보여야 한다는 생활의 전제를 요구하고 있다. 우리의 욕구가
거의 하나도 충족되지 않은 상태에서도 다른 사람을 채워주는 일에
헌신할 수 있을 만큼 강해야 한다.73) 아마도 기독교상담은 이러한 전

제 아래 모든 성도가 상담자 되기 위한 노력을 당부하기도 한다.

한편 기독교에서는 원수라도 사랑을 해야 하는 성경의 가르침을 마땅히 따라야 하기 때문에 우리 자신의 행복을 위해서 타인의 행복을 방해한다는 비성경적인 언행은 있을 수 없다는 전제 아래 기독교상담은 필요한 것이다.

우리는 분명히 내 자신의 모든 의지를 동원해서 행복해지기를 원하는 천박한 목적을 거부해야 하며 그리스도를 닮아가려는 진실한 목적을 채택해야 한다.[74] 그러나 크리스천의 생활의 목표나 기독교상담의 목적이 개인의 행복에 있는 것이 아니다. 행복을 추구하는 것은 마치 잠들기 위해서 애쓰는 것과 같다(중략). 행복해지기 위해서 사는 것이 아니고 매 순간 하나님을 기쁘시게 하기 위해서 산다[75]고 기독교는 말하는 것이다. 여기서 기독교는 그런즉 너희가 먹든지 마시든지 무엇을 하든지 다 하나님의 영광을 위하여 하라(고전10:31)는 성경의 교훈에 순종하는 인생목적을 상담(Counseling)하게 된다.

이와 같이 기독교상담에서도 일반상담과 마찬가지로 인간을 연구하게 된다. 그러나 기독교상담은 목적이 인간의 영혼의 구원에 있는 것이며 삶의 행복과 선의 추구는 인간기본의 욕구인 것이다. 그래서 엄격한 의미에서 기독교적 상담은 목회상담(Ministry Counseling)을 두고 하는 말이다. 목회상담의 대상은 문제를 안고 있는 현존하는 인간이다. 천사나 사탄은 상담의 대상이 될 수 없다. 그러므로 목회상담을 보다 성공적으로 하기 위하여 목회상담의 대상인 인간 이해가 선행되어야 한다.[76] 바로 인간 이해가 인간이 피조물이라는 이 사실은 예수의 인간이해의 대전제이다.[77] 그리스도가 인간을 찾아오신 것 자체가 우리를 상담하려고 오신 것이다. 그러므로 사람들이 상담자에게 가져오는 개인적 문제들 중에서 많은 것들은 아마도 완전히 영적

(Spiritual)인 문제들과 관련이 없을 것이다.[78] 왜냐하면 대부분의 사람들은 기독교 교리는 물론 성경의 뜻을 모르기 때문이다. 그래서 많은 사람들은 앞서 지적하였지만 기독교의 행복이 인간의 인격적 생활에만 국한시키려는 오해에서 비롯된다는 것을 모르고 있다. 기독교상담은 인간 구원, 그것도 육체에 있는 것이 영혼구원에 있는 것이다. 인간은 자신의 창조주이자 보존자이신 그분께 전적으로 의존하는 존재(existence)이다.[79] 따라서 인간의 하나님과의 관계는 발전하도록 된 것이었다.[80] 이 발전을 위해 그리스도께서 오셨으며 회복으로 승화(Sublimation)시키기 위한 구체적 상담을 예수 그리스도께서 친히 완성하신 것이다. 그러기에 일반상담과 비교하여 기독교적(基督教的) 상담이라 하는 것이다. 인간의 완전한 회복을 위한 상담은 영적인 것이요, 완전한 인간 안에서의 발전적인 변화조차도 하나님의 상담에 의존[81]해야 한다. 기독교적 상담은 영혼구원에 있으며 이를 위하여 하나님과 회복의 단계를 걸쳐야 한다. 왜냐하면 인간이 하나님을 거역했기 때문이다(창3장).

일반상담(General counseling)에서 기본적인 죄(성경이 말하는)를 프로이드(Freud)는 인간은 자기 죄에 대하여 책임이 없다고 하며, 로저스는 "인간은 본질상 선하고 어떤 외부의 도움이 필요치 않다."고 한다. 그러나 분명한 것은 성경에서 말하는 타락한 인간을 기독교에서 그리스도로 하여금 하나님께 가까이 가도록 인도한다. 이것이 진정한 복인 것이다(시73:28上). 이를 위하여 기독교는 상담해야 하며, 가르쳐야 한다. 왜냐하면 이것이 기독교적 상담의 목적이기 때문이다. 기독교적 상담(Christianity Counseling)은 방법도 내용도 성경적이어야 하며 이를 위해 상담자는 성경과 지식에 게을러서 안 된다. 상담으로서의 하나님의 말씀이라는 개념이[82] 있어야 기독교적 상담은 가능하다.

(2) 기독교상담의 범위와 한계

기독교상담의 범위는 두 가지 양상으로 살펴봐야 하겠다. 하나는 대상이요, 또 다른 하나는 방법이다.

첫째로 기독교상담에서의 대상은 목적에서 밝히듯이 인간이 대상이 된다. 다만 일반상담에서 일반인들은 일반적인 상담소나 카운슬러(Cou- nselor)를 찾겠지만 목회자나 기독교상담에서 전임하고 있는 카운슬러 를 찾기란 드물다. 그러나 기독교인들은 목회상담(Ministry Counseling) 과 기독교상담소를 찾는 것은 당연하고 일반상담소 소위 정신, 심리 등 의 전문상담소를 찾기도 한다. 이런 점에서 기독교에서는 대상을 모든 인간으로 보고 있으나 일반인들이 기독교상담을 종교 상담이라는 특정 한(Particular) 이유로 기독교상담을 회피하고 있다.

이런 이유는 기독교인이라 하면서도 인간의 본질, 인격, 행동 등을 성경이 아닌 다른 자료에 근거하여 말하는 것이 하나의 규정이 되다시 피 하여 왔다.[83] 그러므로 종교(Religion)가 모든 인간에게 향하여 팔 을 벌린 것같이 기독교상담 역시 모든 인간에게 개방되어 있다. 아담스 (Jay Adams)는 인간의 삶에는 항상 문제가 내포되어 있음을 전제한 다. 그는 인간의 문제들이 생기는 원인들을 크게 세 가지로 구별한다. 첫째 유기체적(organic) 원인이다. 즉 질병(diseases) 상해(injuries) 화 학약품 중독(chemical Poisoning) 그리고 선천적 결함(birth defects)을 말한다. 둘째, 귀신들림의 원인이다. 셋째, 죄의 원인이다.[84] 이 기독교 사상적 문제원인 파악은 이 자체가 한계가 될 수 있다. 그러나 기독교 상담은 오직 성경적인 방법이어야 한다.

한편 한계라는 문제에 대해서는 우리는 성경에서 가르치는 상담이 기독교상담이므로 한계가 있을 수 없다는 착각을 하기 쉽다. 그러나 분명한 것은 예수 그리스도께서 인간을 향한 하늘의 상담을 완성했으므로 기독교적 상담은 혹은 목회상담은(성경을 통한 전반적인 인간 (성도)교육) 한계가 없다고 생각해서는 안 된다.

기독교상담자가 목사, 신학자, 기독교 교역자, 교사, 기독교 교육 전문가 등 그 누구라도 불안한 존재이기 때문이다. 기독교상담의 유일한 목적은 오직 내담자로 하여금 그 자신을 발견하고 예수를 바라보도록 함으로써 치유하시는 그리스도의 임재를 체험하도록 하는 것이다. 동시에 그 과정에서 구원을 이르는 첫걸음을 내딛도록 도와주는 것이다.[85]

우린 여기서 상담자가 종교 지도자, 목회자, 능력을 받은 자라는 극히 주관적 입장 아래서 내담자의 문제를 완성한다는 의도는 적극적으로 배제되어야 한다. 다만 도와주는 청지기라는 차원에서 예수 그리스도를 의지함에 있어서 겸손히 카운슬링(Counseling)에 임해야 할 것이다.

중요한 것은 우리 기독교상담자들이 여러 시대를 통해 형성된 영적이며 정서적인 통찰이라는 위대한 유산의 상속자라는 사실이다. 그리고 이것 역시 다른 사람에게 영향을 준 예수께 초점이 맞추어져 있다. 영적 생활에 관한 위대한 저술가들은 모두 예수의 언행을 깊이 연구한 자들로서 그리스도께서 인식하시는 대로 자기를 인식할 수 있도록 돕는 일에 능숙한 자들이다.[86] 또 다른 한계는 성경의 계시적 상황을 기독교상담자라도 인위적(Artificial)인 방법으로는 막을 수가 없다는 것이다. 다시 말한다면 성경이 말하고 있는 종말론적 불안이나 도래할 하나님 나라에 대한 영적 세계에 대한 궁금증을 기독교 계통의 유능한 목회자요 상담자라도 하나님의 주권적인 사역 앞에서는 성경이 말하는 것 이외는 진단할 수 없다는 것이다. 그러므로 기독교적 상담의 한계는 영적인 성숙을 위해 하나님을 아는 지식에서 출발하여 …… 하나님과 그의 보내신 자 예수 그리스도를 아는 것 …… (요17:3절 이하)이라는 성경의 가르침에서 완성됨으로 한계가 있다하여 기독교적 상담이 부족하다는 뜻으로 이해되어서는 안 된다.

그러나 이러한 한계에 성경은 우리가 자아 기만자이며 우리의 실제 모습을 보기 위하여 초자연적인 도움을 요구한다고 가르친다. (렘17:9 -10)인간의 내적인 영역에 관한 정직하고 예리한 탐구는 하나님의 특별한 특권(special prerogative of God)이다.[87] 여기에 기독교상담의 놀라운 특징이 있는 것이다.

(3) 기독교상담의 기능

기독교상담의 기능(Function)은 일반상담과 마찬가지로 방법론(Methodology)이 제시된다.

우선은 기독교상담의 목적이 영혼구원에 있음은 이미 밝힌 바 있다. 한발 더 나아가서 영혼구원이란 영 즉 영적 성장에 있음을 밝히려 한다. 영적 성장 없이 영혼이 구원단계에 이른다는 것은 불가능하기 때문이다. 우리 인생의 영적 차원은 7가지의 상호 연관된 영적 요구들을 충족시켜 나가는 방식들로 이루어져 있다. 그런데 그 영적 요구들이란 인생의 생존 철학에 대한 요구, 창조 가치에 대한 요구, 사랑하시는 하나님과 관계에 대한 욕구, 보다 높은 자아를 발전시켜야 하는 것에 대한 요구, 우주에 충실하게 속해 있다는 소속감에 대한 요구, 초월의 순간들을 새롭게 하는 데 대한 요구 그리고 영적인 성장을 촉진시켜 주는 돌보는 공동체에 대한 요구 등이다.

이러한 요구들은 지극히 세속화된 생각을 가지고 있는 사람들이나 제도화된 종교로부터 가장 소외되어 있는 자들까지도 포함하여 모든 사람에게 존재한다. 이러한 것들은 그것들이 인간 실존에 본질적으로 존재한다는 점에서 실존적인 요구들이다.[88] 인간 모두는 신자이든 불신자이든 자신의 실존을 위한 영적 차원의 위에서 지적한 대로 충족되어야 성장

(Growth)되어 간다. 이 말은 인간은 영적이든 육적이든 자신이 노력하는 충족을 위해 노력을 간구한다는 사실이다. 기독교상담에서는 바로 인간이 충족을 위해 노력하는 육적인데 기능적 가치가 있는 것이 아니라 영적 성장 즉 영성이 무르익는 영혼의 성숙에 그 기능이 있는 것이다.

기독교적 상담이란 영혼의 성숙을 통하여 성경이 말하는 인간상을 찾는 데 상담의 기능이 있는 것이다. 그러나 단계와 질서 없이 문제의 상황을 모두 영혼의 성숙에 초점을 맞춘다는 얘기는 아니다. 오직 근본적 의미로서 상담자는 영혼을 기억하여 상담에 임해야 한다는 것이다.

오늘날 사회와 지식층에서는 기독교가 회의적(skeptical)이란 흐름이 있는 것은 성숙한 영성의 기독교가 퇴색되었다는 것을 의미하는 말이다. 다만 이러한 진단이 기독교 자체에서 출발되어야 하지만 외부적인 진단으로 기독교는 상담에 있어서도 진실과 신뢰가 약화되어 있는 것이 사실이다.

사회적으론 기독교가 윤리적 차원에서도 성경의 권고만큼의 빛과 소금 역할은 못하고 있다. 이를 위해서도 기독교상담은 성경적 상담으로 윤리가 회복되어야 한다. 그래서 기독교적 상담(Christian Counseling)을 강조하는 것이다. 기독교적 상담이란 성경적 상담이란 의미를 강조하기 위한 것이다.

기독교 신학 윤리학은 인간의 최고선(summum bonum)과 인간의 생활기준과 인간의 윤리적인 동기를 다루며 성서에서부터 이런 모든 문제들의 실마리를 풀어내고 있다.[89] 다시 말해서 기독교상담의 기능이라 함은 성경에서 실마리를 찾아 내담자의 문제 상황을 풀어간다는 능동적인 자세를 말하는 것이다. 여기서 기독교적 상담의 목적, 범위, 한계 등이 보완되는 것이다. 왜냐하면 인간이 죄인이지만 자연을 통해서 하나님에 대한 어떤 참된 지식을 획득할 수 있다는 것을 나타내는 것처럼 보인다. 바로 이것이 잘못이다.[90]

인간이 모든 문제를 자연에서(과학 포함) 얻은 지식, 경험의 바탕으로 무엇을 찾거나 해결하겠다는 것이 기독교 입장에서는 불신앙이요, 불신앙 속에서는 참된 것과 진리와 생명이 있을 수 없기 때문이다. 성서의 하나님은 인간 존재의 모든 국면에서 인간을 해석하는 궁극적인 범주(ultimate category)이다.[91] 기독교상담은 성경을 떠나서 혹은 하나님이 원하시는 인간상을 저버린 채 상담할 수 없다. 이럴 때 기독교상담에서 윤리도 성경적일 때 사회를 제대로 보면 진단을 한다는 것도 기독교상담의 기능의 일부라 하겠다. 그러므로 진정한(honestly) 인간의 성장, 성숙은 예수의 인격 속에서 우리에게 하나님의 이상이 무엇인지를 직접적으로 깨닫게 하는 데에 도움을 주는 우리를 위한 그 이상의 모습을 볼 수 있다[92]는 성경적 의미를 전달하는 것과 예수를 위해 보다 높은 수준의 정신상태를 따라 살아가기를 원한다[93]는 상담원리(Counseling Principles)를 갖는 것이 기독교적 상담의 기능이라 하겠다.

1) C. W. Brister. *The Promise of Counseling*. translated by. Seong chun Oh, Houng Eik Sa, 1989.

2) Sang Deuk Lee. *A Study about Ministry of Counseling*. 총회신학연구원 Master Paper, 1990, p.1.

3) Chung Yang Eun. *The psychology clear theory*, Bubmunsa. 1986, p.203.

4) Jay. E. Adams, *A Theology of Christian Counseling*. translated by. Dong suik Chung, GiDok Sinbo, 1990, p.144.

5) Jung Hui Lee. Jesus of counselor, Printing. green, 1992, p.66.

6) C. W. Brister, Ibid. p.27.

7) Lawrence J. Crabb, Effective Biblical Counseling, translated by. Chung Chung Suk, Chong Sin College Printing, 1982, p.23.

8) Jay E. Adams. Ibld. p.120.

9) Carl R. Rogers, Ibid. pp.18−21.

10) Carl R. Rogers. Ibid. pp.18−21.

11) C. W. Brister. Ibid. p.205.

12) Sang Duck Lee, Ibid, p.12.

13) Gary R. Collins, *Counselling Guide*, Translated. Chung Seok Hwan. 1989, pp.9−10.

14) Ibid, pp.374−375.

15) Ibid, pp.374−375.

16) Ibid, p.378.

17) Nam Pyo Lee. & Jun Hwa. *Mental health and a psychology Care,*. Printing. Wontaup. 1991, p.200.

18) Ibid. p.1.

19) Ibid. p.5.

20) Ibid, p.7.

21) Charles Sell, *Helping Adult Children Regolve Their Past*, Translated. Jeong Dong Seop, & Choe Min Hui,, Duranno, 1993, p.11.

22) Charles Sell, *Helping Adult Children Regolve Their Past*, Translated. Jeong Dong Seop, & Choe Min Hui,, Duranno, 1993, p.11.

23) Nam Pyo Lee. Ibid, p.120

24) Robert E. Webber, *The role of the Christian in the Secure World*,

translated by, Soong Gu Lee, Am Ma Oh, 1992, pp.44－45.

25) Chung Yang Eun, *The psychology clear theory*, Bubmunsa, 1986, pp.15－16.

26) Ibid, p.26.

27) Carl A Manimgger, *The Human mind(1)*, Translated by, Seoul Young Hwan, Seonyoung Sa, 1993, pp.35－36.

28) Charles. Sell, Ibid, pp.187－188.

29) Gerard Egan, *The Skilled Helper*, Translated. Seong Chen Oh., The Presbyterian Press. 1991, p.63.

30) Victor E. Frank, *Psychology analysis and Mind treatment*, translated by, Yu Hyeong Sim, Han Gul. 1992, pp.39－40.

31) Ibid, p.40.

32) Gerald Corey, *Theory and Practice of Counseling and Psychotherapy*, translated by, Han Ge Tae, Seong Gwan, 1992, p.67.

33) Ibid, p.78.

34) J. E. Adams, *Competent to Counsel, Translated by*, Chung Jong Suk, ChongSin College, 1993, p.95.

35) E. G. Willamson & S. D. Foleyl, *Counselling and Discipling*. translated by, Jung In Suk, Dew Wang Sa, 1991, p.36.

36) Ibid, p.35.

37) Ibid, p.37.

38) Chung In Suk. Ibid. p.34.

39) Ibid, p.25.

40) Arnold B. Come, *Human Spirit and Holy Spirit*, Translated by, Seong Min Kim, Dea Han co, 1984, p.25.

41) Victor E. Frankl. Ibid. p.39.

42) Chung Tang Eun. Ibid, p.269.

43) Ibid, p.269.

44) Ibid, p.23.

45) Chung In Suk, Ibid, p.80.

46) C. W. Brister, Ibid, p.119.

47) Ibid, p.36.

48) DaKkuMa DaGekdouci, A personality and aptitude of psychology. Voi-

ceSa, 1989, p.12.

49) L. J. Crabb, D. B. Allender, *The Key To Caring*, Hyun Mi Oh & Yong Bok Lee. NaChimban. 1988, p.50.

50) Ibid, p.50.

51) Chung In suk. Ibid, p.18.

52) Ibid, p.22.

53) Ibid, p.21-22.

54) Gerald Corey, Ibid, p.327.

55) Ibid, p.328.

56) Ibid, p.329.

57) Chung In Suk. Ibid, pp.15-16.

58) Ibid, p.16.

59) C. W. Brister, Ibid, p.190.

60) 다꾸마 다께도시, Ibid, p.13.

61) S. Freud, *Vorlesungen Zur Einfuhrung in Die Psycoanalyse*, Translated. Jung sik Lee. DaMoon. 1993, p.118.

62) Gare R. Collins, Ibid, p.63.

63) J. M. Bochensk, Wege Zum Philosophischen Denken, 1982, pp.80-82.

64) Carl A. Ibid, p.37.

65) Chung Yang Eun. Ibid, p.17.

66) Ibid, p.18.

67) Ibid, p.19.

68) Francis Nigel Lee, *The Orign and Destiny of Man*. Translated. Soong Gu Lee. Emmaonh, 1992, p.70.

69) Ibid, p.71.

70) Duncan. Buchanan, *The counselling of Jesus*, Translated. Cheon Jung Ung. Printing Agape, 1987, p.207.

71) Ibid, p.157.

72) L. J. Crabb, D. B. Allender, *The Key To Caring*, Hyun Mi Oh & Yong Bok Lee. NaChimban. 1988, p.68.

73) Ibid, p.69.

74) Lawrence J. Crabb, Jr. *Effective Biblical Counseling*, Translated. Chung

Jun Sook. Printing. ChongShin University, 1982, pp.20-21.

75) Ibid, p.21.

76) Chung Hui Lee. Jesus of Counselor. Printing, Green, 1992, p.57.

77) Ibid, p.57.

78) Lawrence J. Crabb, Ibid, p.33.

79) J. E. Adams, *A Theology of Christian Counseling*, Translatyed. Jeon Dong Sik. Christian News Paper. 1990, p.2.

80) Ibid, p.3.

81) Ibid, p.3.

82) Ibid, p.20.

83) Ibid, p.121.

84) Ibid, p.35-36.

85) Duncan. Buchanan, Ibid, p.179.

86) Ibid, p.181.

87) Lawrence J. Crabb, Ibid, p.107.

88) Howard Clinebell, *Growth Counselling*, Translated. SeundoKim. Printing, GwangRim, 1993, p.127.

89) Cornelius Van Til, *Christian Theistic Ethics*, tanslated by. WiGer Chan, printing Emmaonh. 1993, p.35.

90) Ibid, p.34.

91) Ibid, p.39.

92) Cornelius Van Til, Ibid, p.162.

93) Ibid, p.175.

1) 기독교상담자와 일반상담자의 차이점

여기서는 기독교적 상담을 삼위일체의 하나님 사역이라는 차원에서 살펴보기로 하겠다. 특히 성령의 사역이라는 점에서 초점을 맞추고 일반상담에서는 심리학과(상담심리), 정신의학 그리고 사회학으로 좁혀서 살펴보려고 한다.

기독교상담에서는 성령의 사역으로서 상담(Counseling)이 중요한 범주로 차지하고 있다. 성령은 믿는 자의 성화(sanctification)를 포함한 모든 참된 퍼스낼리티(personality)의 변화를 가져오게 하는 근원이다. 성령은 또한 진실로 멸망할 수밖에 없는 죄인에게 생명을 주시는 분이다.[1] 그러므로 인간의 삶의 문제뿐만 아니라 영적인 문제까지도 근본적으로 주관하시므로 기독교적 상담은 성령의 사역이라는 측면과 사회구조 속에서 오는 인간의 삶의 문제를 학문적으로 다루는 일반상담에서는 위에서 말한 대로 학문적 측면에서 상호 비교, 차이점을 알아보려고 한다.

　심리학에서는 구체적으로 사람을 알기 위해 직접 면접을 한다.[2] 이러한 기준과 정신분석 카운슬링(Counseling)을 이해하고 실제로 이를 펼쳐 나아가기 위하여서는 정신분석이론의 중심을 이루고 있는 정신분석의 성격론(Characterology)을 이해하지 않으면 안 된다[3]는 문제 아래 일반상담의 입장을 국한시켜 차이점을 검토할까 한다.

　기독교상담자는 우선적으로 성경과 기독교문화에 대해서 해박한 지식이 있어야 한다. 이것은 상담자의 자격을 말하는 것이 아니고 상담이라는 기능을 수행하는 데 필요한 가치이다. 또한 예수 그리스도를 믿는 자라는 사실적 상황 앞에 신앙이 고백된 자라야 한다는 전제가 있어야 한다. 왜냐하면 그리스도를 본받는 자라야 성경적 상담이 가능하며 내담자를 예수 그리스도께 인도할 수 있기 때문이다.

　예수는 인간을 단순하게 보지를 않았다. 그는 인간을 자아(Ego)나 이드(Id)나 초자아(superego)로 분석하거나 죄인과 의인으로만 구분하려는 입장을 갖지를 않았다. 그는 인간을 전인적인 인격체로 보았으며 그 전인을 사랑했다. 그래서 인간의 모든 부분에 관심을 가졌고 그 관심은 하나님과의 관계 속에서 오는 사랑의 실천이기도 했다.[4] 그러므로 기독교상담자는 성경을 해석하는 목회자이거나 신학적 체계를 학습한 자, 기독교 신앙관이 있고 지속적으로 해 나아갈 사람 그리고 예수 그리스도를 사랑하는 자 등으로 자격기준이 된 사람이라야 기독교적 상담이 가능하다. 신앙적으로만 수준 있다고 하는 주관적 입장만으로도 불가능하며 어느 날 갑자기 신학을 했다고 하여 기독교적 상담이 가능하지 않다. 예수의 일차적 관심사는 인간 그 자체였다[5]는 것으로 인간을 이해한다. 이 말은 인간을 알고 있다는 뜻이므로 기독교상담자는 반드시 그리스도를 믿고 성경의 객관적 지식과(자신의 주관적 체험도 가능) 상담자로서 예수의 중요한 상담 기본원리는 인간 자체에 최고의 가치를 두었다는[6] 사실을 상담의 원리로, 내담자의 인간. 즉 영혼을 살리려는 기초적 자세를 갖춘 자라야 기독교상담자로 가능할 것이다.

사실은 기독교상담이란 목회상담이 전반적인 내용을 포괄하여 기독교상담이라 하기도 한다. 그러나 목회상담은 상담신학이 전제되어야 한다. 그래서 성경은 목사를 목회자라고 부른다.[7] 목회자의 직무가 상담 자체이므로 신학을 객관적의 자질을 결정하는 것은 중요한 일이다.[8]

상담(Counseling)은 조언(충고)을 해주는 것을 의미한다.[9] 모든 상담은 인간에 변화를 시도함으로 인간을 도우려 한다.[10] 이것을 실천할 때에 기독교상담자로 직무가 가능하다. 또 기독교상담자는 하나님의 형상이 우리 속에서 독특하게 표현되는 것은 육체적으로나 심리적으로나 인간관계에 있어서나 영적인 측면에 있어서나 온전함을 이루기 위한 우리의 잠재력들을 개발함으로써 이루어진다[11]는 것을 내담자로 하여금 인식시켜야 할 것이다. 이런 점에서 일반상담자는 다른 면이 몇 가지 있다. 그 하나는 대상에 있다. 일반상담자들은 학문적 객관성으로 주관적 노력의 학습이 사회적으로 인정하고 있어 먼저는 사회인 모두가 문제 상황을 인식하려는 심리적 위치에서 부담이 없다는 얘기다. 물론 문제의 상황을 내담자가 상담하기까지는 갈등은 있겠으나 상담자를 찾은 후로는 어떠한 문제라도 대화가 가능하다는 것이다.

그러나 기독교상담자는 대상이 기독교인이 아니면 신자(believer)의 가족 혹은 관계있는 자로 그 대상이 일반인들의 인식 부족으로 큰 폭의 대상은 갖고 있지 않다. 더욱이 기독교상담자는 어느 누구에게든지 그리스도의 말씀과 성령의 사역을 의지하여 상담에 임하지만 일반상담자는 학문적으로 심층 있는 분석으로 환자(내담자)를 치유(상담)한다. 특히 일반상담은 내담자 중심(來談者 中心)의 카운슬링은 카운슬링의 인간학적(人間學的) 어프로치(Approach)의 한 형태이다.

이 이론은 인간이 가지고 있는 기본적인 경향으로12) 일반상담자는 인간을 이해할 수 있는 한 모든 학문적 뒷받침을 제공받아 상담을 하게 된다. 그 외의 방법과 인간의 아픔을 이해하고 문제(병)를 상담(치료)해 나아가는 상담자의 자세는 큰 차이가 없다. 단 기독교상담자는 인간을 어떤 면에서는(영혼을 구원하는 사명) 상담자 자신이 모든 것을 처리하려는 자세보다 하나님의 사랑은 역사 속에 존재하는 실체13)로 믿고 하나님의 사랑과 능력으로 영혼이 치유된다는 신앙의 자세로 상담하게 된다.

또 다른 차이점과 방법이 제시될 수 있으나 분명한 차이점은 기독교상담자는 전적으로 신앙성숙함 속에서 성경이 가르치는 범위(extent) 안에서 혹은 신학(Theology)을 바탕으로 상담을 해야 할 의무와 책임이 있으나 일반상담은 내담자가 이리저리 상담자를 찾아다니며 해결을 모색하기도 하고 유명인을 찾아 오직 상담자의 지도 아래 내담자는 권면을 받아 문제를 해결한다는 차이가 있다.

끝으로 일반상담은 내담자가 가지고 있는 사회적, 인간적 모든 문제를 이해할 뿐만 아니라 정신분석학적 상담이론의 속에 숨겨진 무의식의 세계를 연구하여 인간의 내면 안에 숨겨진 무의식의 세계를 연구하여 인간을 보다 더 자세히 이해하는 것14)으로 내담자와 상담자는 관계를 유지하지만 기독교상담 즉 목회 차원의 상담은 기독교적으로 인간 영혼의 가치와 중요성을 강조하였으며 그동안 소홀히 되어왔던 하나님과 인간과의 관계를 복음주의적으로 재정립하게 함으로써15) 기독교적 문화관(The Culture View), 세계관(The Word View), 인간관

(The Human View)을 확립해 나아가며 성숙한 영성을 갖추는 영혼을 위해 카운슬링(Counseling)하는 것이 기독교상담이며 일반상담자와 다른 차이점이다.

2) 기독교상담과 일반상담 목적의 차이점

기독교상담이 인간 영혼에 관심과 성경적 상담(Biblical Counseling) 이라는 주장은 예수 그리스도의 상담사역을 본받는 신앙적, 신학적 행위이다.

어느 날 예수께서 자신을 따르는 사람들을 가르치고 계셨을 때 자신이 이 땅에 온 이유를 말씀하셨다. 그는 우리에게 풍성하고 충만한 삶을 주시기 위하여 (요10:10)오셨다. 예수님은 아들을 보내신 하나님의 목적이 저를 믿는 자마다 멸망치 않고 영생을 얻게 하려 하심(요 3:16)이라고 말씀하였다. 따라서 예수님은 사람들을 위해 두 가지 목표를 갖고 계셨다. 그것은(중략) 권면적 상담 이론을 주장하는 제이 아담스(Jay E. Adams)의 상담 목적인 영혼구원(중생)이며 다른 하나는 성숙한 인격과 생활(성화)[16]을 하는 데 있다.

마치 사회구조가 복잡다양하고 인간들이 약해진다. 그리고 이런 사람 저런 사람들이 있기에 우리의 환경은 약하다고 사회적 문제 상황을 진단할 때 우리는 위와 같이 말한다. 그러나 이러한 진단은 인간 객체가 볼 때 누구나 진단할 수 있는 쉬운 인식이다.

기독교에서는 예수 그리스도를 믿는 믿음과 성경의 가르침을 실천하는 행위를 중시 여긴다. 왜냐하면 기독교의 상담이 영혼과 이 땅의 삶을 성경이 가르치는 대로 모든 이가 살도록 노력할 때 앞서 말한 대로 영혼의 구원과 영성이 무르익는 성숙함이 사회를 통한 혹은 인간 역사를 통한 문제의 진단을 바로 제시하기 때문이다.

성경은 그리스도인들이 거룩해지기를 요구한다. 그리고 사회와 개인은 건강을 무엇보다도 원하고 있다. 거룩함(holiness)은 건강(health)과 같은 뜻이다. 두 단어 모두 건전한, 완전함을 뜻하는 옛 앵글로 색슨어 'halig'에서 파생되었다. 그러므로 과거에 몸이 거룩하다고 표현하는 것과 영과 혼이 건강하다고 표현하는 것은 지극히 당연했을 것이다. 그러나 현재 우리는 몸의 거룩함을 '건강'이란 말로 그리고 영적 건강(Spiritual Health) '거룩함'이란 말로 표현하게 되었다.

거룩함은 성숙이 아니다. 그것은 완료가 아니다. 그것은 성숙과 완료에 도달하기 위한 조건이라고 해야 할 것이다.[17] 영혼의 성숙은 성경의 가르침을 따르고자 하는 순종과 삶의 실천 있는 건강한 신앙생활을 말하는 것이다. 그래서 믿음과 행위는 절대로 충돌을 일으키지 않는다. 왜냐하면 믿음으로 전인격을 주님께 종속시키기 때문이다.[18]

기독교상담은 성경적 인간 즉 그리스도를 믿기만 하는 것이 아니라 새롭게 그리스도를 본받는 그리고 성숙한 영성(Holy Growth Personality)을 갖는 데 상담의 목적이 있다. 성숙한 신앙생활을 못하는 것이 기독교에서는 상담의 근거가 될 수 있다. 왜냐하면 영성생활은 곧 그리스도인의 올바른 삶이요, 성령 안에서 생활하는 것을 의미하기 때문이다.[19] 그러므로 영성 이해는 인간 이해와 직결되어 있다고 볼 수 있다.[20]

위와 같은 맥락에서 기독교상담이 목회상담(Ministry Counseling)을 빼놓고 일반적으로 기독교상담이라고 할 수 없는 것은 성경적으로 목회상담은 목회활동의 본질에 가까운 것으로 시편 23편 3절(내 영혼을 소생시키시며; 내 영혼은 시편에 자주 나오는 시적인 표현으로서 단순히 나를 의미한다. 나를 소생시키시며에 언급된 소생시키시는 것은 방황하며 찢기고 실패하고 낙심한 양을 돕는 활동이다. 선한 목자는 힘을 주며 고쳐준다(겔34:4, 16)[21]는 명의식이 있기 때문에 기독교상 담이 영혼구원과 성숙한 영성을 위한 상담의 목적을 갖는다면 마땅히 선한 목자로서 청지기적 상담인 목회상담은 기독교상담의 목적을 의 미하는 일부인 것이다. 그러나 한국교회의 발전이란 양적인 수준에서 머물고 진단한 표현이지 교회 안과 밖의 성숙함을 두고 말한 것은 아 니라고 본다. 이런 점에서 최근까지 하나님의 목자들은 너무도 자주 이런 예방적이고 치료적인 상담활동을 다하지 못했다. 그 결과 양들이 크게 고난을 받았으며[22] 사회적으로도 교회는 성숙해야 함을 듣고 있 는 실정이다.

기독교적 상담은 분명히 성경을 기준으로 하여 성경적 인간상을 확 립해야 한다는 신앙이 전제되어야 한다. 그러나 분명한 것은 상담이라 는 지식적 기준보다는 일반적 목회경험과 사람을 많이 대면했다는 이 유 하나로 목회상담을 한다는 것은 상담적 치료에 회의적인 것이다. 왜냐하면 신학으로서 목회를 한다면 상담, 특히 영혼구원과 영성에 대 한 진단은 기술적인 지식이 선행되어야 비로소 목회의 경험으로 가치 있는 상담의 결과를 얻기 때문이다. 상담이란 모든 사역자들이 예수 그리스도의 충성스런 목자로서 꼭 해야 할 활동이다.[23]

기독교적 상담(Christian Counseling)의 가치는 성경을 가지고 설교 하듯 하는 대화를 말하지 않는다. 오직 성경을 통한 인간의 모습을 그 대로 비추게 하여 성경의 가르침을 받아 드리도록 기술적 대화와 목 회경험과 성령의 사역을 사모하는 가운데 펼쳐지는 진지한 언어적 의 술행위이다. 성경이 너희 마음과 목숨과 뜻을 다해 주 너의 하나님을 사랑하고 네 이웃을 네 몸과 같이 사랑하라(마22:37 - 28)고 가르친다 면 설교(sermon)에서는 '큰 계명'((The Greatest Commandment)에 대해서 말할 수 있으나 상담(Counseling)에서는 분명 그리스도인은 비이기적으로 살아야 한다[24]는 교훈을 전하는 데 목적이 있다.

기독교상담의 목적이 이루어질 때는 그리스도인으로서 우리는 우리가 믿고 있다고 지적(Intellectual)으로 동의하는 것에 관하여 감정적으로나 의지적으로 행동해야만 한다[25]는 사실을 요구한다. 그러나 일반상담은 사회적 기능을 인간이 원만히 하기를 바라는 사회적 요구와 각종 업무에서 오는 문제를 상담과정을 통해서 해결하려는 의무는 극히 희박하고 오늘날은 대부분 집단행동으로 문제를 해결하려는 경향이 뚜렷하다. 그럼에도 불구하고 일반상담에서도 오늘날 거의 적절한 연구를 하고 있지 않다.[26] 그래서 일반상담(General Counseling)이라 함은 대부분이 개인적 상담사무소나 학생상담(Student Counseling), 아동상담(child Counseling) 혹은 소수의 그룹에 대해서 적용[27]할 전문성과 학문성에 비해 사회의 활용(Practical)은 넓지가 못하다. 그러므로 일반상담의 목적은 내담자로 하여금 자기 자신을 이해하게 하고 새로운 방향을 향해서 적극적으로 걸어갈 수 있게 해주는 것이다.[28] 기독교상담으로 불리는 목회상담의 궁극적 목적이 인간의 영혼구원과 영혼의 성숙에 있지만 사람들로 하여금 내담자의 정체성의 발견과 사는 법을 배우도록 하는 것[29]을 목적으로 하기도 한다. 이것은 극히 일반적인 기독교상담이 목적으로서 일반상담의 목적이기도 하다.

일반상담도 내담자를 중심으로 상담을 한다. 이것은 기독교상담도 마찬가지다. 그러나 방법이 일반 문적 지식과 성경, 근본적 목적이 올바른 인간구현과 영혼에 관심이라는 차이가 있음은 이미 밝혔다. 그러나 한 가지 중요한 차이는 일반상담은 내담자로 하여금 스스로 자기탐색(Self Search)을 하도록 하는 분위기를 마련함으로써 자신에 대한 깊은 이해를 가질 수 있게 점전적으로 자기성찰의 능력과 주변세계를 보는 지각을 얻을 수 있게[30] 하는 것과 현대 사회의 병리(Pathology)

로 인하여 겪고 있는 인간의 문제를 심리적(Psychological), 사회적(Social) 접근에 의하여 해결하지 않으면 안 되는 필요성(necessity)을 갖는다.[31] 이것을 지적으로 하는 것이다.

3) 기독교상담과 일반상담의 기초원리의 차이점

카운슬링(Counseling)의 한계를 넘어선 문제까지 다루려고 하거나 또는 문제의 내용을 충분하게 해석하지도 않은 채 카운슬링을 계속하여 문제를 더 악화시키거나 복잡하게 만들어버리는 예도[32] 카운슬링에서는 나타난다. 이것은 일반상담에서 더욱 두드러지게 나타나는 현상(Phenomenon)이다. 특히 학생 카운슬링(Student Counseling)에서는 더욱 그러하다.

카운슬링은 생활지도의 중심적인 활동임은 틀림없다. 그러나 카운슬링이 문제해결을 위한 절대적이며 완전무결한 방법은 아니다.[33] 이 점은 기독교상담에서도 마찬가지다. 단 완전무결과 절대적인 상담의 의뢰대상이 성경이며 성령에게 있다는 종교적 신앙을 우선적으로 전제한다. 내담자가 찾은 상담자는 문제해결을 위해서 인도하는 차원(Dimension)에서 충실해야 하며 완전한 문제해결을 위해선 내담자의 노력은 물론 성령(Holy Spirit)이 주권과 결정적인 치유에 도움을 준다는 면에서는 일반상담과 다르다.

기독교상담에서는 신앙적 차원에서 카운슬링의 완전한 해결을 인정한다. 다만 완전한 해결을 기독교상담자가 치유적인 능력이나 영적인(일반상담에서 말하는 심리와 정신적인 차원) 능력이 있다 하여도 여기서 말하는 문제의 완전한 해결은 상담자를 두고 하는 말이 아닌 것이다.

기독교상담에서는 문제의 치유자이신 성령의 사역을 신앙으로 인도하고 믿게 하는 역할 면에서도 일반상담의 치유보다 더욱 중요하다.

영적으로 건강한 사람은 성경에서 멀어지면 하나님의 뜻을 식별하기가 어렵기 때문에 성경에 가까이 있으려고 노력한다. 영적으로 건강한 사람은 무아지경에 이르는 환상이나 꿈에 의지하거나 기대하지 않는다.[34] 왜냐하면 기독교상담이 신비한(Mysterious) 차원이나 환상, 꿈을 통하여 해결하는 원리 없는 상담이 진행되지 않기 때문이다. 이미 밝힌 것처럼 일반상담은 실질적 의미에서 상담이란 피상담자(Counselee)가 상담자(Counselor)와 직접적인 면담을 통해서 직면한 문제에 대해서 적절한 조치를 구하는 과정이다.[35] 이러한 적절한 조치를 위한 것도 방법과 원리가 적용된다. 그러나 분명한 것은 기독교상담이 즉 목회상담이 목회자가 중심이 되어 내담자의 문제해결의 기회를 주고 그리스도인으로서의 성숙한 생활을 하게 하는 것이다.[36] 여기서 일반상담과 기독교상담의 상담원리로서 대화(면접)를 기초원리로 사용하고 있음을 알 수 있으며 결과론적인 차원에서는 큰 차이가 있다는 것을 양쪽 상담의 적용과 목적이 다름에서 알 수 있다.

여기서 중요한 문제 하나는 집고 넘어가야 할 것 같다. 문제는 성경적인 기독교상담이 일반상담에서 사용하고 있는 심리학이나, 정신분석학을 이용할 수 있겠는가? 하는 문제이다. 왜냐하면 상담 중에는 비성경적이고 비기독교적인 방법과 불신앙적인 상담방법이 나올 수 있기 때문이다. 그러나 로렌스 J. 크렙(Law rence J. Crabb)은 자신의 저서 『Effective Biblical Counseling: 효과적인 성경적 상담』에서 기독교상담학에 있어서 기독교적 전제가 무엇보다 필요하지만 지금까지 로저스, 프로이드(Sigmund Freud) 혹은 스키너(Skinner)의 비기독교적 전제에서 출발한 상담이론이 기독교로 도금되어 활용되기에 이르렀다.

이러한 현실 속에서 본 총서는 『성경이 정확 무오한 하나님의 말씀으로서 신앙과 행위의 유일한 규범』이라는 성경관(Bible View)을 바탕으로 하여 성경적 상담이론과 방법론을 개발하여 개혁주의 신학을 토양으로 한 기독교상담학의 진수를(중략) 위하여 심리학을 하나의 도구로 활용한다고 저서의 목적을 밝히고 있다. 이러한 가운데 대부분의 크리스천(Christian) 전문가(상담분야)들이(중략) 통찰과 심리학의 지혜가 담겨있는 성경 자료를 통합하라. 그러면 참으로 효과적이고 세련된 크리스천의 정신요법(Christian Psychotherapy)이 나오게 된다[37]고 위의 토스트 샐러드 방법으로 일반상담의 전문적 지식을 기독교상담에서는 한 도구로 사용한다. 또한 일반상담에서도 토스트 샐러드(Toast Salad) 방법으로 기독교상담의 전문지식 즉 성경의 교훈을 제공하며 때때로 통찰력 있는 크리스천 임상의사(기독교 전문상담인)가 필요할 때 끌어낼 수 있는 긴요한 자료들을 제공하기도 한다.[38]

그러나 기독교에서는 기독교적 상담과 성경적 상담의 진수를 위한 도구로 일반상담의 지식을 이용하며 일반상담에서는 상담의 성공을 위한 단순의미에서 기독교 교리, 성경의 교훈 등을 빌린다는 것이다. 이런 점에서 기독교는 대화라는 기본적 상담의 기초원리 외에 모든 진리는 확실히 하나님의 진리인[39] 것을 위에서 지적한 토스트 샐러드의 방법 즉 책임 있는 통합의 노력은 성경의 빛으로 세속 심리학을 평가하는 전략을 발전시킨다는[40] 상담의 기초원리 지식은 물론 발전된 원리로서의 큰 차이를 보인다.

상담자와 내담자의 관계에서 지적한 바 있으나 여기서도 상담자와 내담자의 상호 협력 또는 상호 영향이라는 점이 기독교상담과 일반상담의 기초원리가 되고 있다. 내담자의 자기 책임감과 자기 실천능력의 중요한 가치가 있다.[41] 상담의 효과적인 결과를 위한 한 원리로서는 기독교상담이나 일반상담 모두가 애쓰는 부분 중 가장 폭넓게 사용하는 적용 중 하나이다. 이런 점에서 얻을 수 있는 양 상담자의 객관적 역할 면에서는 조언자(consultant)로서 경청, 자료수집, 관찰자, 교수, 훈련, 지도, 도전, 충고, 제언하며 심지어 변호자가 되기도 한다[42]는 상담자의 위치에서 중요한 상담의 기초원리를 찾을 수가 있다.

우선 공통점으로는 기독교상담자나 일반상담자는 내담자를 돕는 전문적인 조언자라는 사실이다. 그리고 차이점은 기독교상담에서는 내가 무엇을 얼마나 많이 해낼 수 있느냐가 아니라 우선 하나님 앞에서 내가 어떤 사람이 되어있는가의 물음이 있어야[43] 한다는 전제와 선행적 관점에서 내담자를 전문적으로 조언자로서 돕는 것이다. 반면에 일반상담은 상담의 유형, 개인의 특징, 훈련의 수준, 내담자, 치료상의 상황 등의 요인들은 상담자의 역할을 결정하는 데 고려될 필요가 있다. (중략) 적당한 상담기능에 관한 비판적 평가를 하도록 모든 상담자들을 권장[44]받고 있어 인간이 사회적 존재라는 인간조건에서 상담의 기초는 출발, 내담자를 조언자로서 돕게 된다. 다시 말해서 기독교상담의 기초원리는 하나님 앞에서 인간을 조명하고 일반상담에서는 사회 앞에서 인간의 가치성을 위한 조명이 밝아지기를 돕는 근본적인 차이가 있는 것이다.

4) 기독교상담과 일반상담의 인간의 의미 차이점

우리는 세상의 거의 모든 종교와 나라의 역사가 인간의 희망이 되는 한 위대한 구원자를 갈망해왔으며 그가 인류를 참상으로부터 영광의 미래로 인도해줄 것[45]을 바라고 희망해왔다. 그러나 인간의 타락으로 희망과 절망이 인류사회에서는 신앙과 성경의 가르침을 몰라 타락이라는 인간의 존재의식도 모르거나 아니면 선한 도덕과 윤리로써 인류는 성경의 타락을 인정하지도 않았다. 그러나 분명한 것은 세상의 잘못을 시인하고 바로잡을 구세주가 올 것이라는 것에 대한 최초의 약속은 잘못을 시인하고 우리 시조에게 주어졌다. 이것은 흔히 원시복음(Proto-evangel)이라고 불리고 있는 것이다.[46] 그래서 인간은 희망을 갖게 되고 구세주를 통해서 타락의 죄를 용서받을 수 있는 기회와 희망이 생겼다. 특히 인간으로서의 인간은 영(spirit)이라는 단어가 암시하고 있듯이 육체와 영혼으로 분해할 수 없이 통일되어 있는 실체이다.[47] 이런 인간이 주어진 희망과 절대자에게서 허락된 용서와 사랑을 망각한 채 살아가고 또 삶 속에서 차이 있는 상처를 받고 삶을 살아간다. 여기서 아픈 상처가 남아있고 마음속에 억눌러져 있던 기억을 찾아볼 수 있다. (중략) 우리의 생각과 감정의 나이테(An annual ring of Emotion) 속에 기록이 남게 된다.

모든 기억들이 생생하게 기록되어 남아있다.[48] 인간의 기억된 상처를 기독교에서는 타락된 인간에서 출발하여 그리스도를 만나게 하여 희망을 갖도록 내담자를 인도한다. 그런 반면에 일반상담은 인간을 보는 의미적용이 다르다. 폴 투니어(Paul Tournier) 박사가 자신의 저서인 『The Meaning of Persons(인간 의미의 심리학)』에서 인간과 그의 생명에 관한 진실한 조명은 성서적인 배경에서 찾아야 한다는 기독교적 인간의미와 달리 인간을 경험적 차원에서 학문(심리학 정신분석학 인류학 등)과 인간 스스로의 지식과 능력을 인정하는 범위에서 인간을 조명한다. 예를 들어 지식이 결여되면 불안을 느끼는 경우가 많다. 지금 우리들이라면 일식에 대한 사전적 지식이 있기 때문에 불안을 느끼지 않지만 과학적 지식이 없는 미개사회(A primitive Society)의 사람들의 경우에는 똑같은 일식상황에서도 강한 불안감을 느낀 것이다.[49]

인간의 지식과 능력에 의해 인간은 인간의 의미를 달리한다. 일반상 담은 이와 같이 인간의 가능성을 기준으로 지식에 체험과 경험에서 발 달된 사고를 높이 평가하고 있다. 그러나 인간이 문제를 갖게 될 때 인간의 경험과 지식은 치료의 대상이 되고 있다. 그래서 인간의 병든 마음(또는 정신병)을 치료하는 동시에 정신이 파괴되는 것을 예방하는 방법을 연구해서 세상에 소개한 것이 바로 정신병학계이다.[50] 이런 점 에서 인간의 마음상태에 기록된 즉 내담자가 기억하고 있는 면과 기억 하지 못하는 면을 경험은 추적의 대상이 되어 학문적으로 접근하는 것 이 일반상담의 전문적인 인간에 대한 고찰(consideration)이다.

기독교적이든 아니든 문제를 상담해주는 모든 상담사들(Counselors) 은 내담자가 자신을 용납하도록 도와주는 데 그 목적을 두고 있다. 여 기서 자기 용납이란 타인에 대한 용납, 그들과 함께 살아가는 능력, 문제들을 극복하는 능력을 포함시킨 말이다.[51] 이것은 물론 일반적인 상담의 목적을 두고 설명한 것이지만 문제를 내담자가 스스로 인식함 을 상담자는 도와주고 내담자가 인식하고 있는 범위를 최대한 이용하 게 되는 것이다. 여기서 일반상담은 내담자인 인간이 환자이면서 치료 자 역할을 부분적이나마 감당하는 의미로 보게 된다.

또한 일반상담에서 인간의 조명(Lighting)을 철학적인 의미에서도 관찰, 상담의 지식으로 이용하고 있다. 인간은 무엇보다도 우선 동물이 며 동물의 모든 특징을 가지고 있고(중략) 자기보존 본능이나 투쟁 본 능, 생식 본능이라든지 그 밖에도(중략) 인간이 아주 확실히 동물의 다 른 종족 가운데의 하나를 이루고 있다.[52] 이런 다른 하나를 인간의 특 색으로 사고하고, 판단하고, 사회에서 오직 인간들만을 발견하게 되는 것[53]으로 인간의 특징을 말하려고 한다. 다시 말해서 일반적인 인간의 의미는 인간 하나의 객체에 의미를 부여하지 않고 사회적인 동물로서 지식을 가지고 경험해가는 동물로 정의하는 것이다. 이러한 삶 속에서 다가오는 문제의 환경을 만나는 것이 인간이고 시몬(Sideny Symon)이 '가치 명료화'(valve clearness)라고 부르는 그것은 성취하지만 동시에 인간은 이미 성취된 그 가치를 깨뜨린다[54]는 것과 같이 문제의 제공자라는 보편성 인간으로 상담자는 선지식을 갖고 있다. 모든 것이 다 너희 것이요, 너희는 그리스도 것이요, 그리스도는 하나님의 것이다(고전 3:21-23)는 기독교적 인간의 의미하고는 상대적인 것이다. 뿐만 아니라 이러한 인간의 의미의 차이에서 상담은 가치나 치유에 대한 결과를 얻고자 한다. 특히 우리의 죄와 병든 것 사이 어디엔가 성경이 말하는 연약한 부분으로 간주되는 것이 있다.[55] 이 연약한 부분을 기독교적 상담으로는 그리스도로 연결시킴으로 채워주기를 인도한다.

인간의 의미는 하나님을 영화롭게 할 목적에서 출발하기 때문이다. 그러나 인간은 연약한 부분 즉 죄인(롬3:23)으로서는 하나님을 영화롭게 할 수 없다. 그러므로 성경은 차별 없는 의를(롬3:21-22) 허락하므로 새로운 인간으로서 회복은 오직 그리스도를 만나 믿는 데에 있음을 인간의 진정한 의미가 있다고 성경은 강조한다(갈2:16).

기독교적 상담이란 오직 성경적 인간 상담이다. 그래서 기독교상담의 인간 의미도 성경을 통해, 상처 입은 인간, 각색병자, 위기상담의 대상자 그리고 문제 환경을 안고 있는 모든 내담자 등의 진정한 인간 의미는 그리스도를 소유할 때 있는 것이다. 그러나 앞서 지적하였지만 일반상담에서의 인간의미란 인간행동의 목적이나 목표를 만족의 추구와 인정이라는 두 가지[56]를 치유(cure)하도록 상담하고 치유될 때 인간의미(Human Meaning)는 회복되고 사회화 과정을 통하여 인간이 된다[57]는 것이다. 물론 이러한 일반적 인간의미를 추구하는 데 있어서 기독교가 방관하고 있거나 외면한다는 것은 아니다.

상담의 궁극적인 면과 결과적인 목적의식에서 분명한 차이가 있음을 지적하는 것이다. 더욱이 기독교에서 말하는 인간은 그리스도 함께 하는 삶의 연속을 강조하며 일반적인 인간상에서는 개인 인격과 성품을 중시, 사회적 활동에 원활을 도모하는 인간임을 강조한다.

이러한 인간의 의미 적용은 오해(Misunderstanding)를 많이 일으키고 있다. 설교에서 상처받은 인간이나 문제 있는 성도가 모든 문제를 해결받을 것이라는 교회 지도자의 풍만 속의 거짓이 있는가 하면 인간이 인간을 연구하여 최대치의 실적이나 지식적 산출(Computation)로 인간의 의미를 적용하고 문제를 해결한다는 것은 현대 사회는 물론 사회를 움직이는 인간을 향해 계속적으로 적용(Application)되리라 본다.

여기서 우리는 설교자들이 종종 사람들에게 잘못된 생각을 심어준다. 즉 새 생명을 얻게 되거나 성령 충만하게 되면(중략) 정서적인 문제들이 자동적으로 해결된다고 말하는 것[58]은 잘못된 설교자의 사고의 의식과 풍만 속의 진리를 모르고 저지르는 지식적 오해인 것이다. 또한 일반상담의 오해인 상담자가 지적인 오만도 여기서 지적하고 싶다. 설교자(Sermoner)의 풍만 속의 거짓은 하나님의 상처와 문제를 해결시키는 것이며 설교자는 하나님의 지혜와 능력으로 초대하고 인도하는 것이지 전체적인 문제의 치유자(Curer)가 아니다.

롬8:26의 우리의 연약함을 도우시는 분이 성령님이심을 분명히 지적하고 있기 때문이다. 또한 인간의 생명과 죽음이라는 인간의 실존을 심리분석 그리고 앞서 지적한 대로 인간을 연구한 지적인 산물 모두가 인간의 실존의 본질적 근거로서 인간에게 의식시키는 데 힘쓰는 것이다[59]는 상담의 목적을 인간 실존의 의미와 사회전반적인 주체자로 희망과 용기 속에 인간 자체에 중심적인 노력을 가하는 일반상담의 보편적인 흐름은 본질적인 면에서부터 기독교적 상담과 차이를 보이나 더욱 뚜렷한 차이는 인간의 의미를 문제 상황과 결부시키는 근본적인 면에서 차이가 있는 것이다.

성경은 가인의 후손도 문화를 건설하며 살아가지만 하나님의 뜻과는 다른 뚜렷한 삶 속에서 가인의 후손은 삶 자체가 하나님으로부터는 인정되지 않고 새로운 하나님 뜻에 맞는 다른 후손을 하나님에 의해서 역사를 진행하도록 등장하게 된다.[60] 일반상담은 인간의 의미가 비성경적인 것이 기독교상담과 큰 차이점이라 할 수 있다.

142

1) Jay E. Adams, *Comptent to Counsel*, translated by. Chung sook Chung, 1993, p.96.

2) Chung Yang Eun. The psychology clear theory, Bubmunsa. 1986, p.40.

3) Chung In Seok. *Psychological Basic Theory*, DaeWangSa, 1991, p.180.

4) Jung Hui Lee. *Jesus of Counselor*. Printing. Green 1992, p.61.

5) Ibid, p.61.

6) Ibid, p.62.

7) Jay E. Adams, Ibid, p.149.

8) Ibid, p.142.

9) Ibid., p.143.

10) J. E. Adams, Ibid, p.120.

11) Howard Clinebell, Ibid, p.153.

12) Chung In Seok, Ibid, p.130.

13) Duncan Buchanan, Ibid, p.159.

14) Jung Hui Lee. Ibid. p.104.

15) Ibid. p.104.

16) Ibid, pp.68−69.

17) G. Gampbell Morgan, *How to Live*, Translated. OkHyeonKim, Nachimban. 1992, p.43.

18) Chung Hun Taek, *A basis of Christianity ethics of New Testament. and the meaning*, a Korean logos researcher, 1993, p.93.

19) WonHyoSik. Deshin Theology Seminary, *The Gospel and the Theology*. 1993, p.10.

20) Ibid, p.119.

21) J. E. Adams, *Pastoral Counseling*, translated. Sam gi Jeong. Christian Literature Crusade. 1992, p.24.

22) Ibid, p.25.

23) Ibid, p.27.

24) Charles Sell, *Unfinished Business*, Translated, Chung Dong Sub. Duranno, 1992, p.227.

25) Ron Lee Davis, *Gold in thre Making*, Translated. Gyo Hyang Kim, Printing. Nachimban. 1992, p.96.

26) Carl R. Rogers, *Counseling and Psychotherapy*, Translated. SeungHoHan. JipMunDang. 1983, p.28.

27) Ibid, p.28.

28) Ibid, p.30.

29) C. W. Brister, *The Promise of Counseling*, 오성춘 역, 홍익사, 1989, pp.155–156.

30) Nam Pyo Lee, *Mental health and a psychology Care*. WonTapMunHwa., 1991, pp.97–98.

31) Chung In Suk. *Psychological Basic Theory*, DaeWangSa, 1991, p.20.

32) Ibid. p.372.

33) Ibid, p.373.

34) Dennis E. Saylor, *A Guid To Hospital Calling*, Translated. JangTaeYeong Printing Voice. 1993, p.36. Chung Hui Lee. Ibid. p.16.

35) Chung Hui Lee. Ibid. p.16.

36) Ibid, p.18.

37) Lawrence L. Crabb, Ibid, p.38.

38) Ibid, p.38.

39) Ibid, p.39.

40) Ibid, p.40.

41) Gerald Corey, *Theory And Practice of Counseling And Psychotherapy*, Translated. HanGiTae. SeongGwang MunHwaSa. 1992, p.31.

42) Ibid, p.31.

43) Won Hyo Sik. Deshin Theology Seminary, the Gospel and the Theology. 1992, pp.129–130.

44) Gerald Corey. Ibid. pp.293–294.

45) Francis Nigel Lee, The Origin And Destiny of Man, Translated. Seung Gu Lee. Em Ma O, 1992, p.118.

46) Ibid, pp.97–98.

47) Arnold B. Come, *Human Spirit and Holy Spirit*, Translated. seong Min Kim. Korea Christianity publishing company. 1984, p.39.

48) David A. Semands, *Healing For Damaged Emotions*, Translated. Song-HyeonBok DuRanNo. 1993, p.19.

144

49) S. Freud, *Vor lesungen Zur Esungen Zur Einfuhrung In Die Psycho-analyse, Translated.* Jeong Sik Lee. Printing DaMoon. 1993, p.118.

50) Carl A. Ninggue, *The Human Mind(1)*, translated. SeolYeongHwan SeonYeongSa. 1993, p.26.

51) Duncan Buchanam, Ibid. p.157.

52) J. M. Bochenski, *Wege Zum Philosophischen Denken, Translated.* Pyo-JaeMyeong. Printing. DongMyeongSa. 1982, p.80.

53) Ibid, p.80.

54) C. W. Brister, *The Promise of Publishers,* Translated. Oh Seong Chen. Printing HongIkSa. 1989, p.123.

55) Daivd A. Semands, Ibid, p.18.

56) Nam Pyo Lee. mental *health and a psychology Care,* Printing. Won-TapMunHwa 1991, p.81.

57) Ibid, p.81.

58) David A. Seamands, Ibid, p.19.

59) Victor E. Frank, Frank `Aerzliche Seelsrge` 1952, Translated, YuHyeong Sim., Han Geul. 1992, p.39.

60) Korean Bible, Ge,4:16−26.

6. 일반상담과 기독교상담의 사역의 차이점

1) 교회의 상담사역에 대해서

(1) 교회에서 상담사역의 중요성

이미 본인은 본 연구에서 상담(Counseling)의 필요성이 있다고 말했다. 특히 사회의 복잡성(Complexity), 다양성(Diversification) 그리고 과학과 문명의 급진적 발달 때문에 '상담'(Counseling)은 더욱 요구된다고 말했었다.

그러나 오늘날 교회의 역할에서 '상담'의 부분은 '예배(Worship)라는 의식으로 대치되어 필요성을 크게 느끼지 못하는 것이 사실이다.

이제 교회는 상담의 사역(Ministry of Counseling)을 지속적으로 해야 한다. 그리고 이 땅에 오신 예수 그리스도의 사역이 '만인구원'이라면 그 방법이 상담이었다는 사실을 기억해야 한다.

기독교상담은 단순히 인간의 행복만을 만들지 않는다. 기독교상담은 인간 구원에 있다. 인간의 구원을 위해서 교회는 '상담'이라는 기독교 본연의 자세를 잊어서는 안 된다.

"상대의 말을 들어주고, 상대의 문제를 가르쳐주고, 상대가 자각하여 성숙한 영혼과 함께 삶을 고급화시켜 가는 대화", 나는 이것을 '상담'이라고 말하고 싶다.

그러므로 교회는 상담을 위한 영적인 교제의 장(A Place of Association)이 되어야 한다. 그리고 목사(Pastor)는 영적인 교제가 하나님에게까지 이르도록 지도하는 상담자가 되어야 한다.

분명한 것은 성경을 가르치는 사역이 선생이라면 상담자는 선생이라는 직분과 함께 성경으로 인생의 변화를 만들어주는 대화의 청지기이다.

바쁜 목회 가운데라도 성도들을 위한 상담의 대화를 외면해서는 안 된다.

요한복음(John4:7-30)에 나오는 사마리아 여인의 사건은 주님은 상담자이심을 가르쳐주신다. 주님은 그 누구라도 '상담'을 외면하지 않으셨다. 그리고 주님은 가르치시고 그 여인의 삶을 바꾸어주셨다.

주님은 상담의 필요성이 있는 여인에게나 그 누구라도 직접 찾아가셨고, 만나셨고, 찾아오는 이를 외면하지 않으셨다. 예수 그리스도는 그들을 위로했으며, 말씀으로 모든 악을 물리치셨다. 늘 입을 열어 복음을 가르치실 때는 예수 그리스도는 '상담자'이셨다.

요한복음 4:7-30 "사마리아 여자 하나가 물을 길러 왔으매 예수께서 물을 좀 달라 하시니 이는 제자들이 먹을 것을 사러 동네에 들어갔음 이러라

사마리아 여자가 가로되 당신은 유대인으로서 어찌하여 사마리아

6. 일반상담과 기독교상담의 사역의 차이점 147

여자 나에게 물을 달라하나이까 하니 이는 유대인이 사마리아인과 상
종치 아니함이러라

예수께서 대답하여 가라사대 네가 만일 하나님의 선물과 또 네게
물 좀 달라 하는 이가 누구인 줄 알았더라면 네가 그에게 구하였을
것이요 그가 생수를 네게 주었으리라

여자가 가로되 주여 물 길을 그릇도 없고 이 우물은 깊은데 어디서
이 생수를 얻겠삽나이까.

우리 조상 야곱이 이 우물을 우리에게 주었고 또 여기서 자기와 자
기 아들들과 짐승이 다 먹었으니 당신이 야곱보다 더 크니까 예수께
서 대답하여 가라사대 이 물을 먹는 자마다 다시 목마르려니와 내가
주는 물을 먹는 자는 영원히 목마르지 아니하리니 나의 주는 물은 속
에서 영생하도록 솟아나는 샘물이 되리라

여자가 가로되 주여 이런 물을 내게 주사 목마르지도 않고 또 여기
물 길러 오지도 않게 하옵소서.

가라사대 가서 네 남편을 불러오라

여자가 대답하여 가로되 나는 남편이 없나이다. 예수께서 가라사대
네가 남편이 없다는 말이 옳도다.

네가 남편 다섯이 있었으나 지금 있는 자는 네 남편이 아니니 네
말이 참되도다

여자가 가로되 주여 내가 보니 선지자로소이다

우리 조상들은 이 산에서 예배하였는데 당신들의 말은 예배할 곳이
예루살렘에 있다. 하더이다.

예수께서 가라사대 여자여 내 말을 믿으라. 이 산에서도 말고 예루
살렘 에서도 말고 너희가 아버지께 예배할 때가 이르리라

너희는 알지 못하는 것을 예배하고 우리는 아는 것을 예배하노니

이는 구원이 유대인에게서 남이니라.

아버지께 참으로 예배하는 자들은 신령과 진정으로 예배할 때가 오 나니 곧 이때라 아버지께서는 이렇게 자기에게 예배하는 자들을 찾으 시느니라.

하나님은 영이시니 예배하는 자가 신령과 진정으로 예배할지니라.

여자가 가로되 메시야(Messiah) 곧 그리스도(Christ)라 하는 이가 오실 줄을 내가 아노니 그가 오시면 모든 것을 우리에게 고하시리이다.

예수께서 이르시되 네게 말하는 내가 그로라 하시니라 이때에 제자 들이 돌아와서 예수께서 여자와 말씀하시는 것을 이상히 여겼으나 무 엇을 구하시나이까 어찌하여 저와 말씀하시나이까 묻는 이가 없더라.

여자가 물동이를 버려두고 동네에 들어가서 사람들에게 이르되

나의 행한 모든 일을 내게 말한 사람을 와 보라 이는 그리스도가 아니냐 하니 저희가 동네에서 나와 예수께로 오더라".

현대 목회는 '상담목회'(Ministry Counseling)여야 한다. 즉 오늘날 21세기 목회에서는 대화하는 목회의 비중이 커져가야 한다. 오기를 기 다리는 목회가 아니라 상담의 장을 열어놓고, 다듬어지고, 훈련된 고 급의 대화를 목회의 주요한 사역으로 인식해야 한다고 말하고 싶다.

교회의 첫 번째 사역은 영혼을 구원하는 것이다. 그러나 그 영혼이 구원을 얻기 위해선 교회가 상담의 사역을 잘해야 할 것이다.

교회가 가지고 있는 본연의 사명이 영혼을 위한다면 그 육체를 위해 선 반드시 상담이 필요하다는 것이 나의 생각이다. 영혼이 구원을 얻는 길에 서 있다 해도 육체가 잘못된 길을 갈 때에는 영혼의 구원마저 위 태롭기 때문이다. Paul Tournier 박사는 자신의 저서 『The Meaning Of Persons』에서 영혼과 육체에 대한 관계를 다음과 같이 말하고 있다.

나는 의학적인 사상 속에서 이 같은 개념이 어떻게 풀리고 이 같은

개념이 없을 때 생기는 어려움이 얼마나 큰가를 독자 여러분께 보여
주고 싶어 한다. 다시 오케스트라를 생각해보도록 하자. 오케스트라
속에는 두 개의 커다란 악기 그룹이 있다. 현악기와 관악기가 그것이
다. 우리는 그 악기들을 생명체의 두 가지 구성적 요소인 육체와 마음
에 대비할 수 있다.

오케스트라의 보이지 않는 지휘자가 이 악기의 그룹들을 동시에 통
제하며 조정하고 있다. 그도 한쪽 악기 그룹에 우선 신호를 보내고 그
리고 다른 그룹에 작곡자가 설정한 계획과 일치하는 주제를 취하도록
신호를 보낸다. 이와 유사하게 병자에 대해서도 우리는 한 번은 신체
적인 것에 주의를 기울이며 한 번은 마음의 상태에 대해서 주의를 기
울인다. 그러나 이 두 가지는 항상 병존하는 것이다.[1] 인간에게 있어
서 영혼과 육체의 중요한 관련성도 바울은 지적하였었다.(히브리서
4:12; 살전5:23)

히4:12 "하나님의 말씀은 살았고 운동력이 있어 좌우에 날선 어떤
검보다도 예리하여 혼과 영과 및 관절과 골수를 찔러 쪼개기까지 하
며 또 마음의 생각과 뜻을 감찰하나니" 살전5:23 "평강의 하나님이
친히 너희로 온전히 거룩하게 하시고 또 너희 온 영과 혼과 몸이 우
리 주 예수 그리스도 강림하실 때에 흠 없게 보전되기를 원하노라."

("Hebrews4:12 For the word of God is living and active. Sharper
than any double-edged sword, it penetrates even to dividing soul
and spirit, joints and marrow; it jidge the thoughts and attitudes of
the heart. 1Thessalonians 5:23 May God himself, the God of peace,
sanctify you through and through. May your whole spirit, soul and
body by kept blameless at the coming of our Lord Jesus Christ.")

상담에서 중요한 것은 인간의 영혼을 성경적으로 인도하여 구원을

150

얻게 하고 그 육체가 참다운 인생을 살아가도록 인도해주는 교회사적 역할을 하는 것이다. 성경공부, 그룹모임, 각종 예배 등이 교회의 사역 가운데 중요한 것이지만 교회의 상담사역은 주님의 뜻이라는 분명한 사역이라는 점은 희박했다.

이 땅에 인간의 영혼을 구원하시기 위해 오신 예수 그리스도는 분명 상담자이셨다.

즉 기독교상담은 문제를 전제로 성경적 상담을 실행한다. 그러나 일반상담은 내담자가 상담에 응할 때에만 가능하므로 분명한 차이점이 있다.

오늘날 많은 교회들이 있지만 한 영혼에 대한 분명한 상담은 해주지 못하고 있다. 성도들 자신도 교회를 다니면서 자신, 가정, 사회생활에 문제가 있다는 생각을 목사나 상담자에게 전하기를 꺼려한다. 그러나 우리는 알아야 한다. "기독교는 죄인에서 시작하여 의인으로 변화한다"는 것을 말이다. 그러므로 성도가 자연스럽게 목사를 찾아가 상담하는 교회 분위기는 성경적이요, 교회 부흥에 매우 중요하다.

교회를 다니기 시작했다면 그것은 분명 시작이다. 다음으로 각자가 성숙되어 가는 영혼과 육체의 노력을 더해야 한다. 그렇지 않는다면 육체로 인하여 영혼이 멸망으로 가든지 영혼의 성숙하지 못한 잘못으로 육체가 고통을 겪든지 할 것이다.

한 가지 예로 감정의 문제는 영혼의 문제가 아니다. 그 육체가 성숙한 훈련을 게을리 하였거나 제대로 문제해결을 위한 상담을 받지 못했기 때문이다. 흔히 이성적이지 못한 행동을 우리는 '바보 짓' 혹은 '미친 짓'이라고 악평을 한다. 그러나 이성적인 판단이 잘못되었더라도 그 육체가 상담생활에 게으르지 않았다면 충분한 정상적 생활을 할 수 있을 것이다.

어떤 성도이냐가 아니라 어떤 사람이냐가 중요하고 어떤 신앙을 소유했느냐보다 어떤 마음을 소유했느냐는 문제는 곧 상담에 의해서 결정될 수 있다. 한 개인의 성숙한 신앙과 생활은 오래 동안 교회 출석으로 가능한 것이 아니고 오래 동안 상담훈련을 받았느냐에 결정된다. 그래서 교회는 반드시 상담사역을 실행해야 하고 이 상담사역이 곧 교회의 사역이라는 새로운 자각이 오늘날 필요하다.

우리는 흔히 무엇이 되고자 하면 그 일을 행할 수 있다고 착각한다. 아니다. 어떤 인이 되면 그 일을 하는 것이 아니라 그 일을 하기 위해 훈련과 성경적 상담을 받아야 한다. 일은 그다음에 주어지는 것이다.

예수 그리스도의 가르침은 '상담'이었다. 타락한 백성과 함께하셨던 하나님, 아들을 보내셔서 백성의 문제를 없애주셨던 하나님, 성령을 통하여 끝까지 자기 백성을 보호하셨던 하나님, 이를 위해 교회를 허락하셨고 지도자를 세워주셨다.

교회의 상담사역을 통하여 모든 영혼이 참자유와 고백(상담의 대화)을 통하여 깊은 육체적, 이성적, 영적 해방감을 얻어야 한다. 이에 대해서 Dr. Paul은 "가장 고통스러운 기억들과 그의 가장 뼈아픈 양심의 가책과 그의 가장 개인적인 신념을 비밀로 간직하고 있는 사람은 그의 모든 행동이나 다른 사람들과의 관계에 있어서 그들 모두가 직관적으로 느끼는 특정한 비밀 사항을 내보여 주는 것을 필요로 하고 있는 것이다.

이 같은 비밀스러움의 사적인 유보가 전파되고 있으며 그 같은 유보가 인간적 관계의 발전에 장애물을 세워두고 있는 것이다. 한편 그의 죄악을 고백한 사람이 체험한 해방감 역시 전파될 수 있는 것이다. 설령 그가 그의 어깨를 내려누리던 짐을 벗어버린 데 대하여 아무런 말을 하지 않더라도 말이다."2)

　예수님은 분명히 '찾아가는' 상담을 좋아하셨다. 우리는 이것을 '예수님의 사랑'이라고 한다. 그렇다 예수님의 사랑은 인간을 찾아가시는 사랑이다.

　오늘날 교회를 찾아와서 믿음을 가지고 새로운 삶을 살아가는 수많은 사람들이 있다. 그러나 그들 중에 많은 수가 성숙하지 못하고 참다운 성도의 훈련도 받지도 못한 채 교회를 떠나거나 큰 고통을 숨긴 채 살아가고 있다. 나는 이러한 문제점에 대해서 목회자들이 먼저 전문 상담자의 사역을 실행하도록 도와주어야 한다고 말했다. 목회자가 상담자일 수 없다. 분명한 것은 성도의 문제와 고민을 들어준다고 하여 상담자일 수 없다. 또한 목사가 만물박사는 아니라는 것을 자각해야 한다. 그리고 교회의 건강한 사역을 위해서 전문 상담사역자를 청빙하거나 상담사역자를 훈련시켜야 한다.

　우리는 새로운 시각이 필요하다. 그것은 예수님의 복음은 인간을 위한 주님의 사랑의 숨소리인 것이다. 왜 그럴까? 그 이유는 예수님은 진정한 상담자이기 때문이다. 예수님의 모든 말씀은 영적인 말씀인 동시에 인간으로서 새 삶을 살아갈 수 있도록 안내하고 계신다. 뿐만 아니라 예수님의 말씀은 인간의 생활을 중요시 여기시고 계신다. 여기서 생활이라는 것은 안정, 정서, 행복, 소망 등 심리학적 의미도 포함한 이 땅의 참평화를 가르치고 계신다.

　마태복음 5장(Matthew: Chapter5)의 8복음(The Beatitudes) 중에 "온유한 자는 땅을 기업으로 받을 것임이요"라는 말씀에서 예수님은 무엇을 뜻하고 계시는가? 내가 받은 인상은 정서적인 안정과 자신의 스트레스를 제어할 수 있는 능력에서 비롯되는 인격 구조 속에 평온함을 지니고 있는 사람들이 땅을 상속하게 된다는 것이다.

　정서적인 긴장감이 증가되고 전면적인 파괴의 위협이 공존하는 이

때에 무엇이든 기업으로 물려받을 사람은 안정된 사람밖에 없을 것이다. 전 세계적으로 퍼져있는 정서적으로 불안한 수백만의 사람들은 현재 주어진 삶도 즐길 수 없는데 땅을 기업으로 물려받은들 무슨 도움이 되겠는가?[3)]

'평안'은 '안정'을 말한다. 평안과 안정은 모두 심리학적인 용어이다. 즉 내적인 작용이나 내적인 희망이다. 그러나 평안이나 안정이 육체적인 훈련과 노력을 하지 않는다면 그것은 어떤 평안도 안정도 누릴 수 없는 것이다. 그러므로 예수 그리스도의 복음은 육체를 제외한 말씀은 없다. 세상에서 진정한 육체적 평안과 안정은 그리스도의 말씀인 것이다.

그리스도의 복음을 듣고 믿는 사람에게는 세상에서 얻을 수 없는 평안, 안정, 희망, 행복을 누릴 수가 있는 것이다. 세상에서 인간의 평안과 안정, 희망, 행복을 위해 문명을 발전시켰지만 그 문명은 다시 인간을 괴롭히고 있다.

정신병(Mental–illness)이라 불리는 것은 대부분 신경증(nerve–neurosis)이라는 것이다. 즉 인간의 2중성인 정신적(감정적)인 것과 육체적으로 공격당하는 문제(스트레스)들이 인간들을 정신병 환자 혹은 노이로제 환자, 신경증 환자 등으로 만들고 있다. 이 모든 환자들은 스스로 갖고 있는 것이 아니라 만들어지고 있다. 그러므로 현대 교회의 기독교적 상담사역은 꼭 필요한 역할이다. 교회가 성경적으로 사람들을 상담만 한다면 '교회의 역할을 다하고 있다.'라고 해도 큰 실수는 아닐 것이다.

사람의 신경증적 성향은 길어지는 것이지 타고나는 것이 아니다. 노이로제 환자는 태어나는 것이 아니다. 그들은 만들어질 뿐이다.[4)] 이러한 사실에 목회자들은 충분한 고민을 해야 하고 성도들에게 상담사역을 하지 않는다면 교회가 퇴보된다는 의식이 있어야 한다.

그러나 많은 상담학자들이나 상담목회자들은 목사 자신들부터 상담을 받아야 한다고 주장한다. 그 이유는 목회자가 상담의 필요성을 느끼지 못하기 때문이다. 소위 '성령이 역사하면 교회가 부흥한다'는 것이다. 상담의 필요성을 느끼지 못하는 목회자의 교회가 과연 부흥할까 의문이다. Seward Hiltner 박사는 자신의 저서 『The Counselor in counseling』에서 "만일 성도들이 가능하다고 생각된 것을 목회자에게 요구한다면 목사는 어떻게 그들과 만나고 그들이 필요로 하는 도움을 어떻게 만들어 줄 수 있는가?" 이것은 매우 어려운 질문이다.

열심 있는 사람들과 열심 없는 사람은 서로 다른 기본적인 접근 방식이 매우 달라서 서로 다른 필요를 요구하게 될지도 모른다. 그러나 대부분의 회중은 거기에 그들의 요구에 동의한다.

그럼에도 불구하고 거기에는 복잡성이 특히 열심 있는 사람과 열심 없는 사람들 사이에는 기본적으로 잘못 판단된 기본적인 문제점들이 관련되어 있다. 이러한 것을 통해서 우리 목사는 그러나 문제 가운데 그들을 다루는 것에서 목회자가 되어가는 경향이 있다. Abingdon Seward Hiltner 충고하는 것으로서의(How can the pastor make contact with shy people so that if they need help they will feel free to seek it from him? In its full dimension this is a difficult question. For there are many kinds of shyness, and shyness may mean very different things to different people. In spite of this complexity there appears to be one basic point which relates especially to shy people, and one basic error which we pastors tend to make in dealing with them.)5) Seward 박사는 목사가 상담을 위해 여러 가지 형태의 성도들을 위해 전문적 지식이 있어야 하고 또한 여러 가지 문제점을 위해 지도자로서 훈련이 필요하다고 말하고 있다. 그렇지 않으면 성도에 의

해 오히려 목사가 상담을 받을 수 있다고 지적하고 있다.

현대 목회에 상담이 필요하다는 것은 진정한 리더십(Leadership)이 필요하다는 말과 같다. 목회자가 상담의 능력과 기술적 테크닉(Technique)이 없다는 것은 리더십 부족을 말하는 것이다. 15년간 미국인의 삶의 모든 면을 조사 연구하는 시간으로 보낸 George Bama 박사는 다음과 같이 지도자들의 리더십을 강조하고 있다.

"나는 지난 15년 동안 미국인들의 삶의 모든 면들을 조사하고 연구하는 데 보냈다. 수많은 미국인들을 대표하는 표본조사를 통한 전국 규모의 설문조사를 통하여 나는 미국인들의 가치관과 신념, 삶의 양식, 그들의 태도와 견해, 인간관계들과 그들의 소망 그리고 인구통계들을 연구해왔다. (중략) 나는 그 모든 기초 정보들을 철저하게 입수해서 빈틈 없이 분석하고 그 모든 데이터(data)들을 정확하게 해석했는지에 대한 확신을 갖는 것이 더 중요하다고 생각한다. 나는 비로소 지난 15년에 걸친 나의 주변 세상에 대한 철저한 조사 연구 분석을 통하여 "미국 교회의 미래에 관한 몇 가지 결론"에 도달할 수 있었다.(Ted Engstrom succession challenges, and concerns (Tape from National Association Evangelical national conference)) 가장 중요한 결론은 미국 교회는 "강력한 리더십의 부족으로 죽어가고 있다."는 것이다.6)

목회자라면 다 지도자인가? 또한 목회자이면 모두가 리더십을 가진 지도자인가? 여기에 나의 대답은 부정적이다. 목사이면 지도자일 수는 있다. 그러나 목사라고 리더십을 소유했다고 볼 수는 없다. 그렇다고 특정한 목회자만 리더십을 가진 지도자인가? 그렇지만은 않다. 다만 성경적으로 훈련(지식과 기술적)을 받은 목회자라면 리더십을 발휘할 수 있다고 판단된다. 목회자의 진정한 리더십은 교회의 상담사역을 감당하는 데 필수적인 요소라 할 수 있다.

리더십은 제공받는 것이 아니라 얻어지는 것이다. 즉 모든 목사들은 가르쳐야 할 성도들과 주님의 몸 된 교회가 있다. 사역할 대상이 있고 장소가 있다면 당신은 리더이다. 다만 목사들이 상담에 필요한 리더십이 부족할 경우 성경적으로 위반된 목회를 서슴지 않고 하는 경우가 많다. 그래서 목사 개인적 방법으로 또는 인위적인 술수로 목회를 경영하는 것을 나는 많이 보았다. 다시 말하고 싶은 것은 목사가 진정한 리더십으로 상담사역을 하려고 한다면 목사 자신이 스스로 부족함을 깨닫고 지식과 능력을 채우려는 훈련과 노력을 게을리 해서는 안 된다.

자기 능력을 계발하는 훈련이야말로 리더와 추종자들을 구분하는 척도이기도 하다. (중략) 하나님의 말씀을 상고하면 능력 계발이 여러 가지 방도를 발견할 수 있다. 요셉은 유혹을 물리치는 훈련을 통하여 훌륭한 지도자가 되었다.[7] 그러므로 기독교 상담사역은 리더자의 성경적 리더십에 따라 교회의 성장과 성숙이 달라질 수 있다.

목회자가 교회에 미치는 영향은 목회계획뿐만 아니라 성도들 신앙습관 생활습관에도 큰 영향을 끼친다. 또한 목회자는 자신의 내적인 불안 요소를 성도들에게 보이기 싫어서 비밀로 간직하거나 나타내지 않으려고 한다. 이것이 목회자의 스트레스이다.

성도들의 불안 요소, 교회의 불안 요소 등은 목회자가 해소시켜야 한다. 이것을 사역하는 것이 목회자의 리더십이라 할 수 있다. 그러나 우선적으로 목회자가 교회 내 모든 불안 요소들을 해결하기 위해서는 새로운 시도보다도 목회자 자신이 성도들에게 새로운 습관을 갖도록 가르치고 행동을 보여주어야 한다. 이러한 목회자의 자기관리와 능력을 주요시하는 William B. Oglesby, Jr 박사는 『Biblecal Themes For Pastoral Care』라는 저서에서 다음과 같이 지적하고 있다. "물론 우리

문화의 치료의 주요한 강조점은 각 목회자들이 생각한 것이나 무의식적으로 영향을 주게 되었던 것은 분명하다. 목회자들의 기대는 다스리는 것을 바라는 형의 치유에 관해서 더 많이 관심을 갖고 있으며 각자들이 이것을 더 건설적으로 그의 인생에 자주 숨겨진 자기 안의 핵심이 무엇인가를 알고 각 구역들이 더 창조적 방식에서 운영되는 과정을 협력할 수 있도록 해야 할 것이다.

또한 다른 목회자는 행동주의(Behave-iorism)에 뜻을 두고 자신의 목회에 영향을 끼치게 된다. 만일 지역교구가 목회자의 행동방식(The Course Action)과 다른 방식에서 행동할 동기를 갖게 된다면 그 목회자는 그 교구의 행동에 같은 행동을 하도록 설득하고 혼란이 없어지는 경향을 바라게 될 것이다. 이러한 것을 믿게 될 때 목회의 내적인 긴장은 감소될 것이다."

(It is evident, of course, that each minister has been influenced either consciously or unconsciously, by the primary emphases of therapy in our culture. Minister a draws on insight-oriented therapy in the expectation that when the person knows more constructively what the often hidden and inner dynamics of his life are, them he will be able to structure the processes of living in a more creative fashion. By the same token, minister B has been influenced by behaviorism, and is convinced that if the parishioner, can be motivated to act in a different fashion, his confusion will tend to dissipate and his inner tension will be reduced.)[8]

목회자의 가장 큰 관심사는 아마도 교회 성장일 것이다. 그러나 이것이 인위적이거나 세상 방법적 요소가 있다면 오히려 목회자를 병들게 할 것이다. 교회성장에 앞서 목회자 자신이 성경적 상담에 조명을 받아야 한다. 이 말은 곧 목회자 자신이 성경으로부터 보호를 받아야 한다는 말이다. 성경으로부터 보호를 받는다는 말은 목회자가 단독으로 생각하고 단독으로 판단하고 단독으로 행동하지 말라는 것이다. 그렇지 않는다면 모든 문제에 목회자는 스트레스를 받게 되고 내적으로 병들게 될 것이다. 그렇기 때문에 목회자의 유일한 상담자는 성경인 것이다. 목회자가 예수그리스도를 상담자로 믿는 것은 단순히 영적인 부분만 아니라 일상적인 목회사역에서 성도들이 담임 목회자가 상담 사역을 하고 있음을 확신할 때 교회는 건강할 것이다.

교회가 건강하다는 것은 목회자가 건강하다는 말이다.

목회자의 리더십은 바로 건강한 목회자의 상담사역에 나타난다. 목회자 자신도 성경으로부터 상담을 받고 성도들도 그러한 목회자의 상담사역 아래 있을 때 모든 문제와 불안 요소부터 보호를 받을 수 있는 것이다. 그러므로 교회의 상담사역은 목회자 leadership과 긴밀한 관계가 있다.

예수 그리스도가 우리를 향해 '기도하라'는 명령을 여러 번 했는데 Mark14:38에 "Watch ye and pray, lest ye enter into temptation . The spirit truly is ready, but the flesh is weak." 기도는 바로 상담인 것이다. 하나님과 대화하라는 것이다. 일상적인 대화가 육적인 것이라면 성경적 상담은 바로 영적인 대화로서 문제를 맡기고 하나님께서 일하시도록 의뢰하는 자세가 바로 영적인 대화인 것이다. 그러므로 우리는 '기도하라'는 성경의 명령을 '나와 대화'라는 의미로 받아들이는 데 인색하지 말아야 한다.

기독교상담(Christian Counseling)은 바로 성경적 상담(Biblical Counseling)이다. 또한 기독교상담은 일반상담과 다르게 인격적, 심리적 변화와 문제해결 그리고 안위 등을 준다. 특히 이러한 육체적인 위안뿐만 아니라 영적인 진정한 평안을 누리게 된다.

일반상담에서도 심리치료를 상담과 함께 전인격적인 위안과 불안해소를 얻을 수 있다. Dr. Howard wishes는 자신의 저서인 『Contemporary Growth Therapies』에서 상담에서 심리요법을 통하여 인간의 변화를 가능하게 하고 영적 성장이 가능하다고 주장하고 그것을 '성장상담'(Grow Counseling)이라고 밝히고 있다. "내가 전망하는 것은 '성장상담'이라고 부르는 것이다. 또는 더 최근에는 상담과 치료에의 정신적으로 중심에 있었던 완전한 길인 '완전한 상담'을 성장상담이라고 부른다.

이 책에서 기술되는 치료는 유럽과 북아메리카의 제품이다. 많은 다른 나라와 문화에서 강의를 하는 경험이 있었던 것들이다."

("My Perspective in writing is What I call 'Growth Counseling' or, more recently, 'wholeness counseling', Which is a spiritually-centered wholistic approach to counseling and therapy.

The therapies described in this book are products of Europe and North America. Having had the experience of lecturing in many different countries and cultures.")[9]

기독교에서는 영적인 부분을 매우 중요시 여긴다. 그러나 영을 소중히 여긴다 하여 육체를 소홀히 한다는 말은 아닐 것이다. '영'이 중요한 만큼 영을 간직하고 있는 '육체'도 매우 중요하다. 성경적 상담이란 말은 영적인 성숙을 통하여 육체적으로 하나님께 영광을 드리고 인간 자신은 참된 삶을 살아갈 수 있도록 성경의 조명을 받게 하는 것이다.

성경에서는 심리학, 철학, 용어들을 뛰어넘고 있다. 성경에서 가르치는 '영'이라는 말은 인간의 내적인 총체적인 개념으로 보아야 한다. 이것을 일반상담에서는 '영'이라는 표현 대신 '내적' 또는 '심리'라고

160

표현하고 있다. 이러한 심리학, 철학을 뛰어넘어서 인간의 '영'은 하나님의 형상으로 창조(So God created man in his own image, in the image of God created he him: male and female created he them. Genesis1:27)[10]

한 가지 예로 성경에서 가르치는 '사랑'은 상대방이 느끼는 것과 같은 느낌으로 고통을 견딜 수 있는 능력으로 (중략) 타인의 기분과 감정 그리고 행동을 객관적으로 인식하고 이해하는 것을 말한다.[11] 사랑은 자비요, 긍휼이다. 그리고 희생이다. 이것을 행할 수 있는 능력은 인간의 조명을 받아서 되지 않는다. 오직 성경의 조명을 받을 때 '사랑'이라는 파워(Power)를 나타낼 수 있다. 그러기 위해서 성경적 상담인 '기독교상담'은 피할 수 없다.

기독교상담은 교회의 핵심 일이어야 한다. 교회의 지도자는 상담자(Counselor)라야 한다. 교회의 모든 멤버(Member)들은 상담을 받아야 한다. 기독교상담은 모든 사람을 중요한 하나님의 자녀임을 가르쳐준다. 그리고 이 세상에서 할 일을 깨닫게 해준다. 기독교상담은 목회자가 교회 멤버들에게 헌신하는 진실한 지도자임을 알게 한다. 그리고 권위자가 아니라 주의 나라를 위한 지도자요, 주의 종인 것이다. 많은 기독교 지도자들이 권위주의(Authoritarianism)자로 일을 하면서 정신질환이나 심리적으로 많은 불안 요소들을 소유하고 있음을 발견한다. 나는 이러한 지도자들의 잘못된 의식은 동양적 사고에서 생겼다고 판단한다. 그러나 분명한 것은 예수 그리스도는 권위자가 아니었다는 사실이다. 이 세상에서 누가 예수보다 더 높은 자리에 앉을 수 있는가? 아무도 없다.

목회자들이 잘못된 권위의식으로 가정생활이나 교회에서 큰 어려움을 겪고 있다고 Dr. Diane Langberg는 『Counsel for Pastors Wives』

에서 지적하고 있다. 특히 Langberg 박사는 위 저서 Chapter 10 "My
Husband is Depressed What can I do"에서 목회자들이 모든 면에 능
통한 자가 되기 위해서 여러 가지 일로 신경성 질환을 갖게 되고 결
국 교회도 가정도 건강하지 못하다고 다음과 같이 지적한다. "첫 번째
로 우리는 더 큰 싸움을 인정해야만 하고 다루어야만 한다. 당신과 당
신의 남편은 일반적으로 당신의 특별한 성도들의 모임 안에 싸움과
함께 또한 당신의 교단 내에서도 같은 문제에 직면하게 된다.

가능하다면 이 두 번째 상황은 서로로부터 그들의 어느 쪽이라도
효과적으로 대처하기 위해서는 떼어놓아야만 좋을 것이다."

(First, we must Acknowledge and deal with the larger conflict,
you and your husband are faced with struggles within your specific
congregation as well as within your denomination generally. As
much as possible, these two situations must be separated from one
another in order to cope with either of them effectively.) 12)

목사는 하나님께서 맡겨주신 일을 최선을 다하여 일하면 된다. 설
사 세상이 알아주지 않는 목회를 한다고 하여도 인위적인 방법이나
세상 방법이나 술수로 교회 일을 해서는 안 된다. 성공하는 목회자보
다 하나님께 순종하는 목회자가 더 좋을 것이다. 영적인 일을 하면서
육체를 위한 일을 도모한다면 얼마나 잘못된 판단인가? 하나님께서
사용하시는 진정한 Leader는 모든 면에 모범을 보여야 함으로 실수
또는 죄(신앙적 도덕적)가 있을 때 진실한 모습이 나타난다고 나는
믿는다. 진실한 Leader가 아니라면 모든 부정을 숨기고 또 다른 무서
운 죄를 잉태하게 될 것이다.

진정한 리더십(Leadership)이 없는 지도자에 대해서 진 게츠는 『Le-
aders on Leadership』에서 "나는 널리 알려진 이름 있는 목사이면서 여

로 여자와 부정한 관계를 가진 죄를 범한 목사와 얘기를 나눈 적이 있
다. 그는 교회에서 쫓겨 나온 후, 지리적으로 가까운 지역에서 새 교회
를 바로 시작하려고 했다. 나는 어느 날 그의 도덕성의 위기에 대해 기
사가 주요 신문에 보도되었기 때문에 모든 도시가 그 부정에 대해 알
고 있다고 그에게 말해주었다. 더욱이 그가 쓴 책은 널리 읽혀졌고 국
내와 국제 텔레비전(Television) 방송사역에 출연하던 사람이었다.

　성장하는 대형 교회 목사이자 많은 여자들과 수차례 부정을 저지른
사람이라는 사실을 숨긴 채 그가 세계에서 갈 수 있는 곳은 거의 없
었다. 불행하게도 그는 나의 충고와 관심을 가진 다른 사람들의 충고
도 듣지 않았다. 그가 똑같은 죄를 반복하여 저지르고 더 많은 사람들
을 망치고 그리스도의 이름에 더 해를 끼치는 것은 시간 문제였다.
(중략) 더 중요한 것은 어떤 사람이 진실로 죄를 회개했는지 알 만한
충분한 증거가 있어야 한다는 것이다. 불행하게도 바로 앞에서 예로
든 경우 그 목사는 진실을 모두 말한 것이 아님이 밝혀졌다."[13]

　그렇다. 교회의 진정한 지도자(Leader)는 진리를 전하므로 진실하
지 못하다면 이미 리더는 아닌 것이다. 자신의 잘못을 인정하고 회개
한다면 하나님께서 어떻게 용서와 사랑을 베풀지 않으시겠는가? 어떠
한 학문으로도 받지 못할 용서와 사랑은 오직 성경만이 가능하다. 그
러므로 교회가 어떤 훈련도 좋지만 성경적 상담사역을 하지 않는다면
성도들의 불안 요소(내적 & 외적)는 숨겨질 것이고 점점 교회는 건
강을 잃을지도 모른다.

　목사하고 성도들이 관계 여부는 상담에 달려있다. 상담의 중요성은
바로 만남이고 이 만남을 통해서 구역의 식구가 되고 이러한 성도들
이 많을 때 교회는 건강하게 된다. 건강한 가정은 대화가 자주는 있는
가정이요, 건강한 나라는 대화를 중요시 여기는 정치에서 건설된다.

(2) 교회 상담자가 갖추어야 할 자세

교회에서 상담사역(Ministry Counseling)을 할 때 상담자는 보통 담임목사를 말한다. 그러나 부교역자(A Vice Pastor)가 맡을 수도 있다. 그러나 목사라고 다 상담을 할 수 있는 자격이 있다고 판단해서는 안된다. 최소한 결혼을 하고 가정을 구성한 목사로서 상담학적인 지식과 심리학적인 일반 지식이 있어야 한다. 그러므로 교회는 상담 전문 사역자가 아니라면 상담사역을 실행할 사람을 미리 훈련과 교육을 준비시켜 상담사역에 투입해야 한다. 특별히 상담사역자를 준비시킬 때 그들이 학문적 또는 상담과정을 이수했다고 즉시로 상담사역에 투입해서는 안 된다.

내담자의 문제를 분석하고 객관적 입장과 성경적 상담을 고려해서 내담자의 문제와 고민을 상담해야 한다. 그러기 위해선 신앙의 성숙은 물론 타인의 생각과 입장을 충분히 들어줄 수 있는 인격적 배려심(Consideration)이 있어야 한다. 배려한다는 것은 무작정 내담자를 보호하는 차원에서 말하고 행동하는 것이 아니다. 내담자가 충분히 상담자를 의뢰할 수 있는 마음의 자세를 말하는 것이다.

이를 위해서 로저스의 주장을 인용한다면 "경험에 의한 연구는 상담자의 특징에 관한 세 가지 중요한 사실을 확인하고 있다.

그 특징들이 상담자에게 나타나고 동시에 피상담자에게 인지되어질 때 상담의 진행은 적극적인 인간 내부의 변화와 성장을 가져올 수 있다. 그 특징들이란 일치성, 무조건적인 적극적 관심 그리고 감정이입적 이해이다.

여기서 일치성이란 내적 순수성과 통일성 및 개방성을 의미한다."14) 즉 내담자와 상담자의 일치성을 위한 순수한 관계를 유지하는 것이 상담자에게 있을 때 내담자는 상담자를 믿게 될 것이다. 내담자는 이미 육체와 정신적 여유가 없는 상태이므로 상담자를 찾아왔을 때는 전적으로 상담자는 내담자를 전적으로 배려하여 내담자로 하여금 신뢰성을 갖도록 해야 하는 것이다. 이러한 상담자의 자세는 무엇보다 중요한 것이다.

교회 상담은 집단상담, 그룹상담, 개인상담 그리고 가정상담을 핵심으로 할 수 있다. 구역 간의 불안 요소를 상담할 때는 그룹상담보다는 집단상담으로 인도하는 것이 좋다. 그리고 그룹상담은 한 개인 이상 12명을 넘지 않는 불안 요소의 관계자들을 상담하거나 각 부서 등의 갈등과 불안 요소를 해결할 때 사용한다.

가정상담은 개인 가정이 상담을 요청한다거나 지도자가 판단하여 영과 육적인 생활에 문제시되는 갈등과 불안 요소가 보일 때 상담자는 상담을 요구해야 한다.

단 교회 상담은 어떤 상담(일반상담 포함)과 달리 권면적 상담을 전제로 하고 있으며 순종해야 한다는 교회의 성숙한 자세가 필요하다.

위 같은 내용의 언급은 바로 목회자의 일괄사역(Sum-Works)을 지적하는 것이다. 이것은 예수 그리스도께서도 하나님의 나라의 확장을 위해서 제자들을 세우고 가르치고 훈련시키셨음을 상기시키고 싶은 의도에서이다.

진정한 지도자는 비전을 제시할 뿐만 아니라 비전을 잘 이끌 팀을 잘 구성해야 한다. 기독교적 비전은 하나님의 택하심을 받아 종으로 섬기도록 부름을 받은 지도자들이 하나님으로부터 받은 것이다. 또한 하나님과 자신 그리고 환경에 대한 정확한 이해에 근거한 바람직한 미래에 대한 마음속의 생생한 그림이다.[15]

흔히 교회의 비전(Vision)이 무엇이냐고 물으면 대부분 목회자나 성도들은 한해에 세운 교회의 목표를 말을 한다. 한해에 세우는 교회의 목표는 목표이지 비전이 아니다. 목표는 사람이 세우지만 비전은 전적으로 하나님께서 허락하시는 것이다.

한해에 세우는 목표는 소망(Hope)에 가까운 것이다. 비전은 당대에 이루지 못해도 그 교회가 혹은 한 개인이 하나님으로부터 허락받은 것을 말하는 것이다. 한 비전은 한 세대의 목회자가 이루는 것이 아니라 다음 세대의 목회자 때 이루질 수 있는 것이 비전(Vision)이다. 그러므로 상담목회는 이러한 성경적 비전을 가지고 사역에 임해야 한다. 또한 목사나 상담사역자나 상담자 사역에 임하는 사람들은 성경적 비전을 갖고 상담사역에 임해야 한다. 특히 '내가 그 사람의 문제를 해결해야겠다.'는 자만감이나 오만한 자세를 가져서는 안 된다. 기독교상담은 성령의 사역이다. 그 성령의 사역에 상담자는 쓰임을 받고 있을 뿐이다.

21세기 목회 리더(Ministry Leader)에서는 목사가 교회의 모든 행정과 관리 분야를 맡아서 청지기로서 사명을 감당할 전문 일군을 채용해야 한다. 그리고 그 일군을 교육과 훈련으로는 관리하여 성숙한 교회가 되도록 목회해야 한다. 그러므로 진정한 목회 리더는 목회자 개인의 능력으로 판단하는 것이 아니라 목회자의 목회 전반에 대한 관리능력(official ability)을 말하는 것이다. 이러한 목회자의 리더는 목회비전(Ministry Vision)에서 시작된다.

비전이란 지도자가 그의 그룹이 어떠한 그룹이 되며 어떤 일을 행할 것인가에 대한 분명한 사진이다. 아프리카로 향했던 알버트 슈바이처(Albert Schweitzer)처럼 병이 있는 곳에 건강을 가져오는 것일 수 있다. 그리고 길버트 테넌트(Gilbert Tennent)로 하여금 지금의 프린스톤을 설립하도록 한 무지가 있는 곳에 지식을 심는 것, 억압이 있는 곳에 자유를, 미움이 있는 곳에 사랑을 심는 것일 수 있다. 그러한 분명한 영상으로부터 지도자 어떻게 그 비전이 현실이 되게 할 것인가를 계획16)하는 것이다.

그러므로 목회자는 상담자를 교회에 세울 때는 상담자의 개인적인 상담할 수 있는 능력도 중요하지만 교회비전에 어울리는 상담자를 임명해야 한다. 여기에 목회상담의 중요성이 있다. 즉 한 사람의 교회 지도자 비전은 바로 한 교회의 비전을 말하는 것이다. 그러나 상담자를 지식적 능력, 개인적 상담능력, 임상경험 능력 등으로 임명 기준을 삼는다면 목회상담은 올바른 비전을 가질 수가 없다. 왜냐하면 앞서 말한 신앙의 성숙도와 영혼을 사랑하는 마음 등의 내적인 요소가 상담자로서 임명받을 사람에게 없다면 혹은 있어도 신앙적인 근거(신앙적 체험)가 없다면 형식적인 상담과 책임과 의무감으로만 성도를 상담하려고 할 것이다. 그렇다면 목회상담의 비전을 가질 수 없기 때문에 목회상담을 할 수 없는 것이다. 이런 의미에서 기독교상담을 성경적 상담이라고 언급했던 것이다.

어떤 의미에서 목회상담은 한 목회자의 '상담'(Counseling)의 능력을 중요시하는 뜻으로 이해할 수 있으나 오히려 목회상담이란 교회에서 상담을 하는 상담자들의 상담자세가 더 중요시되는 말이기도 하다. '상담자가 갖추어야 할 자세'는 분명하다. 그것은 바로 '성경적 상담이 가능하도록 훈련이 되었는가?' 하는 질문에 어울리는 사람이어야 한다는 것이다. 그리고 지식적, 학문적, 임상적, 상담 경험 등을 고려해야 할 것이다.

교회를 목회하는 목사가 균형 있는 목회를 성공적으로 이끌려면 자신이 갖는 제약점을 이해하고 자각해야 한다. 또 문제의 와중에서 매일처럼 생겨나는 길 잃은 영혼들을 발견하고 한 영혼 한 영혼을 군중으로가 아닌 개인으로 배려하고 보살펴야 한다. 그러기 위해 상담목회의 영역을 성숙한 평신도에게 나누어주고 그들로 상담 관계기술을 습득하여 목회상담 요원이 되게 하며 이 요원들로 하여금 상담자가 되도록 함에서 상담목회를 도울 수 있도록 해야 한다. 이렇게 하기 위해 상담원의 훈련이 필요로 되는 것이다.[17]

상담자로 채용 또는 임명되는 사람은 무엇보다도 신앙인이어야 한다. 뿐만 아니라 상담자들은 일반 대학교나 신학교에서 상담을 학문적으로 공부하였거나 특별 세미나(seminar) 과정으로 공부했다 하여도 교회에서는 상담자를 위한 특별 훈련과정 프로그램(Program)을 갖고 있어야 한다. 그 프로그램은 교회마다 차이가 있을 수 있다.

예를 들면 훈련과정이 3주에서 12주 기간으로 할 수도 있고 3주를 기본과정으로 하고 중급반 고급반을 나누어 수료 후에 이수과정에 어울리는 상담자로 임명할 수 있다. 그러나 이러한 차이는 있을 수 있지만 분명한 것은 훈련 이수과목이다. 이 훈련과정에서 목회상담에 필요한 것은 무엇보다도 '성경'이다. 성경에서도 '구원론'은 필수과목으로 이수해야 목회상담에서 상담자의 자격이 있다 할 것이다. 성도를 상담할 상담자가 성경적 구원론을 모른다면 세상적 처세술로 성도를 상담할 것이다.

교회에서 상담자 훈련과정으로 성경을 가르쳐야 할 이유는 2가지이다. 하나는 성경은 상담자의 유일한 상담 교과서이다. 예수께서 세상의 유일한 상담자가 되셨음에도 성경 외의 다른 교과서가 필요치 않았다. (중략) 또한 모든 상담자는 자신의 상담 업무에 필요한 모든 것이 성경에 들어있음을 알게 되어야 한다. 성경은 분명 다음과 같이 명백히 선포하고 있다. "그의 신기한 능력으로 생명과 경건에 속한 모든 것을 우리에게 주셨으니"[18]라고 기록하고 있다. 모든 것을 가능케 하고 모든 것을 알 수 있는 것은 오직 성경을 통해서만 가능하다. 그러므로 성경과목은 교회이니깐 배워야 할 과목이라고 생각하기 전에 성경적 상담으로 목회상담을 하기 위해서는 상담자가 우선적으로 성경을 배워야 한다.

두 번째로 이수해야 할 것은 '인간론'이다. 성경적 상담자란 감수성 훈련(Sensitivity training)을 받고 내담자의 문제를 예민하게 파악하고 심리학적으로 접근하여 세상 관계성에서 조화를 이루며 살아가도록 안내하는 사람이 아니다. 성경적으로 내담자를 상담하는 상담자는 하나님이 지으신 인간을 이해하는 자세가 있어야 한다. 모든 사람의 문제는 육체적 문제와 영적인 면에 관련되어 있다. 이러한 종합적인 인간의 문제를 인간의 지식과 학문으로 내담자를 치유한다는 것은 불가능한 일이다. 목사 역시 성령의 인도함을 도움받아서 조력자(Helper)로서 역할을 할뿐이다. 하물며 교회에서 상담자로 사역하는 사역자들이 성경적인 인간이해 없이는 상담이 제대로 이루어질 수 없다.

"인간 이해에 관한 지식은 이중적 구조를 갖고 있다. 즉 첫째는 우리가 처음 하나님 앞에 지음을 받았을 때 어떤 상태에 있었는가 하는 지식과 둘째는 시조 아담의 타락 이후 인간이 어떤 상태에서 시작되었는가에 대한 지식이다. 만약 우리가 이 비참한 파멸에 의하여 인간들의 본성이 어떻게 부패하고 타락하여 기형이 되었는가를 모른다면 우리가 어떻게 창조되었는가를 아무리 잘 알고 있다 해도 이득이 없는 것이다."[19] 창세기 2:7에 "여호와 하나님이 흙으로 사람을 지으시고 생기를 그 코에 불어넣으시니 사람이 생령이 된지라."라고 기록하고 있다. 그러므로 하나님의 인간 창조 목적과 성경적으로 인간 구원의 역사가 어떻게 진행되었는가를 모르다면 교회 상담자로서 자격을 줄 수가 없다.

'성경'과 '성경적인 인간이해'를 알고 지식을 이해하는 것은 교회 상담자의 필수 자격조건인 것이다. 그리고 몇 가지를 더 추가한다면 '친화적 모습과 언어사용'과 타인을 우선적으로 배려하는 '마음자세' 그리고 마지막으로 '헌신적 사명과 철저한 내담자 관리능력' 등이 교회에서 상담자가 갖추어야 할 자세라고 볼 수 있다.

목사는 바로 이러한 교회 내 상담사역자들을 훈련시키고 적절한 요소에 배치할 뿐 아니라 이들을 관리하는 능력을 가질 때 진정한 지도자인 것이다. 한 교회에 여러 가지 문제와 갈등 또는 아픔과 슬픔에 있는 여러 감정들에 대해서 목사가 상담요원들을 잘 배치하고 그들을 관리함으로써 건강한 한 교회, 성숙한 교회로 성장한다면 진정한 지도자가 된다.

목사 한 개인이 모든 성도를 상담할 수 있다는 마음과 자세는 전문성이 결여된 결심이요, 여러 가지 문제를 갖고 있는 현대인을 위해 상담자를 훈련시키지 않거나 상담요원을 배치하지 않는 것은 목회자 무지에서 오는 교만이다.

상담이 교인들에게 미치는 영향은 매우 크다. 새로운 교인들과 병으로 앓아누워 있는 사람들 그리고 고독이라는 병에 걸려 있는 사람들과 외롭게 노년을 살아가는 사람들을 위한 봉사에는 새로이 훈련받은 평신도 목회자를 이용하는 것이 대체로 현명하다. 이러한 방법은 능숙한 상담 기술이 비교적 필요치 않는 유형의 목회활동으로 그들에게 경험을 부여해준다. 특별한 자질을 보여주는 사람들은 상담 기술에 대한 요구가 한층 더 필요한 그와 같은 위기 상황 즉 병자, 사별, 정신병 환자의 가족 그리고 알코올(Alcohol) 중독자로 점점 승진시켜 봉사하게 할 수 있다.

목사에 의해 특별히 배정을 받는 활동 외에도 평신도 목회자는 회중과 지역사회에 속한 교인들의 요구에 민감하게 대처하여 응답적으로 행동함으로써 그들의 전체 교회가 목회적 관심을 가지도록 감화시

키려고 노력해야 한다.20)

목회상담에서 목회자는 자신을 위한 목회활동이 아니라 하나님의 말씀으로 기독교상담을 필요로 하는 모든 사람들에게 기독교상담의 지도자로 쓰임을 받아야 한다. 그리고 필요한 상담요원의 훈련과 배치와 사역을 위해 상담지도자는 교회뿐 아니라 지역사회에도 상담의 문을 개방, 비기독교인을 위한 상담자 역할을 다해야 한다.

(3) 교회 상담에서 목사의 역할

오늘날 급강하는 교회 지도자들의 신뢰도는 성경적 상담(Biblical Counseling)을 모르거나 지도자로서 리더십의 결핍과 인식 때문이라고 생각한다.

목회자의 내적인 성숙은 참거나 훈련으로 달련된 인격에서 나오는 것이 아니다. 진정한 리더십은 성경의 조명을 목회자 자신이 받을 때 가능하다. 그때 목회자는 하나님의 음성을 듣게 되고 성경이 목회자 자신을 친절히 상담해줄 것이다. 이 약속은 바울도 로마서 8:26(Romans8:26)에서 가르치고 있다. "In the same way, the Spirit helps us in our weakness. We do not know what we ought to pray for, but the Spirit himself intercedes for us with groans that words cannot express."21) (역: 이와 같이 성령도 우리 연약함을 도우시나니 우리가 마땅히 빌 바를 알지 못하나 오직 성령이 말할 수 없는 탄식으로 우리를 위하여 친히 간구하시느니라)

진정한 지도자(Leader)는 진정한 리더십(Leadership)이 있고 진정한 리더십을 가진 리더들은 성경의 조명을 받았다는 사실이다. 즉 인간 스스로 무엇이 되겠다 또는 무엇을 이루겠다는 것이 아니라 하나님께서 허락하시는 제한된 시간과 공간에서 하나님의 종으로서 충성을 다할 뿐이라는 사실이다. Ted W. Engstrom은 『The Making of a Christian Leader, Grand Rapid, Michigan』에서 진정한 지도자상에 대해서 다음과 같이 쓰고 있다. "그리스도께서 그의 제자들과 그렇게 많은 시간을 함께 보내셨음을 보면 그의 삶의 본을 그들에게 심어주고자 했음이 분명하다. 그는 봉사하기 위해 이 땅에 오셨으니 그의 제자들 또한 그렇게 봉사해야 한다. 이것이 바로 예수님께서 취하신 리더십의 방법이다. 그는 전혀 사리사욕 없이 봉사하셨으며 그러한 희생정신은 십자가상에서의 죽음으로 그 절정을 이룬다. 구약 성경은 메시아를 '고통을 당하는 종으로' 예언했다.22) 진실과 거짓의 차이점은 돌이킬 수 없는 결과에 있다. 진실과 거짓이 같이 있을 때 많은 사람들은 거짓에 속게 된다. 지도자도 역시 같은 것이다.

오늘날 현대인들은 정신적인 부분에서 많은 고통을 당하고 있다. 인생을 덜 복잡하고 덜 고통스럽게 만들려는 온갖 노력에도 불구하고 정서적인 질환은 우리가 앓고 있는 각종 질환의 첫 번째 원인으로 부각되고 있다. 의사들이 다루는 모든 질병의 70% 이상이 감정적인 것에 연유한 것이라고 현재 보도되고 있다.23)

이것은 오늘날 교회 지도자들이 무엇을 해야 하는가 하는 문제를 던지고 있다. 어떠한 정신적인 문제라도 성경적으로 다루지 못할 범위가 없다. 그렇다면 성경적 상담으로 교회는 현대인들의 고통에서 구원의 메시지를 전달해야 한다. 교회 건물을 넓히기 위한 또는 교회 성도들을 확보하기 위해서 하는 전도가 아니라 진정한 영혼구원을 위해 교회 상담자는 현실의 눈이 밝아야 한다. 교회 상담자는 영혼구원을 위해서 무엇보다 교회의 사명에 앞서가야 한다. 담임목사나 부목사, 전문 기독교상담자들은 일반적인 교회 행정에 상담 부분을 특별 부서로 운영해야 하고 모든 성도들이 수시로 상담을 요구하고 상담에 응할 수 있도록 교회 분위기를 만들어야 한다. 이것은 행정적인 모범보다 더 중요하다.

그리고 상담사역에서 무엇보다 중요한 것은 '실천에 있어서 상호 협력'이다. 사역에 있어서 교회 자체의 협력이 필요하다. 장로, 집사, 교사 중에서 상담사역을 할 수 있는 협력자를 찾아야 한다. 필요하다면 설득하고 교육을 시켜야 한다. 그래서 교회의 상담 부서의 기능이 활발할 수 있도록 협력을 해야 한다. 모든 부서가 또는 특정인들이 상담사역을 협력할 수 있도록 목회자는 모든 양떼들 가운데서 상담활동이 일반적으로 일어나도록 격려를 해야만 한다. 그와 같은 상호 사역('서로'라는 말로 자주 사용됨)에 대한 권면의 말을 하는 횟수는 놀랄 만하다. 그러나 여기에서 말하고자 하는 것은 교인들에 의해 이루어지는 우연하며 때때로 발생되는 상담활동은 아니다. 오히려 바울을 도왔던 사람들과 마찬가지로 목회자와 함께하는 여러 종류의 사람들에 대해 말하는 것이다. 이것들을 위해서는 장로나 집사만 아니라 안수받지 않은 사람들도 필요하다.(omission of the middle part) 이와 같이 목회자나 교인들이 다같이 상담사역에 협력한다면 각각 분리되어 할 수 있는 것보다는 더 효과적인 사역을 할 수가 있는 것이다.[24] 교회는 거룩한 하나님의 말씀을 나누어야 한다. 이 말은 교인들이 거룩한 하나님의 백성으로 살아야 한다는 교회 밖의 생활과 교회 안에서 교제하는 내적 생활을 뜻하는 것이다. 그래서 교인의 생활을 목회자가 이해하고 교인들은 어려운(신앙적 죄책감) 생활 등을 기도와 상담으로 해결받을 수 있도록 상담자는 준비해야 한다.

가끔 목회자는 어려움을 만난다. 그 어려움은 여러 가지 있을 수 있으나 교인들의 거룩하지 못하는 생활과 신앙적 갈등으로 교인 관계가 나쁘게 되면 목회자는 고민을 하게 된다. 그래서 Diane Langberg는

"The conflict between other's expectations of you and your ability to meet them is often complicated by the setting of the church."25) 라고 목회자의 갈등을 지적하고 있다.

목회자가 바쁜 교회는 대형 교회와 작은 개척 교회는 상담목회를 하는 데 다른 점이나 차이가 없다. 왜냐하면 상담은 목회자가 양떼를 살피는 일에 있어서 예수 그리스도가 가르쳐주신 성경적 모범이기 때문이다. 그러나 교회 문제에 있어서 회의나, 토론을 진행하기보다는 상담목회는 문제를 미리 예방할 수 있는 지혜를 우리에게 준다.

지금까지 상담자가 갖추어야 할 자세에 대해서 알아보았다. 다시 한번 강조하고 싶은 내용은 어떤 행정, 자격, 수준, 인격 등의 자세보다는 상담목회에 관심을 가지고 심방, 구역, 기도 모임 등의 활동보다 규칙적이고 분명한 목회 방침으로 상담을 실천해야 한다는 자세가 무엇보다도 중요하다는 것을 나는 강조하고 싶다.

상담목회에 길들여진 양떼들은 분명히 현대에 많은 문제 속에서 대처할 수 있는 지혜와 하나님으로부터 응답받는 축복의 삶을 살아갈 것이다.

기독교상담이란 목회자와 교인 간의 대화가 아니고 기도하는 분위기에 성경적 대화를 통해서 성숙한 삶을 위해서 문제를 해결하거나 진단해 나아가는 영적인 '언어적 의술'을 말하는 것이다.

'언어적 의술인'(Philological-Medical-man) 상담을 교회 안에서 실행할 때에 심리학, 정신분석학, 철학, 상담학(일반) 등의 학문을 응하거나 이용하는 데 기독교상담자는 주저할 필요는 없다. Dr. Narramore는 자신의 저서 『The Psychology of Counseling』에서 다음과 같이 정신병 환자들에 대한 미국 사회에 문제를 지적하고 있다. During recent years, reports have repeatedly come before the public about the serious mental health condition in our country.

It is a fact that more hospital beds are occupied by those suffering from all other types of illnesses combined.

About one million patients are treated each year in public and private mental hospitals.26) 또한 심리학 개론과 형태 심리학에 기초를 세운 Dr Wolfgang Kohler는 『Gestalt Psychology』에서 대부분 사람들이 복잡한 사회에서 또는 여러 가지 압박에서 심리적 갈등의 원인을 갖게 된다고 다음과 같이 지적하고 있다.

Most people live in such a world permanently, which is the world for them, and hardly ever find problems or difficulties in its properties. Crowded streets may take the place of the lake, a cushion in a sedan that of my stone, some serious words of a business transaction may be remembered instead of Lake Michigan, and the dark pressure may have to do with tax-paying instead of book writing.27)

우리는 이 두 거장(A Great Master)의 심리학 이론 저서에서 밝혔 듯이 현대에서도 심리적 문제는 변화가 자주 일어나는 현대 문명과 환경에서 시작된다고 알아야 한다. 뿐만 아니라 현대 교회가 상담의 사역을 포기한다면 현대인의 내적인 갈등과 문제를 고려하지 않는 목회라고 말할 수밖에 없다.

미국 어느 교회 회중 가운데는 '갱생'해보려는 생각으로 주립 형무소에서 가출옥 중인 소년이 있는가 하면 지방 경찰서에서 집행유예로 나와 있는 소년도 있고 또 한 소년은 불행과 파멸에 떨어질 수밖에 없는 생활에 장난삼아 빠져있다는 것을 누구나 다 알고 있다. 그런가 하면 지적인 회의에 빠져 방황하고 있는 젊은 부인, 사랑의 파탄으로

실의에 차있는 처녀, 아이를 막 장사지낸 젊은 내외, 방금 어머니를 사별한 가족, 병적인 공포심에 싸여 고민하고 있는 부인, 자기의 주벽(Drinking habit)을 고쳐보려고 결사적으로 싸우고 있는 남자, 가정생활이 암초에 걸려가고 있는 중년 부부, 아이의 품행 때문에 걱정에 싸인 또 한 부부, 한 달 이내에 대수술을 받아야 하는 젊은 사내 등이 있다. 만일에 목사가 자기 성도들을 더 잘 알고 있었더라면 의심 없이 그는 다른 문제들에 대한 것도 알게 되었을 것이요, 그들 성도들은 그에게 상담을 했을 것이다.

위에 서술된 사람들에 대해서 목사는 해야 할 기능과 책임이 있다는 사실에 대해서 목사는 해야 할 기능과 책임이 있다는 사실에 대하여 논쟁할 필요가 있을 것인가?[28]

다시 언급하는 말이지만 '상담'이라는 매듭과 매듭 사이에 모든 것이 연결되어 있다. 미국 목회에서는 '상담'이 보편화되어 있다. 아니 너무나 자연스러운 요구와 필요로 인식되어 있다. 마치 한국 교회에 목사가 심방을 하면 성도들이 가정의 문제도 얘기하고 교회에 구역에 또는 자녀들이 소속된 교회학교에 대해서 말을 하곤 한다. 그리고 걱정스러운 문제에 대해서는 함께 기도를 하기도 한다. 그리고 목사는 질문에 대답을 해주기도 하는 것처럼 말이다. 그러나 분명히 대화(talk)와 상담(counseling)은 다르다.

목회상담은 교회 안에서나 혹은 교회에는 다니지 않지만 위기에 처했을 때 목사를 찾아오는 수많은 사람들의 요청에 대한 필요한 응답이다.[29]

웨인 옷트(Wayne E. Oates)는 목사의 목회상담에 대해서 이렇게 말하고 있다. "목사는 자기의 훈련과는 관계없이 그가 사람들과 상담할 것인가 아닌가를 선택할 권리가 없다. 그의 선택권은 상담할 것인가 하지 말 것인가에 있는 것이 아니고 훈련받고 기술 있는 방법으로 할 것인가, 훈련받지 않고 기술 없는 상담을 할 것인가 하는 것에 있을 뿐이다."[30] 그러므로 상담에 대한 전문적인 학습이나 훈련을 받지 않았다 하여도 목회를 하는 목사라면 이미 목회상담자인 것이다. 다만 '제대로 하느냐 멋대로 하느냐'의 문제일 뿐인 것이다. 이 사실을 목회자들은 기억해야 할 것이다. 21세기 목회는 치유목회이어야 한다. 그리고 철저히 성경적 상담을 전제로 현대인의 내적 문제와 갈등을 해소시켜야 한다. 우리에게는 성경이 있다. 이 성경이 모든 학문을 인도할 것이다. 우리는 성령이 모든 인간을 다스리고 쉴 만한 물가로 인도해주리라는 믿음을 가지고 사역에 임해야 한다.

본인은 확실히 주장한다. 주께서 맡겨주신 하나님의 양들이 건강하게 그리고 성숙하게 성장할 수 있는 길은 하나님의 말씀을 먹는 일이요, 다음으로는 상담으로 하여금 얼마나 문제와 아픔, 사건과 고민, 공통과 상처 등을 치유받고 해결하였느냐에 달렸다고 말이다. Jay E. Adams는 "사랑은 목적이다."라고 말하고 하나님과 이웃을 위한 사랑은 크리스천을 위한 하나님의 요구의 총체를 구성한다. 사랑은 하나님과 인간 그리고 인간과 인간 사이의 관계를 확고하게 한다고 말하고 있다.[31] 흔한 이야기로 기술과 방법이 전혀 고려되지 않은 목사 한 사람의 개인적인 지식과 영적 체험으로 위에 나열한 성도들의 문제들을 다루고 해결의 기쁨을 문제의 성도에게 안겨줄 수 있을까?

흔한 말로 좋은 목회자는 진정한 지도자이다. "도적이 오는 것은 도적질하고 죽이고 멸망시키려는 것뿐이요 내가 온 것은 양으로 생명을 얻게 하고 더 풍성히 얻게 하려는 것이라"(요10:10)라고 성경에 기록한 것처럼 진정한 지도자는 양으로 하여금 도움을 받게 하는 것이라 판단한다.

좋은 목회자요 좋은 상담자는 기독교상담을 가르치고, 훈련시키며, 실천하는 것을 잘하는 목사이다. 왜냐하면 기독교상담을 위한 가장 좋은 훈련은 좋은 신학교에서 성경적, 신학적 배경을 습득하는 것이다. 진정으로 기독교상담자가 의지하는 자원들은 하나님의 말씀과 성령, 교회이다.[32] 그러므로 상담목회를 하는 목사는 이미 자신이 하나님의 말씀과 성령에 조명을 받고 사역을 하게 된다. 물론 기타 실천신학의 중요성을 의식하고 목회하는 목회자들에게도 동일한 하나님의 조명을 받아 사역을 하지마는 상담사역에서는 특별히 성령의 인도하심과 조명 없이는 상담의 결과인 치유역사가 있을 수 없기 때문에 상담사역을 하는 목회자는 상담이 '수술' 집도라면 그 병을 낫게 하고 회복시키는 것은 하나님이심과 같은 이치이다.

목회상담의 가치로서 우리는 '변화'를 기대할 수 있고 확실히 변화되는 과정을 살필 수가 있다는 것이다. 마치 수술 후 그 상처부위가 치료되는 것을 의사가 확인할 수 있는 것과 같이 말이다.

이미 문제를 상담자에게 말은 하였고 상담자에게 이미 말을 했다는 것은 상담자를 신뢰한다는 전제가 있기 때문에 위와 같은 '변화'에 대한 기대는 '소망'으로 이어지는 것이다. 다른 유사한 대화의 기능으로는 변화를 확인할 수가 없다. 있다 하여도 그것은 어느 정도인지를 목회자가 체크(Check)하기가 곤란하다. 그러므로 목회상담은 규칙적인 상담의 일정과 기록으로 상담자와 내담자가 상호 변화의 과정을 걸쳐 소망으로 이어지는 건강하고 성숙한 신앙을 확인할 수 있는 것이다.

일반상담에서는 권면적인 상담보다 배려와 상업에 의한 약속으로 이어지는 경우가 많아 최종 결과확인이 불분명하다. 왜냐하면 일반상담의 내담자는 상담의 비용도 부담이 되고 깊은 의학적 상담이나 정신과 심리적 상담을 요구하는 내담자에게는 규칙적인 약물투여 혹은 규칙적인 상담자의 지시를 따르고 생활하는 것을 부담스러워하기 때문이다.

기독교상담은 성령의 인도하심에 따라 결과의 차이나 상담진행의 차이가 있을 수 있으나 분명한 것은 성도(하나님의 자녀)로서 고백된 사람들에게는 변화를 체험할 수 있다는 놀라운 기능이 있는 것이다.

(4) 맺는말

앞서 목적에서 이미 말한 것처럼 일반상담은 내담자의 문제를 내담자의 환경에서 찾아 전문적인 학문과 통계 그리고 인간을 조명할 수 있는 모든 지식을 동원. 문제를 해결하려고 한다. 그러나 기독교적 상담은 상담자가 내담자를 성경이 가르치고 교훈하는 방법에 따라서 인도하는 도구로서 노력을 다하는 상담자의 자격에서부터 차이를 보인다. 그래서 기독교상담은 성경적이어야 하므로 기독교적 상담이라고 본 연구에서 밝힌다.

오늘날 사회는 문제의 홍수 속에서 살고 있다. 저마다 다른 물결 속에 있을 뿐이지 신음하는 인간의 모습은 다 같은 모습이다. 성경은 세상에 대해서 말하기를 '어둠', '나그네', '죄악의 속'이라고 여러 곳에서 인간 세상을 진단하고 있다. 이러한 가운데 인간은 주어진 삶을 최선을 다하여 살아가고 있다. 이러한 삶의 과정에서 인간은 아픔을 호소하고 신음을 하는데 이것을 '문제'라고 한다.

이 문제를 인간은 해결하기 위해서 시간을 투자하고 경제적 손실도 마땅히 여긴다. 그러나 분명한 것은 인간이 타인에 의해서 혹은 자신 스스로 인해서 발생되는 문제를 인간에 의해서 도움을 청하고 해결받으려고 한다. 이것이 보편적인 문제해결의 방법이라면 기독교상담은 도움을 청하는 즉 내담자와 도움을 주려는 상담자를 준비하고 필요성

6. 일반상담과 기독교상담의 사역의 차이점 179

을 인정한다. 그러나 인간이 인간을 찾아 해결하려는 문제의 종류는
달라도 영원한 해결은 있을 수 없음을 말하고 싶다. 다만 상담자가 할
일은 내담자에게 자신이 행동과 감정, 욕구, 꿈, 기억, 관계, 상황 등에
대해 깊이 생각하게 함으로써 자신의 삶을 이해하고 보다 능률적으로
살아감으로써 스트레스와 고통으로부터 벗어나게 하는 것이다. 내담자
들은 자신의 행동(Behavior)과 감정(Affect)과 생각(Thought) 사이의
상호 관계에 대해서 아무 생각 없이 무의식적으로 살아가는 경우가
많다.[33)]

해결이라는 만족은 다른 문제를 다시 잉태하게 하는 사회구조를 외
면할 수가 없기 때문이다. 특히 사회는 여러 가지 형태의 문제를 잉태
하고 있다. 그래서 상담자를 찾아 정도에 따라서 문제를 해결 혹은 치
유받는다 해도 근본적인 문제까지 해결할 수는 없다.

기독교상담의 문제는 이러한 인간에 의해서 불가항력적인 존재로
남아있는 문제까지 '문제'로 본다는 것이다. 이 문제를 포함해서 표출
된 문제까지 기독교상담은 진단하고 있으며 상담해야 한다. 그렇지 않
는다면 인간의 근본적인 존재와 진정한 인간의 문제는 영원히 해결받
을 수가 없기 때문이다.

기독교상담은 다른 말로 성경적 상담이라고 할 수 있다. 성경은 인
간의 근본적인 죄의 문제와 용서의 방법 그리고 참자유를 소개하고
있다. 또한 인생의 과정까지 제시하며 치유하는 능력이 소개되고 있기
때문에 오직 성경적 상담만이 인간의 모든 문제를 해결하는 안내자가
된다.

일반상담은 진단을 통한 문제해결이 소개에서 끝나고 만다. 즉 내담
자 자신 스스로 상담자의 문제해결 방법과 과정 그리고 훈련을 통해서
치유되기를 바라는 것이다. 그래서 일반상담은 문제해결의 소개를 받

는 정도에서 끝이 난다. 그 이유는 성숙하지 못한 인간이나 이해 집단에 의해서 문제해결은 또 다른 의문과 갈등, 상처를 받기 때문이다. 그러므로 일반상담은 내담자가 갖고 찾아온 한 문제의 상담을 통해 학문적, 처방적, 의학적, 심리적, 정신치료 또는 상담자의 경험 통해서 해결하려고 한다.

일반상담의 진단의 과정이나 내담자의 노력 여부에 따라서 상담의 최종적 결과가 달라진다. 그러나 기독교상담은 문제의 내담자를 성경으로 인도하고 그리스도를 영접하게 하여 문제를 해결받도록 한다. 이런 면에서 기독교상담을 성경적 상담이라고 한다.

어느 한 개인의 능력과 경험을 무시하거나 개인의 경험, 이성, 지적 수준 등을 무시하지는 않지만 그러한 개인의 종합작인 능력을 과시하거나 의지하지도 않는다. 이것이 성경적 상담의 특징이다.

여기서 기독교상담이든 일반적 상담이든 모두가 본론에서 밝힌 것처럼 내담자의 스스로의 노력이 없으면 문제가 근본적으로 해결받지 못한다는 사실을 알아야 한다. 한 가지 분명한 것은 일반적 상담(일반상담 총칭)의 대상은 사회인이면 누구나 대상이 된다. 그렇다면 기독교상담은 누구를 대상으로 하겠는가? 분명한 것은 기독교상담의 대상이 일반적 상담의 대상을 포함하고 있으며 기독교를 종교로 갖고 생활하는 사람만을 상담의 대상자로 삼지는 않는다는 것이다. 이것을 오해해서는 안 된다. 이러한 결론의 큰 이유는 역시 성경에서 찾을 수 있다.

성경에서 말하는 복음의 대상자가 교인이 아니라 일반인도 포함하고 있음을 우리는 기억해야 한다. 한마디로 땅 끝까지 복음을 전파해야 하고 땅 끝까지 성경적 상담을 만인에게 베풀어야 한다. 일반적 상담의 중요한 안목은 내담자의 인격, 내적 활동, 경험, 성장환경, 지적 수준 등등이라면 기독교상담은 이러한 일반상담이 다루고 있는 부분들을 포함하여 내담자를 성경 안으로 초대, 내담자로 하여금 그리스도를 만나고 성숙한 영성을 갖추는 데 근본적인 목적이 있는 것이다.

성숙한 영성을 갖춘 크리스천(그리스도인)의 세계와 이들이 건설하고 이루는 문화는 기독교문화가 될 것이다. 이것이 예수 그리스도께서 "내가 다른 동네에서도 하나님의 나라의 복음을 전하여야 하리니 나는 이 일로 보내심을 입었노라"(누가복음4:43) 말씀하신 하나님의 나라가 건설되는 진정한 나라의 표상이 되는 것이다. 이것을 위해서 기독교상담은 초점 되어야 한다.

교회가 상담을 사명으로 인식해야 하는 이유도 여기에 있다. 교회가 한 개인을 구원시켜 하나님과 관계를 올바르게 나아가는 것을 목적으로 한다. 그렇다면 무엇으로 개인의 구원을 이루어 나아갈 것인가? 기도나 예배 참석은 물론 행해야 한다. 그러나 진정한 상담을 통해서 한 개인의 구원은 성숙되어 가는 것이다.

목회자의 목회 속에서는 "내 양을 치라"는 말씀처럼 성도들을 잘 양육해야 한다. 그러므로 단순한 대화, 고민을 말하고 대답하는 과정이나 분위기만을 상담이라고 하지 않는다. 기독교상담에는 성령의 인도, 문제 고백, 단계적 상담계획 그리고 내담자의 노력 등이 협력되어야 한다. 그래서 단계적인 상담이 요구되는 것이 기독교적 상담이다.

하나님의 뜻을 이루는 교회 사명인 예배, 선교, 전도, 기도, 친교, 교육 등에 반듯이 포함되어야 한다.

기독교상담에서는 오히려 목회상담이 우리 귀에 익숙하다. 그러나 분명한 것은 목회상담이 기독교상담의 부분이라는 점이다. 왜냐하면 상담자가 목회자요, 내담자가 대부분 성도이거나 교인이기 때문이다. 그러나 기독교적 상담은 앞서 지적한 대로 모든 인간을 대상으로 한다는 넓은 의미의 상담이다.

  심리학, 철학, 정신분석학, 심리요법, 정신건강, 적성 등등의 전문적 지식은 한마디로 인간을 바르게 이해하기 위한 개관적 학문이다. 그러나 이러한 학문은 인간의 근본적인 죄와 용서는 물론 희망과 참된 행복 그리고 사랑은 소개할 수는 없다. 진정한 인간의 안식은 오직 그리스도께 있기 때문이다. 이런 점에서 기독교상담은 먼저 기독교인에게는 그리스도를 통한 성숙한 영성으로 사회를 변화시키는 데 앞장서는 의무와 자신이 성경적 복을 갖도록 하고 불신앙인에게는 믿음 안으로의 초대를 단계적으로 소개하기 위하여서 전문적인 일반지식을 이용하게 된다. 이 두 가지를 상담자는 성경적으로 상담을 해야 하고 그렇지 않으면 성경적인 기독교적 상담을 주장한다. 왜냐하면 인간의 문제는 성경만이 가능하기 때문이다. 성경적으로 상담해야 한다는 것은 단순히 하나님의 말씀인 성경을 가르치는 것으로 오해해서는 안 된다.

  성경적 상담이란 상담자가 자기 뜻대로 상담하려는 의지를 버려야 한다는 것과 전문적인 지식과 성경의 뜻을 습득하지 못한 채 목사라고 자기 뜻이나 방법으로 내담자를 상담하려는 자세를 버리기 위해 '성경적', '기독교적'이라는 단서를 붙이는 것이다.

  학습을 많이 한 전문적인 상담자라도 인간의 궁극적인 문제에는 그 누구도 책임질 수가 없다. 그러므로 일반적인 상담은 인간으로서 원만한 인간관계 속에서 사회생활을 하도록 유지시키는 데 최선의 목적이 있다. 일반상담은 상담의 결과나 과정에서 상담자의 '책임'이 크다. 그러나 기독교상담에서는 상담자의 '역할'과 '책임'이 크다.

  상담은 누구에게나 적용되고 활용되어야 한다. 인간이 전반적인 삶 자체에서는 물론, 영적인 성숙한 면에는 무엇보다도 기독교적(성경적) 상담으로 조명되어야 한다. 특히 목회 현장이나 교회생활을 위한 기독교상담에서는 생활전체가 성경으로 상담되어야 한다. 왜냐하면 신앙생활과 세상 생활은 떨어진 것이 아니기 때문이다.

일반상담과 기독교상담은 순위에 차이가 있는 것이 아니다. 성경이 모든 인간에게 조명되어 빛을 얻게 하고 참생명을 위해 있는 것처럼 인간의 실존은 물론 내적, 외적인 모든 면이라도 그리스도가 중심되지 않는 상담은 '상담'이 아니라 '관계'에 불과한 것이다. 인간이 흐르는 눈물을 닦을 수는 있지만 흐르는 물은 막을 수가 없는 것처럼 아픔과 상처의 치유는 성경만이 가능하다. 그리고 영적인 치유 없이는 진정한 치유는 없는 것이다.

예수 그리스도를 만나는 순간이 상담의 진정한 열매가 되는 것이라 하겠다. 아울러 예수 그리스도께서 인간의 영원한 구속을 안내하고 성경을 통하여 상담해주신 것처럼 기독교적 상담은 바로 모든 이에게 그리스도를 상담해주어야 할 것이다.

그리스도는 모든 사람에게 진정한 상담자가 되신다. 그리고 예수 그리스도를 만나 사람마다 참자유를 얻는 기회가 주어진다. 이것을 소개하고 이 일을 해야만 한다. 목회자에게 상담할 수 있도록 사역을 허락하신 것은 하나님의 놀라운 축복이다.

진정한 지도자는 아마도 아픔과 고통에 있는 백성을 위하여 오신 예수 그리스도처럼 맡겨주신 하나님의 백성들을 성령의 인도하심으로 성경적으로 상담하는 목회자이다.

상담의 기능이 상담자의 언변과 다양한 체험 그리고 상담에 관한 이론과 테크닉(Technique)이 뛰어난다 하더라도 '내담자 중심'의 상담이 아니라면 기독교상담의 기능은 아니다. 왜냐하면 기독교상담은 전제가 성경적 상담이고 권면적 상담의 특징이 있다. 성경적 상담을 해야 할 목사가 자기 주관적 혹은 개인적으로 습득한 이론과 지식으로 내담자를 과연 치유할 수 있을까? 그러므로 기독교상담은 말의 재주나 개인적인 유창한 솜씨로 내담자를 상담하는 것이 아니다.

한국교회가 지도자들이 '너무 권위적이다.'라는 말을 나는 미국에서 너무 들었다. 이 말은 미국 목사들이나 교수들만이 아니라 한인 교수와 한인 목사들조차도 동감하고 있다. 나는 한국 교회 지도자들이 '너무 권위적이다.'라는 말에 동감이 하지만 평가를 낮추려고 하는 시각에서 하는 말은 동감하지 않는다. 물론 사람 자체에 권위를 두는 것은 문제가 있다. 권위란 스스로 갖는 것이 아니고 다른 사람이 인정해주었을 때 그 '권위'가 진정한 권위가 될 수 있기 때문이다. 그러므로 사람 자체에 권위를 두는 것보다 그 사람이 하는 사역의 기능에 권위를 인정받아야 한다고 생각한다. 이러한 말은 혹시 상담을 진행하거나 시도하려는 목사나 상담자들이 권위적인 자세나 생각으로 상담을 할 때 내담자로 하여금 진정한 문제의 해결과 치유적인 결과를 바라볼 수 없다는 것을 알아야 한다.

진정한 상담의 치유자는 상담자 자신이 아니라 바로 '성령'이시기 때문이다. 이러한 상담의 기능과 방법을 지도자라는 권위로 상담사역을 한다면 상담사역의 시도를 중단해야 한다. 상담자의 역할은 그의 존재 양식과 태도에 기초하고 있는 것이지 내담자에게 '무엇인가를 하도록' 고안된 테크닉의 이행에 있는 것은 아니다. (중략) 가장 우선적이며 중요한 것은 상담자는 내담자와의 관계에 있어서 기꺼이 진실해지려고 해야 한다는 것이다. 편견된 진단의 법주 속에서 내담자를 이해하려는 대신에 상담자는 경험의 기초가 되는 순간순간에서 내담자와 만나 내담자의 세계에 들어감으로써 내담자를 돕는다.

상담자의 진지한 배려, 수용성 그리고 이해하는 태도를 통하여 내담자는 그의 방어적 태도와 고정된 인식을 버리고 개인의 기능을 좀더 높은 수준에서 발휘할 수 있는 방향으로 나아가게 된다.[34] 그러므

로 상담사역에서 중심의 역할과 기능을 수행할 목사는 지금까지 한국
교회가 갖고 있던 권위를 사람에게 두는 모습에서 목회나 상담에 권
위를 두고 역할자로서 상담목회를 해야 한다.

뿐만 아니라 일반성도들이나 상담을 필요로 하는 내담자를 특별히
배려하고 회중이 건강하고 성숙하게 성장하도록 돕는다면 교회는 지
속적인 성장을 할 것이다.

끝으로 본인은 성경적으로 상담(자)의 중요성을 요약하고 본문을
끝맺을까 한다.

우선 바울은 하나님의 지혜와 지식에 대해서 한마디로 'Counselor'라
고 고백하고 있다.(롬11:33-34) 바울은 하나님을 향해 진정한 이 세상
의 'Counselor'라고 한 것이다. 한글 개혁성경에서는 '모사'라는 말로 번
역되었으나 N. I. V.(New International Version) 영어 성경에서는 분
명히 '상담자'라는 단어를 쓰고 있다. 모든 만물을 아시는 분 그리고 그
모든 만물을 판단하시는 분은 오직 한 분 '하나님'이시다. 뿐만 아니라
N. I. V. 영어 성경에서 사용하고 있는 'decision(해결), guidance(안
내), adviser(조언자) 단어들을 K. J. V(King Jams Version)에서는 모
두 'Counsel' 또는 'Counselor'로 사용하고 있다.(잠15:22(counsel): 잠
24:6(adviser), 사1:26:(counselor) 구약에서는 지혜자를 상담자로 사용
하기도 했다.(사1:26) 그리고 욥은 욥기12:13절에서 다음과 같이 말하
고 있다. "지혜와 권능이 하나님께 있고 모략과 명철도 그에게 속하였
느니라" 이것을 N. I. V. 영어 성경에서는 "To God belong strength
and Power; counsel and understanding are his"라고 기록하고 있다.
또한 욥기12:17에서는 "모사를 벌거벗겨 끌어가시며 재판장으로 어리
석은 자가 되게 하시며"라고 기록했는데 N. I. V.에서는 "He leads
counselors away stripped and makes fools of judges."라고 번역하고

있다. 이 말은 하나님께서는 이 세상의 어떠한 지도자, 상담자, 지혜자, 재판장이라 할지라도 하나님의 '상담'(Counseling)과 비교할 수 없는 것을 우리에게 가르치고 있다. 바울이 말한 대로 모든 것이 하나님께로 돌아갈 것이기 때문이다.(롬11:36)

중요한 사실 하나는 예수 그리스도께서 이 땅에 오실 것을 예언한 이사야는 첫째로 부르기를 "Wonderful Counselor"(놀라운 상담자) 둘째로 "Mighty god"(위대한 하나님) 셋째로 "Everlasting Father"(영원한 아버지) 넷째로 "Prince of Peace"(평강의 왕자)로 오실 것을 예언하였다.[35](사9:6) 다만 국어최초의 번역이 1911년 3월 9일에 이루어졌는데[36] '상담'(자)이라는 단어를 번역할 정당한 단어가 없어 한자로 '기묘자', '모사'라는 '기이한 전략가', '기이한 책략가'로 번역한 것이다. King James Version.은 1604년에 번역에 착수 1611년에 원문에 가장 가깝게 번역한 영어 성경이다. 앞서 'counselor'에 대한 과거의 역할은 전문성이 강한 직책이었으나 오늘날은 포괄적인 역할자로 사용한다.

여기서 나는 하나의 이론을 제시한다. 내가 말하는 이론은 기독교 상담에 있어서 내담자에게 반듯이 다루어주어야 하는 부분이 있는데 그것은 바로 느낌(Feeing)과 감정(Emotion)이라는 것이다. 모든 상담의 목적은 내담자의 느낌과 감정을 회복시키는 것에 초점이 되어있다. 반대로 이 말은 모든 내담자의 문제는 이 느낌과 감정 속에 포함되어 있다는 나의 주장이다. 성경도 이러한 느낌과 감정의 부분을 상담할 것을 명하고 있으며 성령의 사역이 상담이라는 차원에서 볼 때 흔히 말하는 내적 치유는 실제로 느낌과 감정이라는 부분이다. 이를 학문적 이론 명으로 F(Feeing)와 E(Emotion)에 충실하자는(수고하자) 단어의 'Toil'를 써서 "FE-Toil"라고 명명한다.(혹은 FE-Works)

FE-Toil(느낌과 감정노동) 충실하기 기법은 실제로 내담자의 느낌과 감정 회복을 우선으로 치유해 나아가는 기법이다. 물론 내담자의 모든 문제(갈등 포함)는 느낌과 감정 부분에 포함되어 있으나 느낌과 감정적인 부분을 어떻게 시작하나? 어떻게 접근할까라는 의문이 들게 된다.

무너진, 혹은 더 심한 경우 파괴된 내담자의 느낌과 감정의 부분은 흔한 표현으로 '영혼 치유' 혹은 '내적 치유'라는 말을 하기도 한다. 그러나 영혼 치유는 영혼의 상처와 아픈 부분을 회시킨다는 말이지만 실제로 내담자의 영혼 부분을 수술하거나, 두뇌 부분을 의학적으로 점검하는 것이 아니다. 하나님의 말씀을 통하여 위로해 나아가는 것이다. 내적 상담은 기법적인 표현이라기보다는 상담의 한 부분에서 기독교상담이 사람들의 숨겨진 아픔, 말 못하는 아픔, 것 같은 내적인 문제를 위로 및 회복시켜 나아가는 것을 의미한다. 물론 이것도 하나님의 말씀을 통한 것이다.

즉 FE-Works도 역시 성경의 조명과 상담자의 성숙한 영성이 요구되면서 나아가 하나님의 말씀으로 상처 난 느낌과 감정 부분, 파괴된 느낌과 감정, 현재도 아파하는 느낌과 감정 부분을 회복시켜 나아가는 것이다. "God's word acknowledges that we have feelings but calls on us to see that they are governed."[37] (하나님의 말씀은 우리가 스스로 자신을 잘 알 수 있는 느낌들과 있지만 그것을 불러내어 다스릴 수 있음을 허락하셨다.) 물론 성령의 도우심과 역사하심을 의지하는 것은 당연하다.

자, 이제는 FE-Toil를 시작할 때 어떻게 해야 하는가?

모든 내담자의 문제는 느낌(Feeling)과 감정(Emotion)의 문제라는 의식을 갖는다.

알코올, 이성, 돈, 가정, 교회, 성, 직장, 직업, 사회적응, 학교에 관한 상담내용이 있을지라도 상담의 목표는 내담자로 하여금 변화를 유도하여 사회적응상의 문제나 갈등이 없도록 하는 것이므로 느낌과 감정 부분이 관련되지 않은 것이 없다. 그러므로 새내기 상담자들은 초면상담에서 다른 상담내용을 내담자가 말하는 것 같으나 분명 느낌과 감정의 문제라는 사실을 전제해야 한다.

한 예로 다윗의 문제(갈등)를 알아보자. 다윗은 흔한 말로 우리아의 아내인 '밧세바'에 대해서 강간죄, 그의 남편에 대해서 살인죄 그리고 모든 죄를 속인 '거짓증거'(하나님의 대해서)를 저지른 성경전문에 걸쳐 이만한 큰 득죄를 행한 자가 없는 죄를 다윗은 저질렀다.

다윗이 하나님에 대해서 저지른 죄는 성경적으로 고백되기를 아픔과 Feeling(느낌)과 Emotion(감정) 부분으로 제한할 수 있다. 다윗은 고백하기를 "내 속에 생각이 많을 때에⋯⋯"(시94:19) 여기서 생각이라는 단어가 영어 N. I. V. 버전 영어 성경에서는 'Anxiety'(걱정거리)라는 단어를 사용하고 있다. "⋯⋯내가 괴로워 말할 수 없나이다."(시77:4) 영어 성경에서는 'troubled'단어를 사용한다. 즉 다윗은 문제의식과 걱정거리가 많았다. 이보다 더 많은 시편과 잠언을 통하여 다윗은 느낌과 감정은 파괴되고 무너졌음을 알 수 있다. 특히 삼하11:3 이하부터 왕상까지 전반에 걸쳐 다윗은 마음과 심정에 고통을 가졌으며 괴로워했다. 그는 하나님께 대해서는 회개하기를 시6:1 여호와여 주의 분으로 나를 견책하지 마옵시며 주의 진노로 나를 징계하지 마옵소서, 6:2 여호와여 내가 수척하였사오니 긍휼히 여기소서 여호와여 나의 뼈가 떨리오니 나를 고치소서 6:3 나의 영혼도 심히 떨리나이다. 여호와여 어느 때까지니이까 6:4 여호와여 돌아와 나의 영혼을 건지시며 주의 인자하심을 인하여 나를 구원하소서 6:5 사망 중에서는 주를 기억함이 없사오니 음부에서 주께 감사할 자 누구리이까, 6:6 내가 탄식함으로 곤핍하여 밤마다 눈물로 내 침상을 띄우며 내 요를 적시나이다."

여기서도 자신은 하나님께 매우 부족하다고 고백하고 'agony'(아픔과 같은 Pain의 의미가 강한, 고민, 고통")를 뜻하는 단어를 사용하고 있다. 느낌과 감정은 이미 의학적인 증거로 대뇌(특히: 전두엽(Frontal Lobe), 두정엽(Parieta lobe), 측두엽(Temprorl Lobe) 후두엽(Occipital Lobe))의 기능에서 감각과 감정의 변화, 판단, 지작, 말하기 듣기, 시각, 운동기능 등을 한다. 육체의 모든 명령 하달은 뇌가 한다.[38]

사람의 느낌과 감정은 총체적인 감각기관의 본부와 같다. 물론 마음을 다스리고 달래주고 위로하고 또 영혼을 위로하고 달래주고 다스리는 것은 실제적으로 그 사람의 느낌과 감정의 부분을 다스리고 달래주고 위로해주는 것이다. 간음으로 임신한 아들을 하나님께서 제하실 때 다윗도 밤새도록 기도하였지만 아내 밧세바를 위로한 다윗은 (삼하12:24 'comforted': 위로하다) 새 인생을 시작한다.

그러므로 모든 내담자의 문제는 느낌과 감정의 회복과 치유에 초점을 두고 실제적인 치유와 회복에 나아가야 한다. 무조건 느낌과 감정에 좋은 말을 하거나 '하나님께서 함께하시니 참아보라'식의 권면적 상담은 내담자로 하여금 실망내지 듣기는 들어도 주최할 수 없는 느낌과 감정으로 상담의 의욕까지 상실할 수도 있다.

실제적으로 내담자의 느낌과 감정에 어떻게 충실하게 최선을 다할 수 있을까? 정확한 답은 내릴 수 없다. 그러나 이렇게 말할 수 있다. 느낌과 감정에 충실한 상담이 되기 위해서는 첫째로 권위적 상담이 되어서는 안 된다. 윗사람이라고 아래 사람 부리듯 혹은 말하듯 한 상담을 진행해서도 안 된다. 무엇보다도 진정한 위로는 같은 마음을 갖는 것이다. 그리고 간단한 신체접촉(손을 잡아주는 것, 어깨를 두드려주는 것, 혹은 친분 관계에 따라 안아주는 것 그리고 내담자 수준에 맞는 함께 걷기, 같이 울기, 무엇인가 구체적인 약속으로 내담자에게 신뢰감을 주는 것(다시 만날 것, 같이 회복을 같은 마음 갖기 등), 하나님의 사랑은 주체적이다. 그리고 늘 우리와 함께하시고 약속하셨다. 그리고 실천에 넘겼다. 효과적 상담, 성경적 상담은 많은 상담을 성경적으로 가르치는 것이 아니라 성경적으로 조명하고 상담자가 내담자를 위해서(내담자에 따라 달라짐) 동행하고 함께하려는 한번의 실천이 중요한 것이다. 사랑은 감상적인 것이 아니다. 구체적이고 실제적인 주고받는 느낌과 감정인 것이다.

사랑이 말은 쉬워도 행동이 어려운 것은 바로 이 때문이다. 함께 동행하지도 못하고 함께 어울리지 못하면서 '친구'라 하고 같은 '성도'라 하고 하나님의 이름을 함부로 사용하는 상담행위 말이다. 그러나 기독교상담의 가장 큰 의미는 상담은 교회 사역 중 가장 중요한 사역 중 하나라는 것이다. 교회의 사명은 복음을 전하는 것이다. 이 복음을 전하는 수단으로 그리고 방법으로 교회는 '상담'을 실행해야 한다. 사람을 전도하는 것부터 시작하여 그 영혼이 하나님의 말씀으로 성장하기까지 전 과정에서 기독교상담은 접목되고 상담으로 마치게 되어 있기 때문이다.

1) Paul. Tournier. *The Meaning of Persons*, Translated by, Kwon Myung Dal, Voice, 1987, p.181.

2) Paul. Tournier, Ibid, p.280.

3) Raymond L. Cramer. *The Psychology of Jesus and Mental Health*. Chung Dong Soup, translated by, Word of life press. 2001, pp.72－73.

4) Ibid, p.106.

5) Seward Hiltner, *The counselor in counseling*, Abingdon press,

6) George Barna and, *Leader on Leadership*, Choe Ki Un, Translation by, Bethany Print co, 200, pp.21－22.

7) Lee Won Seol, *The Bible teacher it is Christian Leadership*, Qum Ran, Print, 2000, pp.84－85.

8) William B. Oglesby Jr, *Biblical Themes For Pastoral Care*, 1980, p.17.

9) Howard Clinebell,. *Contemporary Growth Therapies*, 1981, p.38.

10) N, I, V, Bible.

11) Raymond L. Cramer, *The Psychology of Jesus and Mental Health*. The previous book, p.120.

12) Diane Langberg, *Counsel for Pastors wives*, 1988. pp.87－88.

13) George Barna, *Leaders on Leadership*, The previous book, pp.124－125.

14) Howard J. Clinebell, *Basic Types of Pastoral Counseling*, translated by, Keun Won Park, The Christian Literature Society, 1991, pp.323－324.

15) George Barna, Ibid, p.67.

16) John Haggai, *Lead on*, translated by, Kwoun Myung dal, voice, 1996, p.38.

17) Du Hyok Yoon, *Training Laity－counselors for Pastoral Care*, voice, 1984, p.82.

18) Du Hyok Yoon, Ibid, p.88.

19) Du Hyok Yoon, Ibid, pp.96－97.

20) Howard J. Clinebell, *Basic Types of Pastoral Counseling*, translated by, Keun Won Park, The Christian Literature Socirty, Seoul, 1991, p.142.

21) N, I, V, Bible.(& K, J, V).

22) Ted W. Engstrom, T*he Making of Christian Leader*, Grand Rapid, Michigan, Zonderervan, 1976, p.37.

23) Raymond L. Cramer, *The Psychology of Jesus and Mental Health*,

Chung Dong Soup, translated by, Word of life press, 2001, p.21.

24) Jay, E. Adams, *Pastoral Counseling,(Shepherding God,s Flock 2)* Chung Sam Ji, translated by, Christian Literature Crusade, 1980, pp.45−47.

25) Diane Langbers, *Counseling for Pastor's Wives*, 1988. p.68.

26) Clyde M. Narramore, *The Psychology of Counseling*, 1960, p.160.

27) Wolfgang Kohler, *Gestalt Psychology*, 1945, p.4.

28) Seward Hiltner, *Pastoral Counseling*, translated by, Kyung Il Mah, Christian Literture Society, seoul, 2001, p.13.

29) Howard J. Clinebell, Jr, *Basic Types of Pastoral Counseling*, translated by, Keun won Park, Christian Literature Society, Seoul, 1991, p.44.

30) Howard J. Clinebell Jr, Ibid, pp.45−46.

31) Jay E. Adams, *The Christian Counseling Manual*, translated by, Yong Soo Kim, voice, Seoul, 1982, p.286.

32) Jay E, Adams, Ibid, p.39.

33) Gary R Collins, *Case Studies in Christian Counseling*(series 28), translated by, Tyrannus, 1996, p.78.

34) Gerald Corey, T*heory and Practice of Counseling and Psychotherapy*, translated by, Ki Tai Hahn, Sung Kwang, 1992, pp.98−99.

35) *The New International Version & King James Version & Revised Standard Version*(Isa 9:6)

36) Jung Eun Kim, professor of Presbyterian Theological seminary. *History of Korean Bible translation.*(The 'new and old Testament Chinese writing Bible' that Asian the first translation was) translated in China(1822.) and The first translation was translated in Japan '1882.'

37) Diane Langberg. *Counsel for Pastors Wives*. Zondervan Publishing House. 1988.

38) *http://k.daum.net/qna/kin/home/qdetail_view.html?boardid*

7. 상담심리의 일반 방법론

1) 상담의 진행 과정

상담의 진행 과정은 어떤 상담기법과 이론을 따른다고 해도 일반적으로 3단계로 나누어 볼 수 있다.

1단계는 상담 초기단계로 내담자와 상담자가 처음 만나는 단계이다. 이를 초면단계라고도 한다. 초기단계는 내담자와 상담자가 만나면서 이루어지는 상담의 시작단계로서 무엇보다도 상담자의 태도가 중요한 시기이다. 새내기 상담자들과 다른 상담자들은 가끔 내담자가 어떠한 상담자세를 갖고 있느냐에 따라서 상담의 결과 또는 목적이 달라지는 만큼 상담의 처음단계는 상담자보다 내담자가 더 중요하다고 주장하기도 한다. 물론 틀린 말은 아니다. 그러나 상담 초기단계에서 내담자는 자신의 내외적 부정적 문제들을 가지고 있기 때문에 '어떻게 상담자에게 말을 꺼낼까?'라는 생각으로 심리상태가 무거운 만큼 상담실에 들어오는 순간부터 상담자의 대화와 상담진행 리더십이 무엇보다도 중요하다. 이 시기를 통하여 내담자는 '상담자와 어떤 관계로 상담을 진행하는가?'가 결정되기 때문에 상담의 처음시간은 상담자의 상담진행 자세나 태도가 중요하다.

상담진행 초기단계 과정에서는 상담자의 중요한 역할이 있다. 그것은 '들어주기'이다. 혹 미리 연락받은 내담자라도 신실하게 처음부터 다시 들어준다는 자세로 내담자의 고민과 내담자의 상담내용을 잘 들어주어야 한다. 뿐만 아니라 내담자가 아는 사람이라든가, 아는 사람을 통하여 소개받은 내담자라 할지라도 상담자의 첫 번째 역할의 중요성은 들어주기이다. 아울러 나이가 어린 내담자이거나 언행이 거친 내담자라 할지라도 상담을 필요로 하여 만나 내담자들에게는 '들어주기'보다 중요한 역할은 없다.

상담자의 초기단계 역할에서 '들어주기' 진행 과정에서 상담자는 다음단계를 위한 내담자에 대한 여러 가지 정보를 얻게 된다. 그렇다고 '이것이 알고 싶다'식의 질문으로 내담자에게 무리한 답변을 얻으려고 하지 말아야 한다.

2단계는 크게 두 가지 상담자의 역할이 중요하다. 우선 초기단계에서 얻어진 내담자의 정보를 통하여 상담의 방법이 결정되어야 한다. 다만 결정된 혹은 결정하려는 이 상담의 방법을 일사천리식으로 밀고 나아가기 위한 상담방법이 되어서는 안 된다. 왜냐하면 상담진행 과정에서 문제의 변화와 내담자의 심적 변화로 상담의 기법이 달라져야 할 필요가 있기 때문이다. 그러므로 상담의 기법을 정하여도 여러 저항과 변화에 따른 여러 상담기법의 적용이 필요하다.

2단계에서는 내담자의 문제를 해결하기 위한 여러 가지 시도가 진행되는 단계이다. 상담자는 내담자의 변화에 대한 철저한 상담기록과 변화시점을 기록하여 적절한 상담시간에 내담자로 하여금 내담자가 스스로 상담진행 과정에 이렇게 변했다는 것을 상담기록카드를 통하여 알려주어야 한다. 이것은 너무 많은 내담자의 요구와 문제의식으로 상담의 본질과 내담자의 핵심적인 상담요소가 흐려질 우려가 있기 때문이다. 상담진행 과정을 기록하고 그 기록을 제시하여 내담자가 스스로 허구적 변화를 추구하지 않도록 하는 상담자의 방어책이기도 하다.

3단계에서는 혹시 변화된 내담자의 문제의식이나 내담자의 감정과 느낌에 대한 것을 정리하고 상담자는 내담자로 하여금 상담의 목표를 의식화해야 한다. 이 단계는 정리를 넘어 확정하는 단계이어야 한다. 특히 3단계에서는 내담자가 상담의 목표에 동의하고 상호 협력으로 상담의 목표를 이루어야 한다는 생산적 단계이어야 한다. 그러므로 내담자가 스스로 상담의 목표의식은 물론 내담자 자신의 내적 갈등과 심리적 문제에 의식하고 대처할 수 있는 문제적응력을 높이는 단계이어야 한다. 무엇보다도 주의할 것은 이 3단계에 와서 상담의 기법을 바꾸려 한다든가 또는 상담자 스스로 새내기 상담 때 찾아오는 불안요소, 가령 '이 상담이 이 방법으로 가도 될까?' '지금 내담자가 날 믿고 상담과정을 잘 따라오는 것일까?' 하는 불안 때문에 무엇인가 새로운 도입을 추구해서는 안 된다는 것이다.

"Gerald Cory" 기법이 진정한 탐색을 하는 대용물이 된다면 기법을 사용하는 것에는 신중을 기할 필요가 있다. 게다가 기법이 도입될 때 이것은 상담진행 중에 존재하는 인지적, 정서적, 행동적 자료를 강조하기 위한 것이어야지 지도자의 불안감 때문에 주의를 분산시키기 위한 것이어서는 안 된다." 상담자들에게 주의시키고 있다.[1] 그러나 분명한 것은 핵심적인 내담자의 문제가 심리적 불안 문제인데 그 불안 문제를 상담하는 과정에서 가족과의 불화음이나 다른 어떤 불안심리를 제공한 요인이 발견되어진다면 그에 따른 별도의 상담코스를 진행하여야 한다. 그리고 내담자에게 내재된 불안요소를 발견하였다 하여 근본적인 상담문제를 진행하는 과정에서 다른 상담기법을 동원하여 상담을 진행하는 것은 바람직하지 못하다.

끝으로 일반상담이나 기독교상담진행 과정에서 필요한 경우 상담의 기법을 변경할 준비가 되어있어야 한다.2) 그리고 기법이 가치 있고 중요한 것이기는 하지만 주의 깊게 사용되어야 한다.3)

Gerald Corey는

1) 초기단계(친해지기, 신뢰형성)

2) 전환단계(과도기 단계, 갈등 다루기, 저항탐색)

3) 작업단계(투사, 내담자 문제인식 다루기, 질문활동)

4) 종결단계(상담종결하기, 상담분석 및 평가, 상담기록카드적용) 등의 4단계를 말하기도 한다. 그러나 이것은 집단상담기법 시 주로 사용하는 단계로 주로 적용된다.

2) 일반상담 심리치료

A) Sigmund. Freud(1856. 5. 6–1939. 9. 23)
   정신분석적-치료(The Psychoanalytic-Theory)

일반적인 상담요법은 정신분석을 일컬어 말한다. 역사적으로 최초의 심리요법체계인 정신분석학은 성격론이며, 철학적 체계이며, 심리요법의 한 방법이다. 이러한 정신분석요법은 프로이드(Sigmund. Freud) 1896년도에 최초로 사용했다.

프로이드의 정신분석학의 공헌은 여러 가지가 있으나 그 핵심적인 하나는 "인간의 행동은 종종 무의식적 요인에 의해 지배된다."4)는 것과 정신분석학 접근은 저항, 감정의 전의, 분석을 통하여 무의식을 개발하는 방법을 제공하였다는 것이다. 특히 프로이드의 개인의 구조를 원시자아(Id: 이드), 자아(Ego: 이고), 초자아(Superego) 부분으로 나누어 의식과 무의식의 세계를 개인의 사고와 행동에 미친다는 정신분석적 접근방법을 제시하였다.

이것이 프로이드의 큰 공헌이라 할 수 있다. 뿐만 아니라 프로이드는 개인의 발달과정을 구순기(출생 1년) → 항문기(생후 1-3년) → 남근기(3-5년) 과정으로 발달한다고 주장하고 이는 상담자가 내담자의 깊은 내적인 문제를 다루기 위해서는 중요한 요소라고 주장한다.

① 구순기

유아 1년까지는 모유를 빠는 것으로 욕구와 쾌락을 만족하는 시기. 탐욕과 욕망, 욕심 등은 생애 초기인 이 구순기에 충분한 모유수유와 음식과 사랑을 얻지 못하는 데서 발생한다는 심리적 접근(Approach)이다. 이시기 v는 발달하느냐 부족하냐에 따라서 신뢰감, 대인관계 등의 심리발달에 영향을 미친다.

② 항문기

유아 1년~3년의 시기로 사람에 대한 신뢰감, 의존감, 사회와 대인에 대한 친숙과 수용성을 경험하는 중요한 시기이다. 이 단계에서는 인간발달이라는 시기에서 개인의 독립성, 자율성 그리고 부정적인 감정을 인정 및 처리하는 것을 배우게 된다. 항문기 시기는 어린이가 적대감, 파괴성, 분노, 증오 등의 부정적인 감정들을 확인하는 시기이다. 반복적일 경우 이 모든 것을 답습하게 된다.

③ 남근기

생후 3~5년 때인 항문기 시기는 유아 상태를 벗어나는 시기이고 다음단계인 남근기 시기는 보행, 언행, 사고력, 신체발달에 의한 조절 능력이 급속히 발달하는 과정이다. 그리고 판단의 능력과 조절의 능력이 발달하는 시기이다. 그러므로 이시기 는 감수성의 발달로 예민성이 증가하게 된다. 또한 이 시기는 성적 호기심이 일어나고 자신의 몸과 타인의 몸을 탐색하기도 한다. 그래서 이 시기는 성적인 감정을 자연스레 수용할 수 있는 자세와 자신은 물론 남과 다른 신체에 대해서 긍정적인 사고를 갖도록 하는 노력이 중요하다.

정신분석적 상담치료는 내담자가 자신의 감정이나 경험을 거의 나누지 않기 때문에 주로 내담자가 정신분석가에게 감정이나 생각을 투영시킨다. 치료를 위한 자료가 되는 내담자의 투영되어진 것을 해석 분석된다.[5] 프로이드 심리학은 후반에서 다시 다루기로 하겠다.

B) Carl Gustav jung의 성격유형론

(1875 1961 스위스의 정신과 의사이자 분석심리학의 창시자 융은 1875년 스위스 산간지방인 케스빌에서 목사의 아들로 태어났다. 그는 취리히대학교 부설 정신병원에서 일하면서 단어연상검사를 연구함.)

융은 사람은 정도의 차이는 있으나 모든 사람은 4가지 기능을 갖는다고 말한다.

① 사고형: 논리적이며 객관적인 성격형.
② 감정형: 자기 주관으로 이성보다 감정적인 주관적 성격형.
③ 감각형: 육감적인 감각으로 모든 상황을 판단하는 성격형.
④ 직관형: 모든 상황을 가능성으로 보고 그 상황을 민감하게 판단한다.

이를 다르게 분석하면

① 외향성&내향성

: 이는 주로 외부세계와 외부환경에 초점을 두는 경향.(활동적, 사고적, 행동방향) 내향성: 이는 자신의 내부세계와 내부개념으로 사물을 인식하는 성향.(침착, 이해성 강함)

② 감각형&직관형

: 오관에 의존하고 정보를 수집.(상황판단에 침착, 근면성실, 분석형태) 직관형: 육감에 의해 사물판단.(상상력 풍부, 다양성으로 분별.)

③ 사고형&감정형

: 사고형은 판단할 때 사고와 논리적으로 개관적 가치를 둠으로 일관성과 (판단형)타당성을 강조. 감정형은 인간 중심에 가치를 두고 결정 내림. 주관적 가치와 자신의 판단기준으로 타인에게 어떤 영향을 줄 것인가를 판단함.

④ 판단형&인식형

: 외부세계에 대한 인식과 판단을 내리는 지표로 개인의 생활, 행동양식에(태도와 행동양식) 영향을 준다. 판단형은 계획을 수립, 생활을 조절하며, 질서 있게 살아감, 인식형, 상황에 맞추어 융통성 있게 생활.[6]

이러한 정신분석적 심리치료는 내담자의 무의식을 의식화함으로 내담자의 성장과정의 특성과 또는 성격구조를 재형성시켜 과거의 개인이 현재의 개인에게 미치는 영향 등을 분석, 문제를 판단 해결하게 된다.

특히 상담자는 내담자가 느끼고 판단하고 있는 것과 상담 중 얼마나 진실한 고백을 하는가 그리고 상담자가 판단하기로 얼마나 내담자가 현실적인 것을 말하는가 등을 다루고 비이성적인 행동과 충동적인 행동과 말에 대해서 통제하도록 조력하게 된다.

그러므로 정신분석적 심리치료는 인간의 행동을 이해하고 판단하는 유형이요 방법이다.

C) 실존주의 치료(The Existentialism-Theory)

실존주의 요법(정신분석학과 행동주의에 반동으로 발달) 내담자 중심요법(인간경험의 주관식 관점에 근거를 둔 것으로 문제를 다루는 데 있어서 내담에게 신뢰를 두고 책임감을 부여한다.)

이것은 기술적으로 인간을 분석 판단하는 것이 아니라 근본적인 인간이해에 초점을 둔다. 그래서 실존주의법은 인간이 스스로 판단하고 결단할 수 있도록 도와주고 개인의 자아의 능력을 인정한다. 치료의 목표에서는 무엇보다도 자신의 존재와 잠재력을 자각하고 경험하는 데 있다. 그로 인해 내담자가 선택의 폭을 넓게 하고 자신이 경험하지 못한 부분까지 인정할 수 있도록 한다.

내담자가 갖는 불안요인에 대해서도 선택의 폭을 증가시켜 현실을 인정하도록 한다.

D) 칼 로저스(Carl Rogers)의 내담자중심 치료
   (The Client-Centered-Theory)

이는 상담자가 내담자의 문제를 해결하기 위한 자신의 능력을 발견하도록 도움을 주고 한 개인이 스스로 성장하도록 정신분석적인 치료의 한계(정신분석학적으로 내담자를 치료할 때 인간의 개인적인 문제의 특수성을 어느 미리 준비된 자료에 의하거나 통계된 자료에 문제를 맞히려는 상담자의 의도적 행위 등)를 대치하기 위한 반응이라 할 수 있다. 무엇보다도 상담자와 내담자의 신뢰는 물론 내담자의 변화를 치료의 촉매로 본다. 물론 인간의 무의식을 적용하는 정신분석학 자료

활용은 내담자의 잠재적 능력을 개발, 실천할 수 있도록 하기 위한 수단으로 사용된다.

로저스의 내담자 중심의 심리치료법은 완성이거나 무조건 사용해야 한다는 차원보다 치료과정의 한 발전단계에서의 사용을 원했다.[7]

이 요법은 개인상담은 물론 교육, 사업, 공업, 국제관계에서도 집단상담의 운동에 큰 공헌을 하기도 했다.

이 요법의 중요성은 상담자가 내담자 경험과 감정을 민감하게 그리고 정확하게 이해하는 것이다. 이것은 치료 기간 중 내내 발생할 수 있는 내담자의 감정적 부분을 상담의 목표에 내담자가 스스로 공감을 가지고 문제를 인식시키고 해결하기 위해서이다. 이러한 과정을 통해 내담자와 상담자는 공감이 커지게 되고 치료의 효과를 높이게 된다.

이외에 형태요법(주로 경험 요법은 자각과 통합을 강조하는 것으로 분석요법에 대한 반동으로 생겨났다. 육체와 정신기능을 총합한다.) 의사교류분석요법(현대인의 유형으로서 인지적, 행도적인 국면에 기울러지고 있는 경향이 있다. 내담자를 도와 현재에 비추어 그들의 결정을 평가한다.) 행동요법(학습원리를 특별한 행동자애 해결에 적용하는 것으로 결과들은 계속적으로 실험을 한다.) 합리적 정서요법(고도의 교훈적, 인지적, 행동지향적인 요법 유형으로 인간문제의 근원으로서 사고와 신념체계의 역할을 강조함.) 현실요법(인습적 요법에 대한 반동으로 현재에 초점을 둔 단기요법이며 인간의 본질적 능력을 강조한다.) 이러한 요법이 심리요법의 종류이다. 또한 신정신분석학파로 융(Carl Jung)이 있다. 융은 프로이드의 영향을 받아 프로이드의 기초 위에 인간의 발달에 목적성의 역할을 강조했다. 인간은 이유(causes) 또는 목적(aims)에 의해서 생을 영위한다[8]는 것이다.

대표 인물들을 살펴보면

정신분석학적 요법(Psychoanalytic Therapy : Freud, Jung

실존-인간주의요법 Existential Humanistic : May, Maslow, Frankl

내담자 중심요법(Client-Centered) : Carl Rogers.

형태요법(Gestalt Therapy) : Fritz Perls.

의사교류분석(Transactional Analysis) : Eric Berne.

행동요법(Behavior Therapy) : wolpe, Lazarus.

합리적 요법(Rational-Emotive) : Albert Ellis.

현실요법(Reality Therapy) : William Glasser.

정신분석 심리치료는 정신적이고 감정적인 고통을 덜어주기 위한 치료입니다. 그것은 말로 하는 치료법입니다. 그것은 또한 인간이 참다운 자기를 발견해가는 방법이며 동시에 인간행동에 관한 일반적인 연구 방법이기도 합니다.

정신분석 심리치료는 우리의 행동과 생각과 태도의 많은 부분들이 의식의 통제 아래 있지 않고 무의식에 의해 통제되고 있다. 생각에 기초해 있습니다. 정신분석 심리치료가는 환자에게 말을 하게 함으로써 그의 무의식적인 욕구들, 동기들, 소망들, 기억들을 밝혀내는 것을 돕습니다. 이러한 치료 형태는 금세기 초에 프로이드에 의해 개발되었으며 그 후로 많은 정신분석학자들은 프로이드의 작업을 확장시켰고 치료할 수 있는 병의 범위를 넓혀갔습니다. 또한 새로운 치료 기술들과 인간행동에 대한 통찰들이 발달되었습니다.

3) 상담심리에서 발생하는 질문들

a) 어떤 사람에게 심리치료가 필요한가?

정신분석 심리치료는 보다 유연성 있는 감정을 가지고 더 행복한 삶을 살고 싶어 하는 모든 사람에게 해당됩니다. 요즘은 성인들, 아이들, 부부와 가족 전체가 정신분석 심리치료를 받는 것을 흔히 볼 수 있게 되었습니다. 사람들은 개인치료나 집단치료를 받을 수 있습니다. 정신분석 심리치료는 병리가 깊은 환자에게만 해당되는 것이 아니라 더 성장하고 싶은 사람을 위해서도 필요한 것입니다.

b) 어떤 종류의 문제들이 정신분석 심리치료에서 치료될 수 있을까?

광범위한 영역의 감정적인 문제들이 정신분석 심리치료에서 성공적으로 치료될 수 있습니다. 다음과 같은 증상들이 다루어질 수 있습니다.

감정적인 고통, 우울, 권태, 불안, 공부, 사랑, 일에서의 무능과 감정을 표현하지 못하는 것. 원인을 알 수 없는 불합리한 두려움과 걱정. 무의미, 공허감, 고립감의 느낌이 떠나지 않는 것. 목표와, 가치, 이상의 결여. 지나친 책임감 때문에 긴장을 풀 수 없고 쉼과 놀이가 불가능한 것. 실제적이고 실현 가능한 목표들을 설정하지 못하고 책임감을 갖지 못하는 것.

배우자와 자녀들 또는 부모님과의 불만족스런 관계. 친구나 연인을 사귀지 못함.

삶이 완전히 자신의 통제를 벗어났다는 느낌과 모든 것이 운명에 달려있다는 느낌.

의례행위와 강박으로 사로잡힌 과도하게 통제된 삶.

강박적으로 계속 먹어대거나 또는 반대로 먹을 수 없는 문제.

심리적 문제에서 비롯된 신체적 문제들.

c) 정신분석 심리치료에서 환자는 무엇을 합니까?

정신분석 환자는 자신의 삶을 탐구하는 일에 있어서 치료자와 협력합니다. 두 사람이 똑같을 수 없듯이 모든 치료는 다 다릅니다. 환자는 편히 앉은 채로 자신에 대해 말을 합니다. 특정한 화제가 있는 것은 아닙니다. 환자는 그가 말하고 싶어 하는 것을 말할 수 있습니다. 그러나 그가 논의하고 싶지 않은 것은 말할 필요가 없습니다. 그가 말할 때 그는 과거와 현재의 삶의 정황과 앞으로의 계획들을 드러냅니다. 꿈과, 환상, 성적인 생각들, 화난 생각들과 자기 자신과 다른 사람들에 대한 감정들을 치료자와 편안하게 나눕니다. 시간이 지남에 따라 환자는 그의 삶의 의미 있는 이야기를 감정적으로 말함으로써 무의식적 동기들과 두려움 기억들이 현재의 삶에 통합할 수 있게 됩니다.

d) 정신분석 심리치료에서 치료자는 무엇을 합니까?

정신분석 심리치료가의 중요한 기능은 환자의 이야기를 신중하고 주의 깊게 듣고 이해하며 의사소통하는 것입니다. 치료자는 환자의 문제에 대한 단서를 얻기 위해 지성과 감정 모두를 사용합니다. 분석가는 환자의 의사소통을 이해하고 그것을 환자에게 유용한 정보로 바꿔줍니다. 이를 위해 치료자는 질문들을 하고 왜곡들에 직면하고 환자가 편안하게 그의 생각들과 감정들을 나눌 수 있도록 돕습니다. 이를 통해서 환자의 마음속 상처가 치유되고 정지되었던 발달이 재개되도록 돕습니다.

e) 무의식이란 무엇입니까?

무의식은 의식이 직접적으로 이용할 수 없는 많은 정신 과정들 즉 소망들, 욕구들, 태도, 기억들과 믿음들로 이루어집니다. 많은 사람들에게 있어서 무의식이라는 생각을 받아들이는 것은 쉽지 않습니다. 그러나 면밀히 조사해보면 배우자, 친구, 직업, 삶의 스타일과 건강의 패턴 같은 삶의 선택들이 대부분 사람들이 의식할 수 없는 동기에 의해 이루어진 다는 것을 알 수 있습니다. 어린 시절의 많은 고통스런 기억들은 무의식 으로 들어갑니다. 그러나 그것들은 아직도 일상의 행동을 조종합니다. 정신분석 심리치료는 환자로 하여금 행동과 말의 실수, 꿈과 자유연상 을 통해 드러나는 이 무의식적 정신 과정들을 의식화 하도록 돕습니다.

f) 정신분석 심리치료에서 꿈들이 중요한 이유는 무엇입니까?

꿈은 프로이드의 말처럼, 무의식에 이르는 왕도를 제공하기 때문 에 (꿈을 기억하고 있는 사람들에게는) 정신분석 심리치료에서 중요 한 역할을 합니다. 꿈에서 사람들은 무의식적 욕구와 기억, 갈등과 소 망을 나타내기 때문입니다. 분석가의 해석의 도움을 얻음으로써 꿈은 숨겨진 자기의 측면들을 이해하는 통로가 될 수 있습니다.

g) 정신분석 심리치료에서는 소파를 꼭 사용해야 합니까?

전통적으로 정신분석 환자들에게 소파는 긴장을 푸는 기회를 제공 해주며 치료자를 보게 됨으로 정신이 흐트러지는 것을 막아주고 떠오 르는 생각들과 감정들을 편안하게 말할 수 있게 해준다고 믿어져왔습 니다. 그러나 근래에는 소파를 사용하기보다는 자연스럽게 마주 앉아 서 대화를 나누는 방식이 대부분의 정신분석 심리치료자들에 의해 선 호되고 있습니다.

h) 저항이란 무엇입니까?

모든 정신분석 심리치료에서 치료 과정 동안 환자는 치료의 진전을 방해하는 행동을 보입니다. 이 방해는 저항이라고 불립니다. 정신분석 심리치료는 환자가 자유롭게 말하게 함으로써 생각과 행동의 자유에 도달하는 것을 돕는 것이기 때문에 증상들을 가져왔던 부정적인 감정의 힘은 치료에 대한 장애물로서 자체를 드러냅니다. 환자는 다음과 같은 반응을 보일 수 있습니다.

더 이상 말할 수 없게 된다.

할 말이 없다고 느낀다.

치료자로부터 비밀을 숨길 필요가 있다.

그가 부끄럽다고 생각되는 것들은 말하지 않는다.

그가 말해야만 하는 것이 중요하지 않다고 느낀다.

끊임없이 똑같은 것을 되풀이한다.

특정 화제를 논의하는 것을 삼가한다.

이야기 이외의 무엇인가를 하고 싶어 한다.

이해보다는 조언을 바란다.

생각들만 말하고 감정들은 말하지 않는다.

감정들만 말하고 생각들은 말하지 않는다.

이외의 많은 다른 형태의 저항은 환자가 그 자신에 대해 알지 못하게 하고 성장하지 못하게 하며 그가 원하는 사람이 되지 못하게 합니다. 환자와 분석가는 함께 저항의 의미와 목적을 연구하고 그것을 풀 수 있는 열쇠를 찾으려고 노력하며 환자가 계속해서 성장할 수 있도록 돕고자 합니다.

i) 전이란 무엇입니까?

정신분석학자들은 환자들이 분석가를 왜곡해서 볼 수 있다는 것을 그들의 초기 연구에서 발견했습니다. 조용하고 말수가 적은 분석가는 압제적인 폭군으로서 지각될지도 모릅니다. 다르게 환자는 비록 그런 감정이 나타나지 않더라도 분석가가 그를 사랑한다고 확신하게 될지도 모릅니다. 이런 종류의 감정들은 대개 부모님, 선생님들 또는 형제들 같은 환자의 과거에 중요한 사람들에 대한 태도에서 생겨납니다. 때때로 분석가를 향한 감정들은 환자의 과거의 실제의 감정들이 표현되기도 하며 그리고 어떤 때는 중요한 사람에게 바라던 관계의 감정들이 나타나기도 합니다. 모든 환자들의 전이가 전형적인 형태로 발전하는 것이 아니기에 많은 환자들은 그들이 치료자를 향해 가지는 감정들을 공부하고 이해하는 것이 유용하다는 것을 알게 됩니다. 그것은 현재의 대인관계와 개인 성장의 욕구와 다른 사람들의 기대와 자신에 대한 태도를 이해하는 것을 도와줍니다.

  j) 정신분석 심리치료에서는 어린 시절의 사건에만 초점을 맞추나요?
  고전적인 정신분석학은 삶의 첫 5-6년 동안의 사건들은 성격의 발달에 중요하고 지속적으로 영향을 끼친다고 믿었고 현대 정신분석학은 한걸음 더 나아가 유아기의 경험이 갖는 중요성을 밝혀주었습니다. 그러나 과거는 현재 환자의 능력을 방해하는 경우에만 중요합니다. 치료자는 어린 시절에 뿌리를 두고 있는 환자의 상처를 치유하는 것이 사실이지만 이를 위해서는 어린 시절의 사건뿐만 아니라 현재 및 미래를 포함하는 삶의 전체과정에 관심을 갖습니다.

  k) 정신분석 심리치료는 주로 성에 관한 것입니까?
  대부분의 사람들은 성적인 생각들과 감정들이 삶에서 결정적인 역할을 한다는 프로이드의 발견에 대해 읽거나 들어왔습니다. 그러나 현대 정신분석학자들은 성뿐만 아니라 분노, 적대감, 의존 등과 많은 다른 동기들이 성격을 형성하는 데 있어서 중요하다는 것을 인식하고

208

있습니다. 대부분 성적으로 억압된 문화 속에서 살고 있던 프로이드의
환자들의 경우 그들을 치료하는 데 주로 성적인 문제를 다루어야 했
던 반면에 현대의 환자들은 분노의 감정과 고독 또는 일관성 있는 정
체성의 감각 등의 문제를 다룰 것을 필요로 하는 경향이 있습니다.

l) 환자가 치료받기 위해서는 치료자와 사랑에 빠져야 하나요?
환자들은 치료자를 향해서 다양한 감정들을 경험합니다. 인생에서
거의 사랑이나 이해를 받아보지 못했던 사람들은 분석가가 보이는 이
해의 태도를 사랑의 감정들로 반응할 수도 있습니다. 그러나 치료자를
향해 빈번히 일어나는 반응들 중에는 증오와 무관심과 무감각 등이
포함됩니다. 정신분석 심리치료자는 환자가 어떤 감정들을 경험해야
하는지를 결코 처방하지 않습니다. 대신에 분석가는 환자가 느끼는 감
정들이 어떤 것일 지라도 자신의 감정들 모두를 바르게 평가하는 것
을 배울 수 있도록 돕고자 합니다.

m) 정신분석 심리치료는 집단으로도 실시하나요?
정신분석 심리치료는 개인 치료와 함께 또는 개인 치료 없이 집단
을 이루어 행할 수 있으며 그것은 때때로 매우 효과적입니다.

n) 정신분석 심리치료는 얼마나 오래 걸리나요?
정신분석 심리치료에는 시간제한이 없습니다. 일부 환자들은 짧은 기
간에(6개월 이하) 효과를 볼 수도 있습니다. 그리고 어떤 사람들은 몇
년 동안 치료를 계속해야 할 경우도 있습니다. 미국의 경우 환자들은
평균적으로 약 2년간 치료를 받습니다. 일반적으로 변화하는 데는 시간
이 필요합니다. 그러나 근래에는 치료기간이 좀더 단축되는 경향이 있

습니다. 우리나라의 경우 약 6개월에서 1년간 치료를 받는 환자들이 대부분입니다. 치료자는 정해진 시간 안에 변화를 약속해서는 안 됩니다.

o) 치료가 완성된 것을 어떻게 알 수 있나요?

환자가 좋은 감정이든 나쁜 감정이든 그 감정들을 편안하게 경험할 수 있고 대인관계에서 원만해지며 자신감을 가지고 활기 있고 창조적인 삶을 살아갈 수 있을 때 치료는 완성되었다고 할 수 있습니다. 그러나 여기에 이르기 위해서는 많은 시간이 필요하므로 고통의 근원이 되는 문제를 해결하는 것만으로도 어느 정도 치료가 완성된 것으로 간주하는 경우가 허다합니다. 치료의 종결은 환자와 치료자 모두가 치료 결과에 만족한다는 합의에 도달할 때 가장 이상적으로 이루어집니다.

p) 정신분석은 프로이드 이후에 어떻게 변했습니까?

프로이드 이후 정신분석이론과 치료는 양쪽 모두 발전했습니다. 프로이드는 그의 중요한 이론적인 강조를 성적인 욕동에 관한 연구 특히 네 살에서 여섯 살 사이에 발생하는 오이디푸스 단계에 두었습니다. 프로이트 시대 이후 개인이 긍정적인 자존감을 가지고 세상 속으로 어떻게 나오는가의 문제에 큰 강조점을 두고 있습니다. 현대 정신분석이론은 대상관계이론 및 자기심리학이 주를 이루고 있으며 그것은 공격성, 초기 엄마-아이의 상호 작용, 가족 역동과 정신 신체 등의 문제를 주로 다룹니다.

고전적인 정신분석은 주로 환자의 행동에 대한 해석과 설명을 통해 이루어졌습니다. 오늘날의 분석가들은 환자를 대할 때 더 많은 유연성을 가지고 환자들을 대합니다. 현대 정신분석은 해석보다는 분석가와 환자 사이의 관계의 질을 중요하게 생각하는 쪽으로 수정되었습니다.

q) 정신분석에는 다양한 학파들이 있나요?

1900년대 초 프로이트 학파의 정신분석의 탄생 이후 다양한 접근방법들이 Jung, Adler, Horney, Sullivan, Klein, Kohut, Fairbairn, Winnicott, Kernberg, Lacan 등을 통해서 개발되었습니다. 정신분석 심리치료의 각 학파는 치료나 성격의 어떤 면에 집중합니다. 이 학파들의 차이들은 시간이 지나면서 덜 극적이게 되었습니다. 자주 같은 전통에서 훈련받은 분석가들 간의 차이는 다른 학파들의 분석가들 사이의 차이보다 큰 것으로 드러납니다.

r) 정신분석 심리치료가 다른 형태의 치료들과 다른 점은 무엇인가요?

대중들이 이용 가능한 심리치료의 종류는 수백 가지가 있습니다. 정신과 의사의 치료와 다른 점은 정신과 의사들이 주로 약물치료를 사용하는 데 반해 정신분석 심리치료가는 대부분 약물 투여 없이 환자들을 치료합니다. 그러나 종종 우울증, 정신병 또는 압도적인 불안을 치료할 때 필요한 약을 위해 정신과 의사에게 의뢰할 수도 있습니다.

정신분석 심리치료사는 일반적으로 환자의 문제들을 해결하는 방법에 대해 충고를 하지 않습니다. 그 대신에 분석가는 환자가 그가 문제들을 해결하는 것이 불가능한 이유 또는 어떤 내적 갈등이 그의 통찰을 가로막는지를 이해하도록 돕습니다.

s) 정신분석 심리치료는 구식이 아닌가요?

일부 사회집단은 정신분석 심리치료를 구식이라고 간주합니다. 그들은 행동주의 학파나 인지주의 학파 또는 뇌 생물학적인 치료가 최신의 치료를 대표한다고 믿습니다. 오늘의 관점에서 본다면 프로이드의 정신분석 치료는 구식임에 분명합니다. 그러나 현재의 치료가 프로이드의 초기 연구에 기초해 있긴 하지만 100년의 세월의 시간을 지나는 동안에 성격에 대한 이해와 분석기술에 대한 새로운 발견이 이루어졌습니다. 그것들은 분석가가 환자를 돕는 능력을 더 풍성하게 해주었습니다. 그런 점에서 현대 정신분석 치료는 구식이라고 말할 수 없습니다.

t) 정신분석 심리치료는 일종의 도피수단이 아닌가요?

정신분석 심리치료는 때때로 즐거움과 위안을 주기도 합니다. 그러나 그것은 또한 힘든 작업입니다. 친척들 또는 친구들은 종종 정신분석 심리치료를 자기 면죄 또는 유희라고 생각하는 반면에 분석을 받았던 당사자들은 현실로부터 달아나기보다는 오히려 고통스런 현실에 직면하는 것이라고 보고하고 있습니다.

u) 사람은 자신의 의지의 힘으로 변할 수 있나요?

강한 의지를 가진 사람은 의지력으로 문제가 되는 증상들을 고칠 수 있을지도 모릅니다. 그러나 그때 무의식은 다른 증상을 나타냅니다. 많은 사람들은 정신분석 심리치료 없이 근본적으로 그들 인생의 형식과 내용을 바꾸었습니다. 그러나 무의식적 갈등 때문에 생겨난 감정적인 고통은 정신분석 심리치료에 의해서만 적절하게 해결될 수 있습니다.

v) 자기 자신을 분석하는 것이 가능한가요?

이따금씩 뛰어난 통찰능력을 지닌 사람이 훌륭하게 자기 자신을 분석하는 모습을 볼 수 있습니다. 예컨대 정신분석학의 창시자인 프로이드가 바로 그런 사람이었습니다. 그리고 강의나 독서를 통해서 자신의 내면을 성찰하고 자신의 무의식을 분석해내는 사람들을 종종 볼 수 있습니다. 그러나 이것은 모두에게 가능한 것은 아니며 특히 병리를 가진 환자의 경우에는 자신을 분석하는 것이 매우 어렵다고 볼 수 있습니다.

w) 정신분석 심리치료가가 되기 위해서는 어떤 훈련과정을 밟아야
   합니까?

일반적으로 정신분석가는 모든 치료가들 중에서도 가장 엄격한 훈
련을 받습니다. 실습을 위해서 정신분석가는 깊이 있는 개인 분석을
완료해야 하고 포괄적인 이론 훈련과정을 거쳐야 하며 선임 분석가들
의 감독 아래에서 환자들을 치료해야 합니다. 이 훈련은 보통 대학교
나 대학원에서 가능하지 않습니다. 대부분의 정신분석가들은 독립된
연구소에서 훈련을 받습니다. 많은 경우 정신과 의사들, 심리학자들,
사회복지사들 또는 간호사들 중에서 훈련을 거쳐 정신분석 심리치료
가가 됩니다. 대부분의 분석가들은 의학박사, 철학 박사(Ph. D.), 사회
복지학 석사(M. S. W.) 등의 학위를 가지고 있습니다. 한두 학기 동
안 유지되는 대학원 과정들과는 달리 정신분석 심리치료가의 훈련과
정은 감독자와 피훈련자가 완전히 동의할 때까지 계속됩니다.

x) 정신분석 심리치료의 비용은 얼마나 드나요?

치료비는 환자와 치료자와의 합의에 의해 결정되는 것이 보통입니
다. 미국의 경우 정신분석 심리치료비는 부분적으로 보험처리가 됩니
다. 국내에서는 아직 보험처리가 되지 않습니다. 국내의 경우 심리치
료가의 전문성과 경력 또는 재정적 보조 여부에 따라 치료비는 차이
가 있으며 대체로 1회당 3만 원에서 10만 원 정도입니다.

y) 치료면담은 얼마나 자주 그리고 얼마 동안이나 행해지나요?

고전적인 정신분석가들은 한 주에 4번에서 6번까지 환자를 보았습

니다. 오늘날의 치료자들은 환자의 상태에 따라 환자들을 만나며 많은 경우 한 주에 한 번이나 두 번을 만납니다. 그리고 각 면담은 보통 50분간 지속되며 치료자에 따라서는 60분 동안 면담하기도 합니다.

z) 치료자의 성별이 중요한 문제인가요?

대부분의 경우 분석가의 성은 중요하지 않습니다. 그러나 여기에는 예외가 있습니다. 유년시절에 부모 중 어느 한쪽을 잃어버렸을 경우 흔히 환자는 그 잃어버린 부모와 같은 성의 치료자를 선택하는 경향이 있습니다. 또는 어느 한쪽 성에 대한 반감을 지니고 있는 환자의 경우에도 역시 치료자의 성별을 중요한 문제로 간주할 것입니다. 그러나 이러한 특수한 예를 제외하고는 어느 한쪽 성이 다른 쪽 성보다 치료자로서 훌륭하다는 생각은 편견에 지나지 않습니다.[9]

4) 프로이드 심리학
(Sigmund Freud. Psychology (1856 - 1939))

오스트리아(Austria.) 정신과 의사. 모라비아주 프라이베르크(지금의 체코 프로시보르) 출생. 정신분석학의 창시자이다. 빈(wien)대학 의학부를 졸업한 뒤 1882년 빈종합병원에서 신경임상의로 근무하였다. 85년 파리 사르베토리에르 정신병원 샤르코 교수 밑에서 최면술로 히스테리환자의 마비·경련 등을 조절할 수 있음을 알았다. 86년 빈에서 신경병원을 개업하고 많은 임상관찰을 통해 연구에 진력하여 인간의 마음에 본인이 의식하지 못하는 무의식의 존재를 설정하였다. 브로이어와 함께 히스테리 치유방법을 연구, 93년 카타르시스(Katharsis; 淨化)법을 확립하였고 최면술 대신 자유연상법을 임상에 적용하여 96년

이 치료법을 '정신분석'이라 이름 붙였는데 이 용어는 뒤에 그가 세운 심리학 체계까지도 뜻하게 되었다.

1900년 이후에는 꿈·착각·해학과 같은 정상심리에도 연구를 확대하여 심층심리학을 확립하였고 1905년에는 소아성욕론(小兒性慾論)을 주장하였다. 이에 따라 점차 그의 학설에 공명하는 사람들이 나타나 1908년 제1회국제정신분석학회가 열렸고 잡지 ≪정신병리학·정신분석학 연구연보(1908-14)≫ ≪국제정신분석학잡지(1913-)≫ 등이 간행되었다.

20년 모교 정교수가 되었고 그 뒤 이론 체계의 정립에 주력하여 인간의 인격구조를 바라고 원하고 행동하는 원시자아: 이드(id), 현실적 외부세계와 관계를 가지고 정신적(이성과 지성) 충동을 검토하고 정신적 영상과 외부세계를 구별하는 자아(ego) 그리고 사법부에 해당하는 행동의 옳음과 그릇됨을 구별하는 초자아(superego)의 3가지로 나누고 사회적 양심이나 부모의 금지 등에 의하여 형성되는 초자아에 의해 생명 특히 성(性) 충동인 리비도(libido)가 억압되어 잠재의식을 형성한다고 하였다. 꿈은 이러한 잠재의식의 발산이며 리비도가 목적이 억제된 애정으로 치환(置換)되어 나타나는 것이 예술·종교 등의 문화활동이라 하였다.

그의 리비도설은 넓은 뜻의 성적본능을 뜻하는 것이다.

프로이드의 초기 이론에 의하면 마음은 하나의 장치와 같은 것이어서 무의식·전의식(前意識)·의식의 3가지 계통으로 이루어져 있다. 1920년 이후에는 마음의 장치가 이드·자아·초자아(超自我)의 3가지 계통으로 발전하였다. 무의식·전의식·의식은 이드·자아·초자아와 각기 대응하는 것은 아니지만 이드는 대체로 무의식에 대응하는 것으로 간주할 수 있다. 초기에는 의식되느냐 되지 않느냐 하는 억압개념을 중심으로 하여 현상론적으로 생각했으나 후기에는 생물학적·발생적으로 먼저 이드가 가정(假定)되고 거기에서 자아와 초자아가 분화해가는 것으로 여겨지게 되었다.

이러한 뜻에서 무의식과 이드는 전혀 다른 견해에서 유래한다고 보아야 한다. 정신분석을 생물학적이 아니라 심리학적으로 고찰하려는 사람은 이드를 언어학적으로 고찰하려고 한다.

• 에고(ego)

행동의 밑바닥에 있는 여러 욕구와 경향은 그 개체의 경험과 생활을 통하여 특수한 질서체계를 형성하고 그 개체의 주체적 조건이 된다. 이것을 심리학적으로 자아(ego)라고 부른다.

자아는 자신을 자율적으로 통제하여 의식이나 행동을 정리하고 환경상황에 대응하여 자신을 적절하고도 적극적으로 행동하게 하고 또 자신의 행동에 대해 반성함으로써 스스로의 행동에 대한 가치규준을 유지하고 자기와 환경과의 조화를 도모하여 자신이라는 것을 유지시키기 위한 기능을 한다.

• 초자아(超自我, super ego)

정신분석학 용어. 인격구조론에서 인격의 사회가치 · 양심 · 이상(理想)의 영역으로서 상위자아(上位自我)라고도 한다.

프로이드가 사용한 용어로 이드(id)에서 자아(ego)가 발생하고 초자아는 자아의 일부로서 최종적으로 발생한다고 하였다. 초자아는 부모의 권위를 내면화한 것이며 부모의 언행을 보고서 느끼고 이해한 개인적 · 사회적 가치를 수용한 것이다. 따라서 초자아는 개인의 행동에 대해 내부로부터 선악의 판단을 내려 그 행동을 촉진하거나 제약하는 근원이 되고 양심 · 죄악감을 대표하며 또한 자아이상(自我理想)으로서의 가치관을 보전 · 유지하는 것이다.

즉 초자아는 이드의 본능적 충동을 어느 정도 억압하기 위한 검열 작용을 하는 동시에 자아이상을 부여해서 자아의 건전한 활동을 부추기는 역할을 한다. 그러나 초자아의 자아에 대한 요청이 강력해지고 이드의 본능적 충동마저 강화되면 자아는 외부세계와 정상적인 관계를 유지하지 못하며 병적 증상 즉 신경증을 일으킬 수도 있다.

프로이드의 정신분석 이후 성욕은 식욕과 동일한 생물적 본능으로 생각하지 않게 되었고 사춘기가 되어 처음 나타나는 것이 아니라는 것과 나르시시즘 및 자아의 개념과 밀접한 연관성을 가진 것으로 보게 되었다.

정신분석의 성욕론에서 더 중요한 것은 사춘기에 접어들어 성욕이 나타나는 것이 아니라 유아기부터 나타나는 것이라는 견해이다.

만일 손가락 빨기가 성욕의 시작이라면 그것이 성적이라는 것을 제시하여야 한다. 여기서 성욕이라는 충동은 몇 가지 부분충동으로 이루어지는 것이며 발달적인 남근기(오이디푸스기) 단계에 이르러 비로소 성적 욕망의 성질을 갖추는 것으로 보고 있다.(리비도(libido)의 쾌와 불쾌) 이것은 성적인 것이 생물학적이라기보다 사회적인 것임을 강조한다.

생물학적으로 생각하면 유아에게 필요한 것은 영양을 주는 어머니 뿐이다. 아버지의 존재가치는 없다고 해도 좋다. 그러나 유아의 눈앞에는 어머니와 아버지가 있으며 자기와 어머니와의 관계와는 다른 어머니와 아버지 두 사람의 대인관계를 보게 된다. 이것이 프로이드가 말하는 원광경(masochism: 마조히즘: 피학대 음란증. 原光景)이다.

물론 유아로서는 어머니가 여자이고 아버지가 남자라는 것을 알 리 없다. 유아는 이 성별을 거세하는 것과 거세받는 것이라는 입장에서만 이해한다. 성욕이 전체로서 하나의 욕망으로서의 성격을 갖추기 위해서는 어머니·아버지·자식이라는 관계 속에서 일어나는 온갖 갈등을 경험해야 한다.

이런 의미에서 성적인 것은 모두 편향된 것이고 도착(倒錯)이다. 처음부터 남자와 여자 사이에 인식되는 이성애가 있었던 것은 아니기 때문에 성욕 자체도 식욕에서 편향되어 온 것에 불과하다. 성적인 것은 본래 도착된 것에서 만들어졌지만 이것은 정상적인 이성애가 없다는 뜻은 아니다.

프로이드의 성 심리적 발달단계에 잘 나타나 있으며 ① 구순기 ② 항문기 ③ 남근기 ④ 잠재기 ⑤ 성기기(性器期)의 5단계로 나뉜다. 이것들은 하나의 단계를 넘어서 다음 단계로 나아가는 것이 아니라 병렬적(竝列的)으로 존재할 수 있다.

(1) 구순기

구순기란 생후 약 1년간을 가리킨다.

이 시기에는 양육자로서의 어머니와의 수유관계에 지배되며 거기에서 성욕이 싹튼다.

이 시기는 전기와 후기로 나뉘고 특히 후기를 구순가학기(口脣加虐期)라고 한다.

이 시기는 이(齒牙)가 남으로써 흡유에 의한 '빨아들이는' 것뿐 아니라 이로 깨무는 파괴의 뜻을 지녔음을 뜻한다.

이러한 구순활동은 대상관계에 대한 하나의 공상 및 그 구조를 만들고 있는 요소가 된다.

(2) 항문기

유아에게 배설 습관을 붙여주기 시작하는 무렵부터 항문기가 시작된다. 2-4세까지가 항문가학기이다.

이 시기가 되면 신체적 쾌감은 구순보다 항문에서 더 크게 나타난다. 양육자로서의 어머니와의 인간관계가 중요한 의미를 지니게 되며 어머니의 교육에 따라 어떤 일정한 시간 동안 배설을 억제하고 필요에 따라 배설할 수 있게 된다.

이런 의미에서 이 시기는 자기통어나 자립의 첫걸음이라고 할 수 있고 성격 형성에서도 중요한 의미를 지닌다.

항문성격이라고 하는 꼼꼼함·인색함·떼쓰기 등의 성격적 특성은 이 항문기 성애의 특징으로 인한 것이다.

(3) 성기기

항문기 다음에 오는 단계로 학령기까지의 발달단계를 말한다. 이 무렵이 되면 유아는 자기와 어머니 또는 아버지와의 성적 차이를 깨닫게 되지만 남성과 여성의 판별은 하지 못한다.

남근을 가진 사람과 거세된 사람이라는 대립으로 식별하려고 한다. 구순적 성애와 항문적 성애는 남근으로 집중되고 남근을 중심으로 아버지·어머니·자식 사이에서 갈등이 일어나게 되는데 이를 오이디푸스 콤플렉스라고 한다.

남자아이의 경우 거세될지도 모른다는 공포에서 어머니와의 성애적 관계를 청산한다.

여자아이의 경우에는 남근 선망이 생겨 자기가 남근을 잃은 것을 어머니 탓으로 보고 어머니를 원망하고 아버지를 성애의 대상으로 선택하게 된다. 그리하여 남근과 상징적으로 같은 뜻을 지닌 아기를 낳으려고 한다. 그러므로 여자아이의 오이디푸스 콤플렉스는 남자아이와 비교하면 오래 계속된다.

(4) 잠재기

학령기에 이르는 무렵이 되면 어린이들은 바깥 세계에 관심을 가지게 되고 성애적 감정은 표면에 나타나지 않고 잠재적인 것이 된다.

도덕적인 의미에서의 부끄러움·친절 등의 감정이 나타나는 시기이다. 어린이가 어른이 되려는 시기이며 억압이 일어나는 시기이다.

(5) 성인기

이 시기는 새로운 발달단계라기보다 남근기의 부활이다. 그러나 남근기에는 남녀 사이의 이성애보다도 남근을 가진 자와 거세된 자와의 관계였으나 사춘기가 되면 특정의 남녀 사이에 성애가 성립한다. 유아기의 성욕은 몸의 특정한 부위와 관계있으나 사춘기가 되면 전인격적인 것이 된다.

5) '의존의미요법'에 대해서

사람의 심리적 명칭은 정신의학적 명칭을 따르거나 의존한다. 이 말은 심리적 용어가 의학적으로 더 정확히 말하면 정신의학 용어를 따르고 있다는 말이다. 이러한 일반적 심리요법의 발달은 기독교적 심리요법에서도 따르고 있는 실정이다. 이러한 일반심리학은 그대로 상담학 전체에 그 영향을 끼치고 나아가 상담학에서도 심리학의 심리요법의 기초를 그대로 학문의 기초를 삼고 있다. 그러나 기독교상담에서는 그 상담의 종류나 형태에 따라 일반상담학, 심리학 등의 학문적 기초 이론과 임상 실험의 자료 등을 그대로 답습해서는 안 된다. 그 이유의 한마디는 성경적 배경이 고려되지 않았기 때문이다.

한 가지 기독교상담에서 중요한 의미요법(이미 다른 보고서에서 밝힘)은 '의존의미요법'이 있다.

'의존의미요법'이란 사람이 갖는 심리 중 하나는 '의존성'이라는 공통이다. 이 의존성은 '자신이 가지고 있는 의학적(육체적), 심리적(영적)인 병리 현상을 해결하고자 의지하는 심리적 충동과 행위'를 말한다. 그러므로 무엇인가를 의존하여 자신의 육적 영적인 의존성을 이용하여 영적 육적인 병리현상을 해결하는 의미요법을 '의존의미요법'이라고 한다.

의존의미요법의 중요성은 다음과 같다. 특히 기독교상담에서 그 종류와 형태를 막론하고 상담자는 내담자의 심리적 문제나 갈등의 요인을 심리적 의미요법을 접목 혹은 적용하더라도 치료에서는 의존의미요법으로 상담의 효과의 극대화를 이룰 수 있다.

의존의미요법을 기독교상담의 실제에서 적용하는 문제는 상담자가 상담학의 성경적 기초에 지배를 받고 있어야 한다. 예로 내담자가 신앙적 갈등을 가정에서 느끼고 있다면 그 내담자는 신앙 안에서 자신의 문제를 해결받고 싶어 한다는 것이다. 그러나 상담자는 심리적 용어만 사용하여 즉 "내가 보기에 ○○ 집사님은 자신이 가지고 있는 신앙과 믿음으로 가족들이 집사님의 신앙과 믿음의 행위 때문에 가끔씩은 거북하거나 너무한다거나 아니면 너무 부담스러울 정도로 행동한 적은 없습니까?"라고 묻는다면 대부분 상담자는 자신이 옳다고 판단합니다. 이것이 기독교인들의 잘못된 신앙관이라는 것입니다. 물론 자신의 신앙과 믿음을 타인으로 하여금 버리거나 포기할 필요는 없다. 그러나 모범적 신앙이 빛과 소금이라는 교훈이라면 얼마든지 먼저 믿는 자들의 그렇지 못한 자들을 위한 배려와 희생은 모두에게 요구된다. 그러므로 그리스도인들이 듣고 배우는 하나님의 말씀은 본질적인 것으로 유지해야 하나 그 말씀을 듣고 믿음으로 행동하고 실천하는

것은 본질적인 것이 아니므로 나보다 부족한 믿음의 사람이나 불신자
라도 양보나 수정은 믿음에 대해서 전혀 금이 가지 않는다. 그러므로
○○ 집사님은 가족들에 대한 불만이 나로 인하여 생겼다는 영적(심리
적) 판단을 인정하시고 가족들이 집사님을 의존할 수 있는 신앙과 믿
음을 보여주셔야 합니다. 믿음과 신앙은 뚝심이나 박력으로 그 수준을
따지는 것이 아니고 상대에 대한 배려와 타인과 상황에 대한 인내에
따른 결과로 판결되는 것입니다. 그러므로 우리는 기독교상담에서 의
존의미요법을 다양하면서도 성경적 교훈을 벗어나지 않는 범위 내에
서 적용, 모범적 결과로 의미를 이끌어내어야 한다.

그러나 주의해야 할 것은 모범적 의존의미요법을 적용하여 결과를
내리려다가 간혹 억지로 성경적 적용을 한다면 내담자는 상담자를 무
시하게 될 것이다. 그러므로 성경에서는 죄인으로 시작하여 의인을 강
조한다. 뿐만 아니라 '회개하라'에서 '천국'을 안내해주고 있다. 즉 상
담자가 성도를 위한다고 또는 전도의 목적으로 좋은 소리, 모범적 예
화로 내담자가 의존하기를 기다린다면 얼마 못 가서 똑같은 소리로
다른 내담자에게 또 하게 되는 잘못을 범하게 된다는 사실을 기억해
야 한다. 그래서 기독교상담의 실제에서 상담자가 성경적 상담학(기독
교상담학)에 튼튼한 기초가 있어야 한다.(성경을 기독교상담학적으로
보는 눈과 능력이 필요)

앞으로 성경을 기독교상담학적으로 살피는 학문적 노력은 다음에 소
개 및 보고될 것이다. 연구 결론에서는 이것을 미약하나마 다루었다.

의존의미요법은 기독교상담학에서 모든 상담을 성경적으로 진단 치
료할 수 있는 모범적 치료요법이다.[10]

6) 인지 - 행동요법

행동요법이 효과적이며 강박 사고를 일으키는 상황에 노출시키게 하고 강박 행동을 하지 못하게 하는 '노출과 반응의 차단' 기법이 효과적이다. 약 75%에서 이러한 행동치료기법이 효과가 있는 것으로 연구되어 있다. 불안을 야기한 상황을 나열하고 얼마만큼 불안한지 점수를 냅니다. 가장 불안을 덜 느끼는 상황부터 시작하여 점차적으로 어려운 상황을 접근시킵니다. 강박 생각이 떠올라 아무리 불안해도 강박 행동을 하지 못하게 합니다.

[강박증상에 맞서기 위한 4가지 다짐]
과거의 마음 자세
- 나는 항상 이러한 문제들에 의해 지배당할 것이 나의 증상을 정복하려는 결심이 서야 한다.
- 나의 강박사고가 정확하다고 믿는다.
  의식적 행위가 나의 고통을 줄일 수 있는 유일한 방법이다.
- 나는 나의 강박사고를 멈추어야 한다.

앞으로의 마음자세
- 나의 증상을 정복하려는 결심이 서야 한다.
- 나의 걱정은 현실적이지도 합리적이지 못하다.
- 의식적 행위(강박 행동)는 결코 불안을 감소시키는 유일한 방법이 아니다.
- 저항하는 대신 강박 사고를 있는 그대로 받아들이자.

1) Gerald Corey. *Theory And Practice of Counseling And Psychotherapy*. Translated by. Kitai Hahn. 1992. pp.28-29.

2) Gerald Corey. Ibid. p.48.

3) 김은정. 상담심리의 이해. 선학사. 2005. pp.237-239.(한기태의 역서:Gerald Corey. *Theory And Practice of Counseling And Psychotherapy*.에서는 사고 감정/감각, 직관 두 종류로 나누었고, 김은정은 자신의 저서: 상담심리의 이해에서 더 구체적인 외향성, 내향성/감각형, 직관형/사고형, 감정형/판단형, 인식형으로 나누었다. 그러나 실질적인 분석에서는 상의하게 반대되는 분류는 아니다.)

4) Ibid. p.42.

5) Rogers, C. & Wood, J. Client-centered theory: Carl Rogers. In A. Burton(Ed). Operational theories of Personality. New york: Brunner/Mazel. 1974.(로저스 저 한기태 역 Ibid. p.94-111에서는 내담자 중심요법이 상담학에 큰 기여했음을 강조하고 있다.)

6) Gerald Corey. *Theory And Practice of Counseling And Psychotherapy*. Translated by. Kitai Hahn1992. p.39.

7) Rogers, C. & Wood, J. Client-centered theory: Carl Rogers. In A.Burton(Ed). Operational theories of Personality. New york: Brunner/Mazel. 1974.

8) Gerald Corey. Ibid. p.39.

9) Jae Hun Lee. *The Korea Psychotherapy Institute*. 2000.

10) hae joung Lee. *Daeshin Seminary term peaper*. 2005-2.

1) 일반적인 청소년상담의 의미

청소년상담이란 만 13세부터 19세 미만의 중, 고등학교의 학생과 만 19세부터 28세의 미혼의 청년들을 대상으로 한 상담을 청소년상담 이라고 한다. 13세 미만의 초등학생과 유아시기는 어린이상담과 유아 상담으로 구분해야 한다.

(1) 청소년상담의 특징

청소년 전문 상담자라 할지라도 상담활동의 대상이 아동, 청소년, 성인으로 확대되는 경우가 많이 있다. 아동상담과 성인상담이 구별되 는 것처럼 청소년상담 역시 상담자-내담자 관계유형, 상담과정, 기법 과 전략 면에서 아동 및 성인상담과는 여러 모로 다르다.

226

세부기법이나 상담자 특성 등 아동상담, 청소년상담, 성인상담에 두루 적용되는 공통점도 있는데 다양한 연령층을 넘나들면서 상담할 때 바로 그러한 공통점으로 인해 보다 쉽게 접근할 수 있게 된다. 그러나 각 상담이 가지는 차이점들을 간과했을 경우 전혀 예기치 못한 결과를 초래하게 되는데 그것은 바로 각 상담의 독특성 때문이다.

특히 학생상담은 집단상담과 개인상담으로 이루어지는데 보통 개인적인 학생의 문제라도 또래에 대한 공통적인 문제와 학생이라는 신분이라는 공통적인 특징이 있어 집단상담 과정을 통하여 상담을 진행하는 경우가 많다. 물론 개인적인 상담도 이루어지지만 집단상담을 통한 상호 작용의 의미는 개인상담보다 크다.

Gerald Corey는 집단상담의 과정을 1단계 초기단계 2단계 과도기단계 3단계 작업단계 4단계 종결단계를 말하였다.

(1) 초기단계: 신뢰를 쌓고 현대 상황에 초점을 맞추도록 하는 것이다. 상담자는 기초적인 규범을 탐색하고 집단원을 지지하는 상황을 설정한다.

(2) 과도기 단계: 이 단계의 초점은 집단원의 공포와 주저함 및 저항을 확인하고 도전하는 것에 있다. 집단원은 마지못해 개인적인 이야기를 한다.

(3) 작업단계: 집단원의 특징은 높은 수준의 신뢰와 목표, 감정, 생각 신념에 대한 집단원의 거리낌 없는 탐구이다. 그리고 경험하기와 문제 탐구로 집단원의 응집력을 주게 한다.

(4) 종결단계: 배움에 대한 재토론 및 재검토가 이루어지고 학습을 행동에 옮길 것인지 토론하며 종결한다.[1]

청소년상담에서는 상담의 목적을 위해서나 상담을 시작하기 위한 설정을 위해서도 5가지 중요한 요소가 결정되어야 한다. 1) 누가 2) 무엇을 3) 어떤 상황에서 4) 어느 수준의 행동을 5) 어떻게 보여주느냐? 이다.[2] 그리고 일반적으로 상담자가 갖추어야 할 태도로 첫째 무조건적 수용(Unconditional Positive Regard), 둘째 진솔성(Genuiness or Congruence), 셋째 공감(Empathy)이다.[3] 무엇보다도 상담자와 내담자 혹은 집단원들과의 공감대 형성은 내담자의 감정과 느낌을 내 것처럼 느끼는 것이다. 이것이 청소년상담에서는 중요한 역할을 한다.

(2) 또래상담

집단상담에서는 나이, 학년의 레벨(level)이 같은 집단을 구성원으로 상담을 하는 경우가 있는데 이를 또래상담이라고 한다. 물론 개인상담에서 같은 의미이다.

일정한 훈련을 받은 청소년이 자신의 경험을 바탕으로 다른 또래들의 문제해결을 돕는 것입니다. 이는 청소년의 문제를 스스로 해결하도록 장려하면서 청소년들의 성장과 발달에 그 목적을 두고 있습니다. 따라서 또래상담은 청소년들 중 자질이 있으면서 활동에 대한 동기가 있는 학생들을 선발하고 훈련을 통해 또래상담자로 양성하여 활동하게끔 하는 일련의 과정으로 이해할 수 있습니다.

현재 또래상담은 학교 현장에서 상담실의 주요 프로그램의 하나로 또한 특별활동반의 하나로 활용되고 있으며 이미 3-5년 정도의 활동과정을 통해 동아리의 하나로 자리매김하는 등 학교 측의 적극적인 지원을 받는 경우도 많이 보고되고 있다.

이러한 과정을 통해 또래상담자 개개인의 성장을 도모할 수 있고 이들의 활동을 통해 학급과 학교의 문화를 공동체문화로 변화시키고 청소년들의 다양한 문제를 서로 도우면서 해결할 수 있는 분위기를 확산시키는 데 큰 기여를 하고 있습니다.[4)]

또래상담에서 주로 사용되는 문제들은 다음과 같다.

ㄱ) 학교에 적응하지 못하고 있어요.

ㄴ) 가족문제로 힘들어하고 있어요.

ㄷ) 친구 때문에 힘들어하고 있어요.

ㄹ) 가족의 죽음으로 슬퍼하고 있어요.

ㅁ) 친구가 자살하고 싶대요.

ㅂ) 친구가 약물남용 문제로 도움이 필요해요.

ㅅ) 친구가 임신을 해서 도움이 필요해요.

학생상담은 '특별상담'이라고 할 만큼 일반인을 상대로 한 상담보다 특별한 상담과정이 필요하다.

(3) 청소년의 특징

청소년 기본법 제3조에 따르면 "청소년은 9세 이상 24세 이하의 자를 말한다"고 되어있다. 민법에서는 만 20세 이상을 성년으로 보기 때문에 청소년은 20세 미만이라 할 수 있다. 그러나 우리는 상식적 수준에서 사춘기인 11~13세에서 성인진입기인 19세까지의 인생의 한 성장기를 거치며 생활하는 사람을 총칭하여 '청소년'이라 보고 있다.

청소년기는 자아개념이 형성되는 시기이다.

게리 채프먼(Gary Chapman)은 미국의 십대를 말하면서 그들은 첨단 과학의 발달기술, 폭력에 대한 지식과 노출, 성에 대한 지식과 노출, 해체된 가정 등이 십대들에게 영향을 미친다고 말하고 있다. 특히 폭력과 성 체험 그리고 가정의 불안요인은 십대들에게 감정적인 영향을 미친다고 말한다.

폭력에 대해서는 십대들은 폭력적인 인간행동을 배우게 되는데 이것은 발달하는 과학과 폭력이 대중매체를 통하여 십대들에게 큰 영향을 미친다고 했다. 1999년 십대 10명 중 8명 즉 78%가 "폭력 영화나 텔레비전 프로그램을 보는 것이 문제될 것이 없다"고 갤럽 조사에 응했다. 하지만 같은 십대 가운데 53%가 "텔레비전과 영화에서의 폭력이 젊은 이들에게 그릇된 메시지를 전달하고 있다."는 것에 동의했다. 조사에 응한 십대 가운데 65%가 "텔레비전은 오늘날 젊은이들의 미래에 상당한 영향을 미친다"[5]고 하고 매년 미국에서는 23,000명이 살해되는데 이런 살인율의 가해자 가운데 25%가 21세 이하의 젊은이들이라고 F. B. I.(Federal Bureau of Investigation)에서 보고했다. 십대들은 이것을 감정적, 지식적으로 받아들인다고 지적했다.[6]

십대의 성(Sex)에 대해서도 채프먼은 십대들의 주변 환경이 '성적인 환경'이라고 지적하고 미국의 십대들은 고등학교를 졸업하기 전에 70~80%가 성적인 경험을 한다고 했다.[7] 가정의 불안 요인은 미국의 십대 10명 가운데 4명이 한쪽 부모와 살고 있으며 그 가운데 약 80%가 아버지 없는 가정에서 자라고 있다[8]고 말한다.

청소년 발달과정에서의 긍정적인 경험은 자신감을 갖게 하고 부정적인 경험은 부정적인 자아성을 만든다. 긍정적인 자아개념을 가졌을 때는 행동에 안정감과 자신감이 있는 반면에 부정적인 자아개념을 가졌을 때는 자존심도 상하고 사회적인 접촉을 피하고자 한다.

자아개념은 학문적 자아개념, 정서적 자아개념, 신체적 자아개념으로 구성되어 있다. 우리나라의 경우 청소년들이 성취감을 맛볼 수 있는 영역이 제한되어 있다. 청소년기 이르러서 자신의 자아개념을 형성하는데 그 평가기준이 부모에서 교사 그리고 친구로 바뀐다.

청소년기에는 가치관으로 고민하기 시작한다.

청소년기의 반항성은 성인들로부터 자신의 가치체계나 행동을 수용·인정받지 못하고 거부당함으로써 생겨나는 저항의 표현인 것이다. 초등학교 때는 부모와 교사의 말을 그래도 따르지만 사춘기 때부터는 이유를 달기 시작하고 말대꾸를 시작한다. 강요·강압을 싫어하고 무조건적인 복종을 하지 않으며 어른들의 행동에 대해서 나름대로 판단을 하기 때문에 종종 기성세대와 충돌을 일으킨다. 기성세대가 자신의 가치에 맞지 않은 관습·가치·제도 등을 강요할 때 청소년들은 자기만의 세계를 찾아 같은 생각을 가진 또래집단으로의 소속이나 가출 같은 일탈로 발전하기 쉽다.

이때를 '이유 없는 반항기'라고 생각하지 말고 정신적인 홀로서기의 과정으로 이해해준다면 청소년들이 서서히 합리적인 판단능력을 갖추게 될 것[9]이다.

청소년 때에는 절제력이 약하여 모방성이 강한 시기이다. 그래서 청소년들은 유행을 잘 타고 매스 미디어(mass media)를 통한 모방이나 연예인들을 따라 모방을 하기도 한다. 그러나 절제력이 약한 나머지 하고자 하는 욕망이나 심한 경우 교육적인 훈계에 대해서도 쉽게 자존심 상해하게 느끼고 '분노'를 유발한다.

남아프리카 신학대학장인 던컨 부캐넌(Duncan Buchanan)은 "사람에게 있어서 분노는 일반적인 것이다. 분노는 한 표현이고 그 표현이 폭력으로 나타난다."[10] 인격이 성숙되지 않은 청소년들은 이 분노를 차지 못하고 더욱 다양한 그들만의 방법으로 발산하고 있다. 이것이 그들의 내적인 특성이기도 하다.

(4) 분노를 처리하는 법

대부분 심리학자나 상담학자들은 분노의 감정처리에 대해서 '분노의 감정이 치밀어오를 때 첫 번째로 취할 조치는 상황을 악화시키는 일을 하지 않도록 당신의 행동을 관리하는 일이다.'라고 말들 한다.

청소년 시기가 분노의 감정을 가지게 되는 이유 중 하나는 앞서 게리 채프먼이 말했듯이 부모와의 감정 공감대가 없을 때이다. 이러한 청소년 시기의 감정 공감대가 무너질 경우는 "십대의 양심 발달과 도덕 판단의 발달에 영향을 미치기"[11] 때문이라고 채프먼은 십대들의 감정문제를 지적, 단순한 십대들의 감정문제는 결과적인 분노, 폭력적인 문제에 있는 것이 아님을 지적하고 있다.

분노의 감정은 분명 내면에서 유발되는 폭력 전 단계라는 사실을 기억해야 한다. 더욱 분노의 감정 처리가 중요한 것은 분노를 발산한 당사자나 분노를 받게 되는 대상자 모두 큰 상처를 받게 된다는 것에서 '분노의 감정'은 처리되는 것이 우선인 것이다. 이 처리방법은 흔한 말로 분노를 참는 정도의 수준이 아니라 '분노'라는 근본적인 원인을 찾아 '치유'에 나아가야 하는 것이다.

분노의 감정을 다스리는 방법을 리차드 월터스(Richard Walters) 크게 두 가지로 나누어 소개하고 있다. 첫 번째는 영적인 처리방법이고 다음은 육적인 처리방법이다.

ㄱ) 영적인 처리방법:
① 마음의 평안을 위해 기도한다.
② 분노의 대상이 되고 있는 사람을 위해 기도한다.
③ 하나님이 주관자 되심을 인식하고 감사드린다.
④ 자신의 삶의 좋은 부분들에 대해 감사와 찬양의 기도를 드린다.
⑤ 말씀을 읽거나 생각한다.

ㄴ) 육적인 처리방법:

① 5회 심호흡을 한다. 숨을 천천히 내쉰다.

② 좋아하는 음악을 듣거나 노래 또는 연주를 한다.

③ 간단한 신체적인 일(걷기, 산책, 차 마시기)에 에너지를 소비한다.

④ 평소에 즐겨하는 일(낚시, 영화 감상, 골프, 테니스)을 한다.

⑤ 친구와 얘기하기.

⑥ 자기감정에 따라 솔직히 웃거나 운다.

⑦ 분노의 원인과 그 결과에 대해서 어떻게 할는지 종이에 써본다.

⑧ 편히 쉬면서 자신의 행동과 사고를 통제한다.

⑨ 자신을 통제해야 한다는 각오를 다짐하고 다짐한다.

⑩ 밀려오는 분노의 감정을 인정하고 스스로 정하지 않는다.

⑪ 의식적으로 다른 일을 찾고자 하고 관심을 돌리려는 의도를 갖는다.

⑫ 분노의 감정을 갖게 된 장소와 사람을 잠시 떠나 있는다.

⑬ 긍정적인 일을 계속 찾고 즐거웠던 일을 생각해본다.[12]

ㄷ) 분노를 처리하기에 앞서 주의해야 할 점들

① 분노가 있는 동안은 사람이나 일에 대해서 판단하지 말아야 한다.

② 분노가 있는 동안은 무엇을 결정하는 일을 하지 말아야 한다.

③ 운전하지 않는다.(밖으로 나가서 술을 마시지 않는다.)

④ 분노가 발생한 근본적인 원인을 찾고 해결을 위해 당장하지 않는다.

⑤ 분노가 발생한 원인 외에 다른 좋지 못한 과거의 일들을 말하거
   나 들추지 않는다.

(5) 청소년의 특징을 고려한 상담방법

첫째: 청소년상담은 반복적인 상담이 중요하다. 일획적인 상담이거나 상담자가 의도적으로 속행으로 상담을 진행하고 결론 내려는 자세를 버려야 한다.

둘째: 청소년상담은 이성적으로나 감정적으로 예민한 내담자들이므로 상담 용어에 대해서도 상담자는 주의를 기울려야 한다. 학생들이라고 다리 하나 건너 알고 있는 학생이라고 말을 함부로 하게 되면 상담진행에 많은 저항을 만나게 된다.

셋째: 청소년상담은 상담자가 인내를 가지고 다양한 기법보다도 사랑과 격려로 청소년들의 마음을 헤아려야 한다. 시간 약속, 상담진행시 함부로 하는 태도와 자세, 청소년만이 사용하는 언어사용 등에서 상담자는 왜소한 느낌을 받을 수 있으나 그들의 자유분방한 스타일을 인정하고 대수롭지 않다는 마음 자세를 가져야 한다.

넷째: 폭력적인 사고에 대한 상담이 대부분이므로 청소년들의 사고와 행동에 대한 특징들을 미리 인지해야 한다. 가정, 학교 그리고 사회에서 이루어지고 있는 청소년 폭력은 상담실에서도 이루어질 가능성이 높다.(처음 상담에 응하는 경우)

다섯째: 가해자와 피해자가 있지만 상호 협력과 이해와 용서가 어려운 것이 청소년상담이다. 그러므로 상담자는 다른 경우와 마찬가지로 상담자 자신이 문제를 해결시키려는 것보다 문제의 상황을 객관적으로 혹은 법적으로 이해할 수 있도록 설명을 하고 깨닫도록 조언을 해주어야 한다. 이것이 청소년상담의 일차적 목적이 될 수 있다.

여섯째: 개인적인 문제로 청소년을 대상으로 상담할 때는 그들의 상황을 잘 파악하고(사전에 신상이나 가정환경, 성격, 학교생활 등에 대한 정보알기) 그들의 입장에서 내담자자신이 변화하여 문제의 인식

을 새롭게 파악하려는 의도와 마음가짐이 있도록 도와주어야 한다.

(6) 청소년 폭력이란

청소년 폭력이란 청소년들 사이에서 타인에게 피해를 입히기 위한 목적으로 행해지는 신체, 심리, 언어적 폭력 일체를 의미하며 학교 폭력이란 이러한 폭력 행위가 학교나 그 주변에서 발생할 때 지칭하는 말이라고 할 수 있다.

청소년 사이에서 일어나는 집단 따돌림도 청소년 폭력의 한 유형으로 볼 수 있지만 소외, 고립과 같은 심리적인 괴롭힘에 초점이 맞추어진다. 또한 반드시 아는 사이에서 일어나는 특정집단 내 소속원 간의 문제라는 특징이 있다.

2) 청소년 폭력문제 상담의 실제

a) 우선 정서적 지원에 힘쓴다.

많은 경우 처벌보다는 억울함, 분함, 두려움과 같은 심리적 문제를 호소하고자 하고 폭력 상황을 어떻게 받아들여야 하는지에 대해 호소한다. 따라서 상황에 대해 경청하면서 현재 심정에 대해 충분히 공감해주는 것이 필요하다. 그러나 무조건 편을 들어주는 것은 아니다.

b) 구체적인 상황, 상황과 관련된 맥락에 대해 알아본다.

구체적인 사건과 상황, 가해자와의 관계, 주변에 사람들이 있었는지와 그들의 반응, 이전에 유사한 사건 유무, 사건 이후 어떻게 행동했는지, 피해 정도, 현재의 심정과 바람 등……

c) 가해자 혹은 피해자 자신과 관련된 다른 유사사건 유무를 확인한다.

경우에 따라서는 문제를 해결함에 있어서 다른 친구들의 도움을 받을 수도 있고 피해자가 숨기는 개인적인 이유가 관련되어 있을 가능성도 있으므로 이를 파악한다.

d) 있는 경우 가능한 증거를 확보한다.

진단서, 증인, 문자나 음성메세지 등……

e) 어떤 식의 문제해결을 원하는지, 지금까지 어떤 노력을 했었는지 파악한다.

정서적 지지나 조언을 원하는지, 담임이나 다른 교사에게 피해사실을 알리고 싶으나 보복을 두려운지, 직접 문제해결에 나설 용의가 있으나 방법을 몰라 조언을 청하는 것인지……

보복에 대한 두려움을 호소하는 경우, 두려움의 근원에 대해 알아보고 실제 위험 요소가 클 경우 익명으로 상담자가 학교에 사실파악을 해볼 수도 있다. 그러나 가능하면 학생 자신이나 부모가 나서서 문제를 해결할 수 있는 기회를 가져보도록 권유할 수 있다.

f) 피해자 측에서 익명을 요구할 경우 이를 지키면서 교사와 직접 상담한다.

이때 사실 확인작업이 필요하고 교사로 하여금 사실 파악을 할 수 있는 여유를 주도록 한다.

g) 심각한 폭력문제 발생 시 무조건 교장, 교육청에 진정하기보다 부모가 직접 담임교사와 만나 상의하고 담임이 해결에 소극적일 때 교

갑, 교장 순으로 만나는 것이 바람직하다. 상담자나 폭력상담기관이 직접 나서는 것은 부모의 이러한 노력 이후에 단계적으로 하도록 한다.

h) 상담자와 가해자와의 만남은 신중히 하되 필요시 가해자 및 부모는 교사가 배석한 자리에서 만난다.

i) 피해자가 원하는 사항을 명료화하고 가해자 측과 학교 측에 정확히 전달해준다.

j) 학교에서 미온적일 때 교육청 민원실에 진정서를 제출한다.

k) 이러한 과정 중 법적, 정신과적 자문을 연결해주되 피해자가 심한 신체적 고통이나 정서적 혼란을 경험할 경우 응급조치(심리치료, 입원 등)를 하도록 도움을 준다.

l) 모든 상담과정은 상세히 기록해서 보관과 관리를 철저히 해야 한다. 이는 법적 자료가 될 수 있고 비밀보장과 사례기록관리는 상담자의 전문적 윤리이기도 하다.

m) 상담은 비밀보장을 원칙으로 하나 입원 등 응급을 요할 정도의 위급상황이나 지속적으로 큰 위험에 노출되고 있는 경우(타인에 의해, 혹은 자신에 의해: 자살가능성), 법적 요구가 있을 경우에는 비밀보장의 한계를 넘어서게 되며 지속적인 상담사례의 경우, 이러한 사실을 내담자에게 알려주고 동의를 얻어야 한다.

n) 피해자가 문제를 확대하지 않도록 주의하여야 한다.

피해자는 당한 입장에서 억울함을 견디기 어렵고 문제처리 과정에서 겪을 수도 있는 또 다른 부당함으로 인하여 더욱 분노감이 상승할 수도 있다. 이런 경우 자기편을 들어주지 않은 많은 사람들이나 관련 기관과 적대관계가 되기도 한다.

o) 가해자가 지나치게 방어적인 태도를 취하여 문제를 확대시키지 않도록 상담자는 적절한 중재 기술을 활용하여야 한다.

많은 피해자가 금전보다 가해자의 진정한 뉘우침과 사과를 원한다고 한다. 이러한 심정을 잘 이해하고 이해시키는 것이 필요하다.

p) 폭력문제라고 해서 사건처리에만 비중을 두어서는 안 된다. 실제 상담사례에서 상담자의 정서적 지지와 문제에 대한 객관적이고 현실적인 검증과 그에 맞는 개입, 가족의 적극적인 협조, 내담자의 연령 수준에 맞는 상담도움, 교사의 관심과 배려 등이 도움이 되는 것으로 밝혀졌다.

q) 개별상담과 더불어 친구사귀기 프로그램, 자기표현 훈련 등의 집단상담에 참여하도록 권하는 것도 도움이 된다.

3) 성폭력에 대해서

(1) 성폭력의 정의

성폭력이란 '성을 매개로 상대의 합의 없이 물리적, 언어적, 비언어적으로 행사되는 일련의 강제행위'라고 정의 내릴 수 있다. 흔히 성폭력이라고 하면 강간(强姦)과 동일시하기 쉬우나 다양한 양상을 띠며 일어나고 있다. 법적으로는 강간, 특수 강도강간, 강간미수, 성추행 등으로 분류되기도 한다. 그러나 우리의 일상에서 발생하는 사건을 중심으로 보면 단순한 언어폭력에서부터 성기노출, 성기밀착, 훔쳐보기, 어린이 성추행, 강간, 근친강간, 직장 내 성폭행, 데이트 강간, 강도강간, 윤간, 아내강간, 위계에 의한 강간 등 그 형태가 다양하다. 즉 피해자가 원치 않는 물리적, 언어적, 시각적 행위와 불쾌한 접촉뿐 아니라 외설 포스터, 만화, 스트립쇼, 비디오, 음란전화 및 컴퓨터 통신 등에 의한 강요까지 포함하는 광범위한 개념을 취하고 있다.

그러나 사회의 다변화 현상과 함께 성문화 역시 다양하고 복합적인 양상을 띠고 있으므로 개념정의에 있어서 특성에 고정된 협의의 개념을 넘어 보편적으로 적용될 수 있는 광의의 개념정의와 논의가 이루어져야 할 것이다.

(2) 성폭력 유형

a) 모르는 사람에 의해 이루어지는 경우
밤늦게 학원이나 학교에서 돌아오는 길에 성(性)폭행당함.
선한 일을 가장하여 외진 곳으로 유인하여 이루어짐.
흉기 등으로 위협, 협박하여 이루어짐.

b) 아는 사람에 의해 이루어지는 경우
여자 어린이 대상 성폭력: 동네 오빠나 친척에 의해 이루어지고 있다.
기관 및 직장에서의 신분, 지위를 이용한 하급자 대상 성폭력: 상사가 부하 여직원을, 수용시설의 원장과 관리자가 보호하고 있는 아동과 청소년을, 교사가 학생을 성폭행하고 있다.

친족에 의해 이루어지는 성폭력: 계부, 친부, 오빠, 삼촌, 이모부 등에 의해 이루어지고 있다.

기질적으로 자기 자신을 방어할 수 없는 점을 이용한 성폭력: 정신지체자 대상 성폭력

(3) 성폭력 내용

① 성에 관련된 말: 음란한 이야기, 욕설, 성에 대한 지나치게 노골적인 표현.
② 음란한 몸짓이나 눈짓: 음란한 눈길을 주는 것, 성행위를 연상시키는 몸짓이나 손짓, 성을 연상시키는 물체나 도구의 움직임 등.
③ 노출증.
④ 옷 입은 상태에서 성적인 접촉을 하는 것.
⑤ 옷을 벗기거나 벗도록 요구하는 것.
⑥ 성적인 의도를 가지고 성기나 다른 신체 부위를 만지는 것.
⑦ 청소년으로 하여금 가해자의 성기나 다른 신체부위를 만지게 하는 것.
⑧ 청소년의 성기나 항문에 도구나 이물질을 삽입하는 것.
⑨ 성기를 입에 접촉시키거나 삽입하는 것.
⑩ 청소년과 성교 이외의 다양한 유형의 성적 접촉을 시도하는 것.

(4) 성폭력이 일어나는 장소

① 가해자의 집이나 피해자의 집.
② 사람들의 눈에 띄지 않는 장소.

예를 들어 문이 닫힌 아이 방, 산길, 지하통로, 밤거리, 엘리베이터 (elevator) 안, 지하주차장 및 지하시설, 공원, 화장실, 가건물, 빈집 등.
③ 사람이 많이 모이는 곳: 술집, 극장, 전철, 버스 등.

(5) 피해자의 성폭행으로 인한 영향

a) 1세 이하의 영유아의 경우

강간의 고통은 성인과 신뢰관계를 형성해야 하는 발달 과제 수행을 어렵게 할 수 있다.

b) 사춘기 이전

아이들이 성적으로 발달하지 않은 상태이기 때문에 추행이나 강간 사건 자체는 아이들에게 큰 공포나 가해로 경험되지 않는다. 따라서 아이들은 뭔지 모르는 채 또는 놀이인 줄 알고 성폭력에 응하기도 한다. 사건을 알게 된 부모가 마구 화를 내면 그제야 부모의 화가 가해자가 아닌 자신을 향한 것으로 알고 당황하고 자기가 큰 잘못을 했다는 느낌을 갖게 된다.

c) 사춘기의 청소년

감수성이 한창 민감할 뿐만 아니라 모든 문제를 자기 혼자 해결하려 드는 발달단계에 있기 때문에 부모에게 성폭력을 말하기 어렵고 부모와 갈등 관계에 빠지기 쉽다. 특히 우리 사회에서 현실의 혼전 성관계 추세와 달리 강한 고정관념으로 남아 있는 혼전 순결 이데올로기는 정신질환, 자살 등을 불러일으킬 만큼 피해 여성에게 내 몸은 더러워졌고 깨진 유리그릇처럼 쓸모없게 되었다는 손상된 상품 증후군을 심하게 나타나게 한다.

d) 기타

강간은 가해자에 대한 분노나 복수심 같은 심리가 자살, 살인과 같은 행위로 표출될 수 있고 우울증, 불면증, 남성 기피증, 피해망상증, 이로 인한 약물 중독이나 기타 정신과 질환, 가출 등으로 나타난다.

(6) 성폭력 피해자의 대처방식

① 평생 비밀을 혼자 간직한다.
② 상담을 한다.
- 그러나 이때도 대체적으로 자신의 신분노출을 꺼려하여 전화상담을 이용하여 일회적인 상담만 이루어지는 경우가 많다.
③ 복수하고 싶은 심정에 여러 가지 방법을 찾아보나 결국 행동으로 옮기지 않는다.
④ 법적인 조처를 취한다.

■ 심리 사회 발달의 8단계 중 어린이와 청소년
• 제1단계: 유아기(infancy) ― 기본 신뢰감이 형성되거나, 불신감이 형성되는 시기(0-18개월경) ― 희망

신뢰감과 불신감은 점차 다른 주위의 사람들에 대해서 그리고 자기 자신까지를 포함하는 온 세상에 대해서 일반화되어 간다. 이 시기에 획득되는 기본 신뢰감은 장차 청년기에 가서 부딪치게 될 정체감 위기에 처해서도 자기 고유성을 잃지 않고 견지해 나갈 수 있는 튼튼한 자아 역량(ego-strength)을 키워 나가는 모태가 된다.

• 제2단계: 초기 아동기 ― 자율성이 형성되거나, 수치와 회의가 형성되는 시기(18개월-3세경) ― 의지력

기본 신뢰감이 형성되면 자율성과 자기조절(self-control)이 가능해
지며 이 단계는 소유 혹은 관용과 같은 사회적 양식을 선택하는 시기
이다. 또한 이 단계의 아이들은 혼자 걸을 수 있고 대소변도 점차 가
릴 수 있게 되므로 상당히 자율적인 독립적 존재가 된다. 한편 말도
할 수 있어 점차 자기주장도 강해져 간다. 이때 대부분의 아이들은 그
들이 처음으로 획득한 자율성을 상실하지 않은 채 외부의 제재(사회
적, 문화적 통제)에 적응해 나가려고 노력한다. 그러나 어떤 부모들
은 불행하게도 적절한 통제방법을 잘 익히지 못한 까닭에 스스로 행
동하려는 아동의 노력을 조롱하거나 반항적 행동 속에 숨겨진 자율에
의 의지를 지나치게 억압하거나 과소평가해 버린다. 이렇게 되면 아이
들은 자기가 할 바를 스스로 결정하려고 하는 충동과 의지가 억압당
할 뿐만 아니라 내부에서 발동되는 자기 결정의 충동과 의지가 수치
심과 회의의 감정으로 뒤바뀌어 자율적 의지와 수치심 및 회의감정
간에 갈등을 경험하게 된다고 Erikson은 설명한다.

자율성이란 독자성과 자기주장성을 내포하는 것인 만큼 이 시기에
획득된 자율성은 후기의 자아정체감 발달의 기틀이 되며 수치심과 회
의는 긍정적이고 일관된 자아상을 발달시켜 나가는 데 부정적인 역할
을 하게 된다.

• 제3단계: 후기 아동기 — 주도성이 형성되거나 죄의식이 형성되는
시기(3-6세경) — 목적(목표 지향성)

이 시기의 아동들은 신체적 정신적 능력의 성장으로 인해 어떤 일
(놀이)을 하는 데 있어서 주도성(initiative)을 발휘하게 된다. 주도성
을 발달시킨 아동들은 그들의 생활 속에서 활발하게 — 때로는 무모하
게 — 일(놀이)을 계획하고 경쟁목표를 설정하며 그것을 달성하려고

노력하고 이기려고 경쟁도 한다. 그러나 아동들이 자기 나름대로는 근사한 계획과 기대했던 목표와 희망이 쉽게 이루어질 수 없다는 것을 깨닫게 되면 위기가 오게 된다. 즉 아동의 내부에서 일어나는 충동과 희망과 이에 대해서 주어지는 사회적 금지 간에 갈등이 생긴다.

여기서 아동은 사회가 금지하는 것을 내면화하여 죄의식을 갖게 된다. 이 단계에서 주도성을 획득하게 되는 아동은 청년기에 가서도 성취목표가 뚜렷한 ─필요한 경우에는 그것을 적절히 수정, 재정립할 수 있는 역량을 갖는─ 강한 자아정체감의 소유자로 성장해 나갈 수 있게 된다. 반대로 이 시기에 죄의식을 발달시키게 되면 성장 후에도 어떠한 목표설정에도 망설이게 되는 나약한 자아정체감을 형성하게 된다.

• 제4단계: 학동기 ─ 근면성이 형성되거나 열등감이 형성되는 시기 (6-11세경) ─ 능력

이 시기의 아동들은 보다 넓은 문화의 유용한 기술과 도구를 배우는 데 전념한다. 현대 사회에서는 학교에 들어가서 여러 가지 지적인 기술들을 습득하게 된다. 또한 또래들과 놀고 함께 협동하는 것도 배운다. 이렇게 하는 가운데 작업에서 얻어지는 성공 경험은 아동들로 하여금 근면감(sense of industry)과 유능감을 갖게 만든다. 그러나 실패의 경험은 아동들에게 부적절감과 열등감을 안겨준다. 그러므로 이 시기의 갈등적 주제는 근면성 대 열등감(industry vs. inferiority)의 문제이다.

이 시기에 순조롭게 근면감을 발달시키게 되면 다음에 오는 청년기에 가서도 자신의 일에 전력을 투여하게 되고 그 결과 자신감과 자기 적절감을 간직하게 됨으로써 굳건한 자아정체감의 소유자로 성장하게 된다. 반대로 열등감을 발달시키게 된 아동들은 자기의 나아갈 바를 주장할 수 없는 약한 자아정체감의 소유자가 될 수 있다.

• 제5단계: 청소년기 — 자아정체감이 형성되거나 정체감 혼미(역할 혼동)가 형성되는 시기(12 - 20세경) — 충성심

이 시기에 이르는 동안 각 단계에서 형성되어 온 기본신뢰감, 자율성, 주도성, 근면성을 바탕으로 미숙한 형태로 나마 각자 나름대로의 자기상(self - image)을 형성해왔다. 이전에는 이러한 과정들이 대체로 무의식적인 과정으로 진행되어 왔으나 이 단계에 접어들면 자아 정체감 정립의 문제가 의식적인 수준으로까지 올라갈 만큼 심각해진다.

이러한 과정을 좀 더 자세히 살펴보면 우선 생득적으로 주어진 신체적 특성이 정체감 형성의 바탕을 마련하는 데 기여한다. 신체적 강약, 외모, 감각적 특이성 등은 자기를 다른 사람과 구별 짓는 일차적인 준거를 제공해주기 때문이다. 그리고 또한 청년기의 내부에서 끓어오르는 본능적 충동들이 이 시기에는 마치 스스로의 의지를 가지고 있어서 더 이상 그것이 자기 자신과 일체가 아닌 것처럼 느껴지게 된다. 왜냐하면 잠복기 동안에 잠자고 있던 성적, 공격적인 충동들이 이제 와서는 자아와 그 방어를 압도할 정도로 위협해 오기 때문이다.

이와 같은 생리적 변화에 따른 급격한 변화가 정체감 혼미(identity confusion)를 야기하기도 한다. 그러나 한편 정체감의 형성에 있어서는 개인적 측면 못지않게 사회적인 측면이 관여한다. 이 시기의 청년들을 고민하게 만드는 것은 신체적인 성장이나 성적 충동 자체가 아니라 다른 사람의 눈에 좋게 보이지 못하거나 다른 사람의 기대에 어긋날지도 모른다는 생각인 것이다. 그리고 그 이상으로 보다 넓은 사회에서의 자신의 미래 위치에 관하여 걱정하기 시작한다. 급속하게 성장하는 정신능력을 갖춘 청년들은 자신의 앞에 펼쳐져 있는 무수한 선택의 가능성에 압도되어 버리기도 한다.

이 시기의 청년들은 아직 자신의 존재에 대한 굳건한 확신을 갖고

있지 못하기 때문에 소속 집단에 동일시하려 든다. 그래서 그들은 편협하리만치 배타적이고 당파적일 수 있다고 Erikson은 설명한다. 어떤 청년들은 서둘러 정체감을 확립하고자 하는 나머지 자기 자신과 자신의 이상이나 자신의 경쟁자 혹은 적을 어떤 고정관념으로써 규정 지워 버리는 수도 있다. 또한 어떤 격년들은 국가적 정치적 이데올로기나 종교적 교리에 동조함으로써 집단 정체감(group identity)을 형성해 나가기도 한다.

그리고 흔히 자기에게 중요한 의미를 지니는 사람들을 동일시하는데 개인의 정체감에는 그러한 동일시들이 포함된다. 그러나 앞의 절에서 이미 언급한 것과 같이 성장하는 과정에서 획득한 동일시들이 단순한 집합으로 개인의 자아 정체감을 이루는 것이 아니라 여러 부분적인 동일시들이 개인의 고유한 전체성으로 통합되어 나갈 때 비로소 일관된 자아정체감을 이룰 수 있다. 이때 개인에게 요구되는 과제는 효과적인 아동기 이전의 잔여물과 예상되는 성인기의 희망으로부터 추출되는 중심적인 통일체 즉 어떤 중심적인 관점과 방향성을 스스로 만들어내는 것이다. 여기서 통일성과 방향성을 상실하면 정체감의 혼미를 모면할 수 없게 된다.

또 한편에서는 개인이 성장하는 과정에서 획득하게 되는 여러 가지 성취들이 또한 정체감 발달에 기여한다. 초보적인 유아기의 여러 성취들로부터 아동기의 학교에서의 성취들 그리고 청년기에 새로 이루는 성취들에 이르기까지 이 모두가 자아정체감 발달에 기여하게 된다. 왜냐하면 사람은 자기 자신을 '이러 이러한 일들을 할 수 있는 사람'으로서 인식하게 되기 때문이다. 이러한 성취들이 그 문화에서 중요성을 가지는 것이면 그것은 개인의 긍정적이고 지속적인 정체감의 일부가 된다.

그러나 실제로 어떤 성취가 이루어지지 않던가, 성취를 위한 지속적인 참여를 할 수 없을 때 청년들은 자신의 능력을 종종 고통스럽게 느끼게 된다. 또한 그들은 가까운 시일 내에 결정하고 성취해야 할 일들이 많기는 하지만 어떤 결정을 너무 서둘러 내리면 그것이 어쩌면 미래의 다른 가능성을 줄인다는 생각을 하기도 하고 때로는 참여와 성취가 너무 어렵기 때문에 그들은 스스로를 찾기 위한 시간을 벌기 위해 일종의 '타임아웃' 기간으로서의 심리적 유예기간을 갖는다. 예를 들어 어떤 청년들은 관여의 최종 결정을 내리기 전에 휴학을 하기도 하고 여행이나 산사(山寺)에 틀어박히기도 한다.

이러한 유예기간 동안 관여의 대상이 너무 많고 실험적 시도의 변화가 너무 빈번할 때 청년들은 역할 확산(role diffusion)의 위기를 경험하게 된다. 만일 끝내 자신의 존재와 자기가 추구해 나갈 가치에 대한 확신이 서지 않을 때 또한 심각한 정체감 혼미(identity confusion)에 부딪치게 된다. 그러므로 이 단계의 갈등은 정체감 성취 대 정체감 혼미(identity achievement vs. identity confusion)의 대결인 것이다. 이러한 갈등을 긍정적으로 극복하지 못할 때 청년들의 고뇌는 점점 심화되어 가는 불행한 상황이 초래된다. 그래서 Erikson은 이 시기를 가리켜 정체감 위기(identity crisis)라고 했다.

이와 같은 정체감 위기에 처하게 되면 청년들은 자기 탐색 과정에서 정착할 바를 못 찾고 마냥 표류할 수도 있다. 이때 밀어닥치는 무실 체감(non-entity)은 매우 고통스럽다. 그래서 어떤 청년들은 그 고통에서 벗어나고자 하는 생리적 기제에서 그만 끼어들기 쉬운 비행 집단에 발을 들여놓기도 한다. 이렇게 되면 비행 집단에서 볼 수 있는 것과 같은 부정적인 정체감(negative identity)을 형성해버리는 경우가 생긴다. 이러한 의미에서 청년기는 자아 정체감 정립의 결정적 시기인 것이다.

그러나 이 말은 자아 정체감 정립이라고 하는 발달과업이 청년기에

끝난다는 뜻은 아니다. 이전 단계들에 있어서의 여러 성취가 모두 이
시기의 정체감 정립에 기여한다는 것은 이미 언급하였거니와 이후에
예상되는 성취들도 벌써 예기적인 형태로 이에 기여하게 된다는 것을
알아야 한다. 다시 말하면 성인기의 희망과 설계, 그것들로부터 기대
되는 성취들과의 연관 속에서 정체감 정립의 방향 설정이 이루어진다
는 것이다.

　그러므로 정체감의 형성과 발달을 이해하기 위해서는 정체감 정립
의 시기로 강조되고 있는 청년기 이후의 단계들도 간략하게 기술할
필요가 있을 것 같다.

4) 기타 청소년 비행문제(음주, 자살, 성폭력)

(1) 음주

(a) 음주동기

　청소년들이 주로 술을 마시는 이유로는 친구들과 놀다가(28.4%), 생
일 혹은 축하파티(16.4%)와 같은 대인관계 유지를 위한 것이 44.8%로
가장 많으며 수학여행이나 수련회(13.6%), 축제나 체육대회, 동아리모
임 등(6.2%), 소풍, 견학(4.6%)과 같은 학교 행사와 같은 이벤트를 계
기로 마시는 경우가 24.4%로 나타났다. 그리고 시험 후(10.1%)나 백일
주(5.8%)와 같이 시험과 연관되어 마시는 경우가 15.9%이며 명절, 제
사 때 혹은 가족모임 때 어른들이 권해서 마시는 경우가 12.0%로 각각
나타났다. 초등학생의 경우에 명절, 제사, 가족 모임에서 어른들과 함께
마시는 경향이 높으며(45.6%), 중학교 이상 고등학생의 경우에는 친구
들과 놀다가 혹은 생일이나 축하파티와 같은 대인관계 유지를 위해 마

시는 비율이 초등학생에 비해 2배 가까이 높게 나타났다.

(b) 음주율

연간 음주율은 47.2%이며 지난 한 달간 음주한 경험으로 알아본 월간 음주율은 31.3%이다. 음주율의 추이를 살펴보면 지금까지 한 번이라도 술을 마셔본 경험으로 측정한 평생 음주율이 1999년 60.2%에서 2002년 70.4%였던 것이 이번 조사에서는 74.4%로 나타나 지속적인 증가 추세를 보이고 있다.

(c) 자살

구체적인 자살 생각 및 이와 관련하여 도움을 바라는 요구를 살펴본 결과 6개월 내에 죽고 싶다는 생각을 했던 청소년이 31.5%이었다. 죽고 싶은 이유로는 가족 간의 갈등, 성적, 입시관련 문제, 외로움, 이성 및 친구문제 등이 높은 순위를 차지했다.

자살시도 방법으로는 약물복용, 투신, 칼이나 끈 등의 사용을 생각했다고 하였다. 한편 자살 생각을 하고 표현한 대상은 친구가 가장 높은 비율로 62.4%이었고 앞으로 죽고 싶은 생각이 들 때 가장 도움을 받고 싶은 대상도 친구 59.9%였다. 그리고 부모에게 도움을 받고 싶은 경우도 26.1%나 되었다.

결론지으면 본 연구에서 자살 사고율 및 자살 시도율이 각각 29.6% (남자 25.6%, 여자 33.7%)와 5.31%(남자 3.3%, 여자 7.3%)인 점과 자살시도의 위험요인인 우울 증상의 정도, 알코올 의존인 점을 고려할 때 알코올 의존 및 우울 증상의 조기 발견과 치료 그리고 자살 사고자 및 자살 시도자에 대한 정신의학적 접근과 추적관찰에 대한 방안이 강구되어야 할 것으로 생각된다.[13]

(2) 성폭력

(a) 성폭력의 정의

성폭력이란 강간뿐만 아니라 원치 않는 신체적 접촉, 음란전화, 인터넷 등을 통해서 접하게 되는 불쾌한 언어와 치근거림, 음란한 눈빛으로 바라보는 것 등 상대의 의사에 반해 성적으로 가해지는 모든 신체적, 언어적, 정신적 폭력을 말합니다.

또한 성폭력에 대한 막연한 불안감이나 공포 그리고 그것으로 인한 행동제약도 간접적인 성폭력에 해당합니다.

(b) 법적인 성폭력 개념

ㄱ) 강간: 남성이 상대방의 반항을 불능케 하고 상대방을 현저히 곤란케 할 수 있는 폭행과 협박으로 부녀를 간음하는 것. 13세 미만의 부녀를 간음했을 때는 폭력을 수단으로 하지 않았어도 강간죄가 성립한다. 강간죄는 친고죄로서 범죄의 피해자 기타 법률이 정한 자의 고소·고발이 있어야 공소가 가능하다.(형법 297, 305, 306조)

ㄴ) 특수강간: 특정범죄 가중처벌법상의 범죄로 흉기를 휴대한 가해자나 2인 이상의 가해자가 강간죄나 강제추행죄, 준강간죄, 준강제추행죄를 범하거나 범하려 시도(미수)하는 경우를 가리킨다. 피해자를 치사 혹은 치상한 경우 무기 또는 각각 10년, 7년 이상의 징역을 선고할 수 있다.(성폭력특별법 제6조)

ㄷ) 강제추행: 폭행, 협박으로 사람을 추행하여 개인의 성적 자기결정의 자유를 침해한 것. 10년 이하의 징역 또는 1500만 원 이하의 벌금에 처한다. 행위객체는 남녀노소·혼인 여부를 묻지 않으며 행위주체는 남·여 모두가 될 수 있다.(형법 298조).

ㄹ) 성희롱: 직장 등에서 상대방의 의사에 반하는 성과 관련된 언

동으로 불쾌하고 굴욕적인 느낌을 주거나 고용상의 불이익 등 유무형
의 피해를 주는 행위. 직접적인 신체접촉뿐 아니라 음란한 농담이나
음담패설, 성적 관계를 강요하거나 회유하는 행위, 외설적인 사진이나
그림·낙서·출판물 등을 직접 보여주거나 통신 매체를 통해 보내는
행위 등도 포함된다.14)

ㅁ) 청소년을 위한 게리 채프만(Gray Chapman)의 5가지 사랑의 언
어(The Five Love Languages: How to Express Heartfelt Commitment
to Your Mate) 진정으로 당신의 다정한 사람에게 표현하는 방법

Unhappiness in marriage often has a simple root cause: we speak
different love languages, believes Dr. Gary Chapman. While working
as a marriage counselor for more than 30 years, he identified five
love languages(결혼의 불행은 단순한 근본의 원인을 자주 가지고 있
다: 우리는 다른 사랑 언어를 말한다고 Gary Chapman 박사는 확신
한다. 30년 이상 결혼에 대한 상담가로 일하는 동안 그는 5가지 사랑
의 언어를 확인하게 되었다.(본문 중))

게리 채프만은 본문에서 현대 가정을 비어있는 '감정적 사랑의 공
간'이라고 지적, 사랑이 담긴 언어를 통하여 불행을 다스릴 수 있다고
말한다.

물론 게리 채프만의 5가지 사랑의 언어 설명은 문화와 환경의 차이
로 달라질 수 있다는 것은 고려되지 않았다. 다만 상담심리학적으로
충분한 설득력을 갖고 있다.

1) 사랑의 언어 첫 번째: 인정해주는 말

우리는 누구나 감정적인 사랑의 그릇을 갖고 있는데 그 사랑의 그
릇이 가득 찼을 때 즉 우리 삶에서 중요한 어떤 사람으로부터 정말

사랑받고 있다고 느낄 때 세상은 밝게 보이고 우리는 서로의 다른 점을 긍정적인 방식으로 논의할 수 있지만 그 그릇이 텅 비게 될 때 우리는 사랑받기보다 거부당하고 있다고 느끼며 수치스럽게 논쟁을 하거나 중상모략을 하게 되고 서로의 차이점을 논의하거나 상대방을 받아들이기가 극히 힘들게 된다. 십대 내면에 일어나고 있는 독립과 자기 정체성은 심리적, 감정적, 지적, 영적, 사회적 변화와 조화를 이루어야만 하는데 이때 부모들이 그들의 변화를 읽어내지 못하면 그들과 갈등이 시작된다. 그들의 변화를 주목해서 보아야 한다. 어린시절에 했던 방식으로 십대를 대할 경우에는 부모는 매번 논쟁을 하거나 화를 내게 되고 자신이 사랑받는 언어가 인정하는 말인 십대에게 있어서는 특히 감정적 참화를 불러일으킨다.

 * 십대 자녀를 인정하는 구체적인 방법들
 ① 예민한 청소년들의 감정을 자극하는 언행을 삼가한다. 비난의 말, 부정적인 폭언을 금한다.
 ② 칭찬하는 말을 한다. 그들이 한 일에 대하여 칭찬하되 구체적으로 해야 한다.
 ③ 칭찬의 결과를 볼 수 없다고 해도 애써서 칭찬하라. 누구에게나 칭찬거리는 있다.
 ④ 말로 애정을 표현해야 한다. 어머니뿐만 아니라 아버지들이 자주 사랑한다는 말을 함으로 자신들이 귀히 여김을 받고 사랑받는다는 느낌을 가질 것이다.
 ⑤ 가족들 앞에서 십대들을 인정하는 말을 하라. 전환기를 거치는 불안한 십대들에게 인정하는 말은 십대의 영혼의 사막에 내리는 비와 같은 것이기에 그들에게 자주 인정하는 말을 하도록 하라.

2) 사랑의 언어 두 번째: 육체적인 접촉

안아주고 뽀뽀해주고 살갗을 비비는 육체적인 접촉은 중요한 사랑의 언어이다. 감정이 자주 변하는 십대들에게는 적당한 장소와 적절한 시간에 적절한 방식으로 육체적 접촉이라는 사랑을 융통성 있게 표현해야 한다. 십대들의 기분은 항상 분명하지 않고 자주 바뀌므로 그들의 상태를 잘 파악한 후에 접촉을 시도해야 한다. 중대한 일을 성취했을 때 실패를 맛본 순간에 그들의 기분에 민감하게 반응해야 한다. 그들은 기분이 좋을 때는 육체적 접촉에 자신을 개방한다. 포옹, 키스, 쓰다듬기, 토닥거리기, 부드러운 접촉, 마사지, 팔씨름 등이다. 그러나 사춘기의 딸을 둔 아버지는 육체적인 접촉에 조심해야 하되 이런 아버지의 사랑의 접촉은 십대 딸이 자신을 매력적인 여성으로 느낄 수 있게 되며 이런 접촉이 없으면 딸은 어릴 때부터 성적인 것이 지나치게 관심을 갖기 쉽다. 부모로부터 육체적인 학대와 성적 학대를 받는 십대들은 적절한 상담과 영적인 도움으로 치유를 받아야만 건강한 어른으로 자라날 수 있다.

3) 사랑의 언어 세 번째: 함께하는 시간

십대 자녀와 함께 시간을 함께함으로 부모들은 십대 자녀들에게 집중된 관심과 사랑을 전달할 수 있다. 함께 시간을 지냄으로 서로에 대하여 연대감을 갖게 되고 서로 간에 자신들의 경험, 생각, 감정, 욕구들을 우호적이고 수용하는 분위기에서 자유롭게 표현하며 삶을 나누게 된다. 이때 우리는 우리의 의사 전달 스타일을 바꾸어야 한다.

* 진정한 대화를 위한 안내 지침
① 진정한 대화는 듣는 것에 관심이 집중되는 것이므로 그들을 이

해하려는 태도로 의사 전달을 해야 한다. 즉 자녀와 이야기할 때는 시선을 그에게 고정시키고 그들의 말을 들으면서 동시에 다른 일을 하지 말아야 한다.

② 감정에 귀를 기울이며 몸짓으로 표현되는 언어를 관찰하고 그들의 대화를 방해하지 말고 반영적 질문을 함으로 그들의 생각을 체크하라.

③ 부모가 이해한 것을 표현하고 자녀의 허락을 받아 부모들의 견해를 피력하라. 부모로서 말하는 태도가 극히 중요한데 자신의 생각, 느낌, 욕구를 그들에게 강요하지 말고 나누어야 한다.

④ 너라는 표현보다 '나'라는 표현을 써서 대화의 흐름을 막지 말고 새로운 대화 방식을 배워야 한다.

⑤ 설교하지 말고 가르침으로 그들의 생각을 표현하도록 도와주어야 한다. 격앙된 목소리로 독단적인 태도가 아닌 합리적이고 조용하게 생각을 나누는 태도로 그들과의 대화를 주도하고 논리가 발달하는 그들에게 합당한 이유를 말해줌으로 효율적인 대화의 기술을 터득하라.

⑥ 그들이 하는 활동에 참여함으로 대화하고 가족의 행사에 그들의 의견을 반영하도록 하라. 물론 그들은 부모보다는 자기 또래의 친구들과 어울리는 것을 좋아하지만 부모와 함께 여행을 하고 시간을 보내는 것을 같이 계획하라. 그들의 관심 분야를 고려할 때 서로 간의 이해가 깊어진다.

4) 사랑의 언어 네 번째: 봉사(헌신) 자녀들을 위한 사랑의 봉사는 부모의 기본적인 역할이자 진정한 사랑의 표현이다. 십대들을 위한 봉사 행위는 의무감에서만 행해지는 것이 아니고 아낌없이 주는 사랑으로 이루어진다. 그들을 조정하거나 강압하기 위한 수단으로 자녀들을

위한 봉사를 해서는 안 된다. 또한 자녀들도 이런 사랑의 봉사를 받고 또 기쁨으로 스스로 봉사할 수 있도록 해줌으로 성숙해지게 된다. 오늘날과 같이 신속한 세상에 살면서도 삶을 유지하는 근본적인 기술을 십대 자녀들에게 가르치지 못하는 부모들이 많다. 이런 봉사를 가르침으로 그들은 자신에 대하여 긍정적으로 느끼고 자기 정체성이 강화될 것이다. 그럼으로 그는 가족 외의 다른 사람을 섬기는 것을 좋아하게 될 것이고 그를 통해 자기 정체성을 더욱 길러지고 그 십대는 상당한 독립심이 길러질 것이다. 이렇지 못한 부모들은 자녀들의 삶을 지루하게 만들고 성취감을 거의 느끼지 못하게 할 것이고 낮은 자존감을 갖게 하며 사회적인 관계 속에서 갈등하게 만들 것이다. 그러므로 사랑은 자녀들이 어렸을 때는 그들을 먹이는 것이지만 십대가 되었을 때는 스스로 먹을 수 있도록 가르치는 것이다.

5) 사랑의 언어 다섯 번째: 선물

선물은 감정적인 사랑의 눈과 손으로 만질 수 있는 증거이다. 부모의 무조건적인 사랑을 표현하는 선물은 자녀들의 노동에 대한 대가나 자녀를 조종하려는 도구로 사용되어서는 안 된다. 선물은 주는 사람이 감정적인 사랑을 표현하는 것이기에 같은 물건이라도 적당한 포장을 해서 줄 때 그들이 관심이 있어 하는 것을 줄 때 더 큰 효과를 낼 수 있다. 십대 자녀에게 너무 많은 선물을 주면 우리 문화에 팽배해 있는 물질주의를 심어주게 되는 것이기에 부모는 현명하게 평범한 것을 즐기는 법을 배워주어야 하고 그것을 다른 사람들과 나누는 법을 배워주어야 한다.

돈을 주는 것: 돈은 선물로 주어지는 것이 아니다. 십대들은 돈을 벌기 위해 일을 하지 않았기 때문에 돈에 대한 감각이 거의 없다. 그래서 돈을 받는 것이 부모의 사랑을 전달받는 것은 되지 못한다. 부모

들은 십대들에게 돈의 가치를 알려줘야 한다. 돈을 벌려면 일을 하라고 권하고 무제한으로 돈을 주거나 십대들이 그것을 기대하도록 해서는 안 된다. 일을 해서 돈의 가치를 아는 십대들에게는 부모가 주는 돈에 대해 감사할 수 있다.[15]

나는 모든 상담자는 상담할 때 느낌(Feeling)과 감정(Emotion)에 수고하고 노력해야 한다고 이미 말을 했다. 특히 십대에 대해서 상담하는 청소년상담은 더욱 중요한 상담기법이다. 왜냐하면 모든 아동심리학자들도 십대들의 심리가 감정적인 부분이 상처를 입었든지 아니면 불안한 감정을 가지고 있을 때 가정과 부모 더 나아가 사회와도 갈등을 느끼게 되고 진전되면 비행청소년으로 전락한다고 지적하고 있다. 이러한 청소년의 감정적인 부분들은 대부분은 가정에서 만들어지는데 채프만(Chapman)은 "십대들이 부모의 사랑에 안전함을 느끼게 되면…… 성숙하고 생산력을 가진 어른이 되는 것을 방해하는 요소들에 자신감을 가지고 맞설 것이다. 부모의 사랑이 없으면 십대들은 마약, 잘못된 성관계, 폭력 등에 더 빠져들게 된다."[16]고 말하고 부모의 감정적인 사랑에 대해서도 다음과 같이 정의하고 있다.

'감정적인 사랑'이란 무엇을 의미하는가? "십대들의 영혼 깊은 곳에는 부모들과 연결되고, 수용되고, 양육받는다는 것을 느끼고 싶어 하는 욕구가 있다. 이 욕구가 채워질 때 십대는 사랑받는다고 느낀다."[17]

참된 느낌과 감정은 아픔과 타락의 영혼들에게 반드시 필요하다. 그러기 위해서는 하나님께서 우리를 용서하시고 자녀 삼아주신 놀라운 사랑을 깨닫고 청소년뿐만 아니라 모든 이들의 느낌과 감정의 회복을 위하여 사랑으로 감정으로 긴밀하게 노력하고 수고해야 한다.

서울대 정량은 교수는 어려서부터(신생아) 감각기관이 거의 성숙에 이르다고 말하고 특히 감각이나 촉각의 발달은 성숙되어 있다고 밝히고 있다. 이러한 발달 심리는 성격 형성에도 크게 영향을 미치므로 무엇보다도 대인관계 그리고 환경에 대한 적응으로 성격이 형성된다고 볼 수 있다.(성격이란 환경에 대한 적응이나 대인관계에서 비교적 일관성 있는 독특한 개인의 행동양식이나 사고양식의 특징적인 소질이다.)[18] 그러므로 청소년상담 시 가장 필요한 수단과 방법은 십대들의 감정과 느낌을 회복시켜 주는 것이다. 그들의 아픔과 상처 혹은 잘못된 성격과 행동에 대해서 말이다. 십대들의 마음은 비어있는 작은 그릇과 같아서 작은 부딪힘에도 소리가 나고 울리는 것이다. 이러한 그들의 마음을 인정하고 따듯한 감정과 느낌을 갖도록 사랑의 접촉과 그들을 위해 함께 보내는 시간적 감정적 희생이 필요하다.

많이 비뚤어진 십대라도 성숙하게 자라는 나무로서 포기가 아니라 그들도 괴로워서 몸부림을 치는 것이다. 물론 그들을 위한 진정한 충고와 조언은 혹은 요구가 필요하다. 하나님도 우리에게 아낌없는 사랑을 주셨지만 우리에게 명령 때로는 금지로써 요구와 지켜야 할 명령을 내리신다. 그리고 우리가 '순종'하기를 바라신다. 물론 우리가 불순종하더라도 하나님은 눈 깜짝하지 않으신다. 깨닫는 자녀가 준비된 복을 누리듯 우리도 부모로서 '듣지 않을 것'이라고 미리 짐작하고 단정하여 십대들이 건강하게 자라는 기회와 보호받을 권리를 어른이 포기해서는 안 된다. 그래서 느낌과 감정에(FE-Toil) 수고하고 충실해야 한다.

잊지 말아야 할 것은 십대들의 성숙한 감정과 느낌을 지니도록 원한다면 그만큼 십대들의 느낌과 감정을 인정하고 그들이 따라오도록 보여주어야 한다.

무턱대고 가르친다고 십대를 향해 설교하고 훈계한다면 당신은 몸은 어른이라도 십대들 앞에 함부로 서지 말아야 한다. 왜냐하면 십대의 분노를 잠재우지 못할 것이기 때문이다.

1) Gerald Cory. *Marianne Schneider corey*. Patrick Callanan. J Michael Russell. Group Techniques. 2004.

2) 이동렬. 박성희. 상담과 심리치료. 교육과학사. 2003, p.60.

3) Ibid. pp.73-76.

4) http://www.kyci.or.kr/kyci/agecounsel/introduce.asp.

5) *YOUTHviews6*, no.7(March 1999).3.

6) Gary Chapman. *The Five Languages of Teenagers*. Translated, Dong Suk Jang,. 2001, pp.26-29.

7) Ron Hutchcraft, *The Battle for a Generation*(Chicago: Moody, 1996). p.6.

8) *YOUTHviews5*. no.9(Mach 1998).2.

9) http://www.reportworld.co.kr/report/data/view.html?no=290196.

10) Duncan Buchanan. *The counseling of Jesus*. 1987, p.79.

11) Gary Chapman. *The Five Languages of Teenagers*. Translated, Dong Suk Jang,. 2001, p.49.

12) Richard walters. *Counseling for Problems of self-Control*. 1988.(Volume 11 of the Resources for Christian counseling).

13) Lifeline.(생명의 전화)상담자료. 2004. 12.

14) KSURC(한국성폭력상담소). 자료실.

15) Gray Chapman. *The Five Love Languages:* How to Express Heartfelt Commitment to Your Mate. Moody Publishers; Reissue edition. June. 1996.

16) Gray Chapman. *The Five Love Languages of Teenagers*. Translated. Dong Suk Jang. 2001, p.39.

17) Ibid.

18) JeongYangEun. *Outline of Psychology*. 1976, p.141.

9. 집단상담(Group Counseling)에 대해서

　우리는 건강하고 마음 편하게 살기를 원하며 자신감을 갖고 행복하게 살기를 원한다. 이렇게 인생의 밝고 긍정적인 면만을 추구하지만 실제로 우리의 인생은 그렇게 밝지만은 않다. 왜냐하면 산다는 것은 문제의 연속이므로 우리는 문제와 더불어 살게 마련이다.

　자신을 괴롭히는 부정적인 정서는 고민이 있어도 털어놓지 못하고 자신을 억압하거나 또는 타인의 기대에 맞추어 살아가고 사랑과 인정 받고 싶은 요구에 지나치게 매달리기 때문에 생기는 것이다. 또한 자신을 제대로 모르기 때문에 시시 때때로 자신에 대한 불평과 불만이 남에게 비추게 되어서 남을 미워하기도 한다.

　정신적으로 건강하다는 것은 자신을 사랑할 줄 아는 것이다. 자기 안에 분노와 사랑의 감정이 있을 때 자신의 욕구를 들여다보고 소중하게 다룰 줄 알고 그 느낌을 표현할 줄 알아야 한다. 그러기 위해서는 우선 나 자신을 알아야 한다. 자신은 어떤 사람인지 자신이 무엇을 느끼고 무엇을 원하고 바라는가를 들여다볼 수 있어야 한다. 성인이 된 지금까지 십수 년간 우리는 쓰고 읽고 셈하는 학교 교육만 받아왔지 정작 '나 자신이 누구인가' '나는 어떻게 살고 싶은가' 하는 중요한 문제에 대해서는 심각하게 생각해보거나 다루어 볼 기회가 없었다.

집단상담 프로그램에서는 8명 내지 12명의 집단 구성원들이 모여서 집단리더의 지도 아래 미리 계획된 일련의 프로그램에 따라 집단 구성원들과 같이 행동과 경험을 나눔으로써 자신의 잠재력과 능력을 개발시킨다. 궁극적으로 자기이해와 성장을 이룩하도록 돕는 프로그램으로 허용적 집단 분위기에서 자신의 가치관을 명료화하고 자신의 모습을 나와 남의 눈을 통해 느껴가는 가운데 자신이 어떤 사람인가를 재발견하게 된다.

1) 집단상담(Group Counseling), 집단치료(Group Care), 집단지도(group Guidance)의 차이

집단상담은 하나의 역동적인 대인관계의 과정이다. 집단상담과 집단지도, 집단치료 간의 차이를 살펴봄으로써 집단상담의 성격을 더욱 분명히 알 수 있다. 학생집단 지도는 교사나 상담자가 학생집단에게 학교와 관련된 문제들에 관한 객관적 정보를 제공해주는 하나의 절차로 보고 있으며 하나의 절차로 보고 있으니 전통적 교과목과 관련된 학습과제보다 개인에게 직접 관련된 정보제공에 더 치중한다. 한편 집단상담은 상담자가 상담 범주에 속하는 사람들로 구성된 소집단에서 성원들의 자기이해, 자기수용 그리고 본질적인 발달과업을 성취할 수 있도록 돕기 위하여 노력하는 하나의 과정이다. 집단치료는 임상적으로 훈련된 전문가가 정서적 장애를 일으킨 내담자들의 성격구조의 교정을 위하여 노력하는 하나의 절차로서 집단상담에 비하여 비교적 현재나 미래보다는 과거(부적응 행동의 원인)에 더 강조점을 두고 있다. 집단지도의 목적은 성원들이 알아야 한다고 생각되는 교육적 내용을 제공함으로써 그들의 지적 영역의 발달을 꾀하는 데 있음에 비해 집단상담의 목적은 성원 개개인의 실제적 행동의 변화에 있다. 또 집단치료는 내담자가 갖고 있는 심각한 문제의 발견과 장애의 치료에 목적이 있다.

집단지도나 집단치료와 구별되는 집단상담의 특징은 다음과 같다. (1) 치료적·예방적이다. (2) 정상적인 계층을 대상으로 한다. (3) 사고, 감정, 행동 등을 평가한다. (4) 문제해결 중심적이다. (5) 집단구성원의 자의적 결정의사에 초점을 둔다. (6) 욕구에 의해 조직되는 사례 중심적이다. (7) 상호 간의 인간관계를 중시한다. (8) 주로 공통의 문제해결 중심을 둔다. (9) 언어적 표현기술을 중시한다. (10) 감정 및 욕구를 강조한다. (11) 현재 중심적이다. (12) 비의료적 기관이나 시설에서 실시된다. (13) 대체로 상담 기간이 단기적이다.

집단상담의 성격을 더욱 분명히 하기 위하여 집단지도 및 집단치료와의 차이에 대한 몇몇 학자들의 견해를 살펴보기로 하자.

Maher(1971)는 비록 집단지도, 집단상담, 집단치료 사이에는 상당한 공통점도 없지 않으나 이 세 가지는 분명히 구별될 수 있다고 주장하고 있다. 그에 의하면 집단지도는 주로 정보제공을 포함한 교육적 경험의 내용을 주제로 취급한다. 학교 장면에서는 집단지도는 성인들의 생각에 학생들이 알아야만 된다고 인정되는 내용을 학생들에게 취급되는 주제들이 집단상담에서도 취급될 수는 있으나 집단지도에서는 정보제공의 모든 책임이 주로 교사에게 있다.

*집단상담의 목적

효과적인 집단상담의 목적은 참여자들로 하여금 '지금의 이러한 문제를 해결해야 하는가?'를 이해시키고 '지금의 이러한 문제를 해결하기 위해서는 어떤 정보와 기술이 필요하고 어떻게 행동하는가'를 터득시키는 일이다.

집단 참여자들은 집단상담의 과정에서 대개 다음 사항을 학습한다고 볼 수 있다.

① 나뿐만 아니라 동료들도 비슷한 문제를 가지고 있다는 사실.

② 자기의 결함에도 불구하고 집단 동료들로부터 배척당하지 않는다는 사실.

③ 다른 집단 참여자들이 이해하지 못하더라도 적어도 한 사람(상담자)은 자기를 이해하고 수용한다는 사실.

④ 자기도 동료들을 이해하고, 수용하며, 도와줄 수 있다는 사실.

⑤ 자기 자신과 타인에 관한 솔직한 느낌을 말하고 들음으로써 자신과 타인을 더 잘 이해하게 되고 수용하게 된다는 사실 등이다.

이상과 같이 참여자들은 우선 다른 참여자들과 심리적 동료의식을 느끼고 적어도 한 사람 이상이 자기를 이해하고 수용해준다는 것을 확인한 다음에야 다른 동료들에 대한 이해와 그들로부터의 자극을 수용할 만한 여유(안정감)를 갖게 된다.

2) 집단상담이란

집단상담은 비교적 정상적인 범위에 속하는 사람들이 전문적인 상담자와 함께 신뢰하며 허용적인 분위기 속에서 자기 이해와 수용, 개방을 촉진하도록 집단 구성원 간에 상호 작용함으로써 개인의 태도와 행동의 변화를 통해 문제를 해결하고 나아가 잠재 능력의 개발을 꾀하는 것이다.

기독교상담이란 "어느 한 사람(counselor)이 다른 한 사람 또는 여러 사람들(counselee)을 충고하거나 격려하고 보조해줌으로 말미암아 인생의 문제에 보다 효과적으로 대처하도록 도와주는 두 사람 또는 둘 이상 사이의 관계라고 정의할 수 있다."(Effective Counseling : Gary Collins) 일반상담에서 상담의 의 목표는 한 개인의 심리(정신)적 병리현상을 치료하는 데 있다면 기독교상담은 심리, 정신적 병리현상뿐만 아니라 인생의 전반적인 문제를 다루고 회복하는 데 있다. 이러한 정의 가운데 상담의 목표에서 1) 내담자의 행동, 태도, 가치관을 변화시키는 것. 2) 더 이상의 심각한 문제가 일어나지 않도록 예방하는 것. 3) 사교술을 가르치는 것. 4) 감정표현을 도와주는 것. 5) 힘들고 외로울 때 지원해주는 것. 6) 통찰력을 심어주는 것. 7) 결정을 내릴 때 인도해주는 것. 8) 내담자가 위기에 처했을 때 자신의 내적 자원을 동원하도록 도와주는 것. 심리적 정신적 원인을 찾아 치료하는(심리치료) 것이 일반상담학적 목적이라면 기독교적 상담은 내담자의 인격적 변화와 인생의 변화까지를 도모한다고 볼 수 있다.

3) 교회에서 상담사역

오늘날 다양한 문화와 급속도로 발전하는 과학문명 그리고 하루가 멀다하여 변화하는 정보문화 등은 오늘날 사회를 잘 반영하는 용어들이다. 그러나 그 모든 문화의 주체인 사람은 오히려 가정의 문제, 경제의 문제, 또는 삶 속에서 겪게 되는 갈등의 문제 등은 사람의 생활을 무능력 혹은 참혹한 삶의 비애를 느끼게 한다. 뿐만 아니라 인간관계에게 있어서 '파괴'라는 용어가 흔히 사용될 정도로 인간성 존재에 큰 해를 받고 있음도 사실이다. 또한 교육의 문제 또한 사회 여러 곳에서 터져 나오는 '교육의 문제' 또한 오늘날 우리들의 가정들과 미래에 대한 불확신을 심고 있다고 해도 과언이 아니라 본다.

이러한 다양한 문화에 맞춰 다양한 문제들이 사람들의 삶의 환경과 삶의 질을 복잡 혹은 육체와 정신에 충격을 주고 있다. 기술문명의 발달로 인하여 생활은 편리하고 윤택해지는 측면이 있지만 그 반면에 "더욱더 많은 현대인들이 소외와 단절의 상처를 경험하고 있는 것이 엄연한 현실이며 이러한 문제에 대한 대응은 피상적이고 단순한 접근이 아니라 성령의 강력한 역사하심에 의존하는 전문적이고 심층적인 기독교 사역을 요구하고 있다."[1]

이러한 현실을 감안, 오늘날 기독교 교육에서 널리 이용하고 사역에 범위를 넓히고 있는 '치유사역'을 이 글에서는 기독교 교육의 차원에서 다루려고 한다. 특히 무엇보다도 교회에서의 '치유사역'의 방법으로 '상담'(Counseling)을 중점으로 서술하려고 한다.

교회에서의 치유사역은 많은 정보와 학문적으로 널리 알려졌으나 실질적으로 교회 사역에서 치유사역은 한 개인의 문제를 해결하지 못하고 있다. 그것은 바로 상담이라는 실질적인 것으로 상담실을 운영하거나 목회자의 목회상담, 혹은 심리상담이라는 학문적 밑받침이 없기 때문이다. 나중에 지적하겠지만 '목회자이면 상담자인가?'라는 질문을 오늘날 목회자에게 던지고 싶은 충동을 금할 수 없음이 솔직한 나의 심정이다. 상담이라는 방법으로 흔히 교회에서 사용하는 것은 목회자와 성도가 만나서 기도를 부탁받거나 기도해주는 것이 대부분이다.

위에서 지적한 오늘날 우리 주변의 많은 문제를 전문성 없이는 해결할 수 없고 나아가 건강한 성도와 교회로 성장할 수 없다는 판단으로 전문성 결여를 회복하고 '기독교적 상담'은 무엇인가를 밝히려는 데 서술의 목적을 두고자 한다.

교육이란 전문성을 함축하고 있다. 그러나 교육의 현장인 교회가 사실은 오늘날 문제를 검토하고 해결하기 위한 전문성의 준비는 미비하다고 판단, 교육의 장으로서 중요한 역할을 감당할 수 있는 역할로서 성숙되어야 한다. 은준관 교수는 기독교 교육의 현장을 다음과 같이 정의하고 있다.

"기독교 교육의 현장이란 삶의 질문과 복음의 응답이 서로 오고가는 대화이고 또 대화가 일어나는 참여의 '자리'이다. 무엇보다도 인간이 내뿜는 삶의 질문이 무엇인가를 바로 듣는 그곳엔 교육현장의 가능성이 열린다. 오늘의 삶의 질문을 우리는 무슨 말로 집역하는가? 많은 이들은 그 질문의 이름을 불안(Anxiety)이라고 부른다."[2]

이 불안의 문제를 상담이라는 방법으로 기독교 교육이 교회라는 현장을 통하여 접근 및 해결하기 위해선 무엇보다도 '전문성'이 필요하다는 의식과 행정과 재정이 뒤따라야 함을 강조하고 싶다. 물론 성령의 강력한 역사하심을 바라는 것을 잊어서는 안 될 것이다. 하나의 관심사가 아니라 현대교회가 치유사역을 하기 위해선 '상담'이라는 교육과 교회의 기능이 첨가되어야 함을 알아야 한다.

4) 상담으로서 치유사역에 필요 요소

교회에서 치유사역에 필요한 요소는 무엇일까? 그것은 아마도 용어에 대한 정의와 개념을 인식하는 것이 첫 번째라 생각한다. '치유란? 치료에 의하여 병이 나음'이라는 뜻을 가지고 있는데 이 치료라는 개념은 주로 '병을 다스리기 위하여 하는 의학적 처리'를 의미한다. 그런데 병이라고 하는 것은 일반적으로 신체적인 질병을 포함하는 것이며 기독교적인 관점에서 볼 때는 여기에 영적인 질병까지 들어가는 것이기 때문에 이 '치유'라는 말은 원래 넓은 개념의 용어라 할 수 있다.[3]

한마디로 '치유'란 육체적, 정신적(영적)인 병을 치료하는 것이라 할 수 있다. 다만 여기서는 의학적인 의술행위로서의 치유는 아니며 성경적 기적과 이적을 포함한 성령의 치유와 교육, 상담(심리상담 포함), 기도, 만남, 대화, 사교 등등의 다양한 상호 관계적 과정을 통한 치유사역 전반을 의미한다.

현대 교회는 이 '치유'라는 용어를 '고친다'는 의미로 많이 사용하고 있는 것 같다. 무엇보다도 현재 널리 사용하는 '치유'라는 말은 공동체 생활에 잘 적응하고 하나님의 말씀에 순종하며, 사회생활에 기독교인으로서 역할과 생활을 잘할 수 있는 영육 간의 건강을 위한 전문적 행위라고 말하고 싶다. 그래서 이 글에서는 상담으로 치유사역을 과연 어떻게 해야 할까를 집중 서술하려고 한다. 왜냐하면 기독교적 상담(성경적 상담)과 일반상담(심리상담)과는 구분이 있어야 한다는 본인의 판단에서이다. 물론 학문적으로는 상호 관계적임을 밝히고 싶다. 상담으로서 치유사역에서 필요한 요소는 전문 상담자이다. 여기서 말하는 전문 상담자는 자격증의 여부가 아니라 임상 여부에 무게를 둔 상담자이다. 다양한 사람을 만나고 어떤 문제라도 듣고 얘기했으며 통계적으로 상담자로서 기독교 전반에 대한 문제와 성경적 지식을 갖춘 자이다. 그러므로 담임목사가 상담에 대한 학문적 지식이 없다면 상담자는 아니다. 여기서 말하는 학문적 지식이란 전문성 있는 지식을 말한다. 또한 상담학을 배웠다는 목사라 할지라도 임상적인 상담에 대한 경험부족 혹은 개인적 종교의 체험으로 일방적으로 지식이나 상담의 방향을 정하는 스타일의 목사라면 상담자는 아니다. 흔히 '큰 은사'를 받았다는 종교적 체험을 한 목사라면 물불 가리지 않고 신앙 상담을 하려는 성도들도 많고, 목사 자신도 전문성 있는 상담자로 착각한다. 전문성이란 보편타당성과 객관성에서 인정받는 자임을 말하고 싶다. 그렇다고 성령체험이나 성경적인 은사 체험을 무시하는 것은 아니다.

두 번째로 상담실이다.

상담치유 사역을 하기 위해 교회는 목양실이 아닌 상담실이 반드시 필요하다. 회의실을 상담자로 혹은 빈 공간을 상담실로 또는 상담하겠다는 성도들을 데리고 당회실에서 상담하는 경우도 나는 보았다. 상담은 한 개인이 치유를 받고 혹은 큰 깨달음으로 새롭게 하나님을 만나거나 처음으로 영접할 수 있는 '한 순간'이 될 수 있음으로 매우 소중한 만남이어야 한다. 그리고 가장 편안해야 한다. 그러므로 상담실의 역할은 매우 중요하다. 나는 목회를 하면서도 '상담실'이라는 공간을 확보한 교회를 본 적이 없다. 그렇다고 그 교회들이 목사들이 상담을 하지 않는 것이 아닐 것이다. 상담실 공간을 어떻게 운영하고 꾸미느냐는 별도로 중요성을 갖고 상담실을 운영해야 할 것이다.

세 번째로 정기적인 프로그램 및 상담 커리큘럼이다.

이 말은 상담이 무슨 문제나 혹은 위기의 가정 또는 불안요소가 있는 성도의 신앙과 생활, 인간관계 등등의 문제가 있을 때에만 운영하거나 '상담하자'고 요구하는 식의 상담운영이 아니라 정기적으로 순회하면서 모든 성도가 상담에 응할 수 있도록 하는 것이다. 무엇이든지 처음에는 어색한 분위기가 있다는 것을 감안하고 정기적인 만남을 통해 상담을 실행한다면 교회는 친교적인 분위기와 상호 이해관계에서 성숙한 성도와 교회로 나아갈 수 있다.

현대 사회는 끊임없이 변천하고 발전하는 사회이다. 그래서 현대를 사람들은 교육의 시대 또는 학습 사회라고 표현한다. 목회자는 현대를 살아가면서 현대 자체를 목회의 마당이요, 대상으로 삼아야 한다. 따라서 그는 현대를 알아야 한다. 목회자는 그러므로 평생 공부하는 사람이다. 평생 교육의 시대에 목회자는 언제나 다시금 교육받을 수 있도록 열어놓고 배우면서 가르치는 사람이다.[4] 이 말은 다음과 같은 의미에서 중요하다. 첫째 목회자는 배우면서 가르쳐야 한다. 둘째 '목회자가 배움이 끝난 것이 아니다'라는 것이다. 목회자가 성도를 가르치는 이유는 하나님을 사랑하고 그분만을 경외하도록 하는 것이다. 그러한 교육의 목적을 달성하기 위해 '상담'을 통해 목회자가 성도들의 영육 간의 상태를 알아야 하는 것이다. 그러기 위해선 위와 같이 목회자는 상담을 알아야 하고 기독교 교육으로써 상담을 운영 실천해야 한다.

교회가 영적인 공동체로서 건강하고 성숙하려면 육적으로 먼저 성도들의 가정과 그들의 생활이 건강하고 성숙되어야 한다. "공동체란 말은 사람들이 서로 어떤 관계를 유지하는 것을 의미한다. 사람들이 서로 어떤 교제를 가질 때 비로소 그들 사이에 어떤 관계가 생긴다 ."[5] 그러므로 교회의 공동체가 유지되기 위해선 행사위주의 만남이 아니라 기독교 교육으로서 치유사역이 이루어질 때 성도들은 성경적 공동체를 이루고 나아가 건강한 교회로 성숙, 성장될 것이다.

사람과 사람 사이, 그 사이에서 하나님의 임재를 만나는 3차원의 교차점을 만남이라고 한다.[6] 이렇듯이 성도는 목회자의 영향을 받아 신앙생활을 하듯이 상담을 통하여 사람이 사람을 만나며 그 만남을 통하여 성령의 치유의 역사를 체험하고 삶의 불안요소를 하나하나 해결되어질 때 하나님의 교육의 목적은 이루어질 것이다.

기독교는 체험의 종교이다. 만남을 통하여 목회자의 리더십은 성숙되어질 것이며 성도 역시 '치유상담'을 통하여 하나님 말씀에 대한 순종의 삶과 불안, 위기, 근심 걱정에 대한 방어력과 해결능력을 말씀과 성령의 능력으로 부여받을 수 있을 것이다. 그렇다고 '상담' 그저 사람과 사람 사이의 만남만을 말하는 것은 절대로 아니다. 만남의 요소가 '상담'이라는 교육의 장에 있을 뿐이며 진정으로 성도의 능동적 신앙과 하나님의 자녀와 택하신 가정으로 성숙되어 가기 위해선 치유상담이 교회에 있어야 한다는 것이다.

교회의 구속적 사명은 개인의 구원을 넘어 사회의 질서를 하나님의 공동체적인 차원으로까지 변혁시키려는[7] 하나님의 뜻이 있음을 우리는 알아야 한다. 교회는 하나님의 나라의 확장을 위한 기본 교육의 장이다. 그러므로 성도들이 상담을 통하지 않고는 진정한 '교회 공동체'를 이룰 수 없다. 또한 목회자 역시 '상담사역'에 놀라운 '치유'의 역사가 있음을 잊어서는 안 된다.

우리는 흔히 죄의 문제만을 예배를 통해서 혹은 기도회를 통해서 '회개'하여 죄 사함을 얻는다. 하나님은 빛이시기(요일1:5) 때문에 우리는 하나님께 나아가기 위해서는 성결한 삶을 살아야 한다. 그러나 개인적인 말 못할 고민이나 인격적으로나 개인적 자아와 자존심 문제는 교회의 정기적인 상담을 통하여 '치유'받을 수 있음을 알아야 한다.

특별히 모든 상담이 그렇겠지만 기독교상담은 하나님의 사랑으로 용납하는 그리스도를 본받는 생활을 일반적으로 강조하게 된다. 그래서 기독교인이든 아니든 문제를 상담해주는 모든 상담자들은 내담자가 자신을 용납하도록 도와주는 데 그 목적을 두고 있다.[8] 이것은 상담에 필요한 요소 중 '치유상담'을 인식하고 사역하려는 목회자의 자세(상담사역자 포함)인 것이다.

예배 중에 받는 은혜와 상담을 통한 치유는 별개의 것이다. 기도를 통한 응답으로 문제를 해결받는 것과 상담의 기능으로 문제를 해결받는 것은 별개의 것이다. 즉 기도와 상담, 예배와 상담은 우선순위의 문제가 아니라 그 기능으로서 차별이 있을 뿐이다. 기도와 예배는 교회의 기능으로서 목적이 있다. 상담은 교회의 목적을 이루기 위한 한 방법으로 역할을 하는 것이다. 단지 공적인 예배와 기도를 통하여 다루지 못하는 성도의 한 개인, 개인의 문제와 불안요소를 상담을 통하여 치유하자는 것이다.

끝으로 치유상담에 필요한 요소는 상담의 종류가 많이 있다. 개인상담, 집단상담(그룹상담), 유아, 청소년, 장년의 상담, 심리상담, 위기상담, 치유상담, 특별상담, 기독교상담 등등 그러나 여기서는 기독교상담으로 성경적 상담을 말하려고 한다.

기독교상담은 전제가 성경적 상담이어야 한다. 그래서 기독교상담을 성경적 상담이라고 한다. 기독교상담은 기독교 교육이 지향하는 목적 그리고 뜻과 일치한다. 더 나아가 크리스천들이 사회생활을 하는 데 있어서 만나게 되는 여러 가지 문제와 갈등을 상담하여 하나님의 백성들로서 살아가되 빛과 소금의 역할로 유익을 주고자 함에 상담의 의도가 있다.

그룹에는 활동과 성장이 있다. 그룹은 사고, 독서, 토론을 통하여 성장하는 것이다. 이 성장은 그룹 활동의 원동력으로 이루어진다. 뜻 깊은 활동에는 성취감이 따른다. 또 멤버들이 그룹 내의 활동을 통하여 그들 생활에 덕을 보았다고 느끼게 될 때 가치감이 생겨나는 것이다. 9) 그러므로 교회에서 이루어지는 상담은 성도 한 개인의 생활과 관련된 신앙, 인간관계, 가정생활, 직장생활, 종교적 사회적 죄의 문제 등등의 문제들을 상담하지만 교회의 그룹적인 유익을 위한 중요한 요소가 있음을 교회의 지도자들은 알아야 한다.

개인과 교회 그리고 가정과 사회의 관계는 하나님께는 중요한 관심의 대상이다. 특히 한 사람의 성숙과 영성은 교회와 가정 그리고 사회에 끼치는 영향이 매우 크다. 이를 감안한다면 교회의 지도자들은 영혼의 돌봄(Care of the soule)인데 이 일에는 설교, 교수, 훈련, 성례전 등의 다양한 활동들이 포함되는[10] 목회 가운데 '상담'(Counseling)으로 영혼의 돌봄을 해야 한다는 새로운 의식과 교육적 행정적 뒷받침을 마련해야 한다.

현대 목회에서의 상담의 중요성은 현대 목회가 다양복잡성을 가지고 있기 때문에 치유상담에 필요한 요소에 의하여 준비되어 있지 않고 '기도', '말씀', '예배'를 통하여 모든 성도들의 문제를 해결하려고 한다면 이는 목회자의 무지에서 비롯된 아픔의 연속이다.

물론 기도, 말씀, 예배를 평가하는 것은 절대로 아니다. 다만 상담의 필요성을 배제하고 기도, 말씀, 예배 차원으로 일관하여 목회를 지향한다면 한다면, 속으로 아파하는 자들과 고민으로 고통하는 자들은 위기의 극복을 상실하고 넘어질 것이다. 기도, 말씀, 예배를 통하여 어찌 치유의 역사가 없겠는가? 어찌 성숙하고 위기를 극복할 지혜를 왜 못 얻겠는가? 있다. 그러나 분명한 것은 공적인 것으로 사적인 것을 해결하려는 데는 과욕이 생기게 된다. 예수님도 가르치고 설교하시는 것 외에 제자들과 얼마나 많은 시간 동안 상담을 하시고 상담에 응하셨는지 모른다. 한 예로 부자 청년이 찾아와서 구원(영생)에 대한 의문을 상담했을 때(마19:16눅10:25; 18:18) 또한 요한복음 4:9절 이하에 나타난 예수님과 사마리아 여인과 만남은 기독교상담의 중요성과 상담의 의미를 깊이 있게 가르쳐주고 계신 부분이다. 예수님은 오늘도 '상담'을 원하고 계신다. 단순한 대화의 상대자로서가 아니라 모든 이들이 갖고 있는 영육 간의 문제들을 치유하고 새롭게 변화하여 성숙하게 하나님의 나라의 사람들로서 살아가도록 말이다.

인간의 모든 문제는 근원적으로 죄의 문제라고 할 수 있다. 실제로 '죄'는 우리의 사고와 감정과 행동에 영향을 미친다. 그런데 이 죄의 문제를 해결하기 위해서는 예수 그리스도의 대속의 은혜를 믿음으로 받아들여 거듭나게 하는 일이 근본적으로 필요하다.[11]

앞에서 기도, 말씀, 예배와 함께 '상담'으로써 성도들이 사적인 문제들을 해결받을 수 있도록 교회와 지도자는 교육적, 행정적으로 배려해야 한다고 말했었다. 그리스도의 구속의 은혜로 신앙의 단추를 잘 꿴다면 상담을 통하여 성숙하고 성장하도록 친숙하고도 사교적인 분위기에 성령의 치유하는 역사를 믿으면서 솔직한 문제와 불안에 대한 요소들을 해결해 나아가는 상담의 운영은 현대와 미래목회에 필수이다.

이를 위해 기독교 전문상담자가 되기 위한 목회자의 노력과 상담자 (상담사)를 초빙 혹은 상담자 훈련과정을 통한 인적인 자원을 확보해야 한다. 건강은 밖에서 안으로 들어오는 것이 아니라 안에서 밖으로 보이는 것이다. 건강한 교회가 된다면 교회의 성장과 성숙은 자동적인 것이라 믿는다.

교회의 크기와 인원수에 목을 매듯 목회하는 것은 영적인 질식사를 방종하는 것과 같다. 교회의 크기와 인원은 하나님께서 지도자의 능력과 형편 그리고 관리 능력에 따라 맡겨주시는 것이라 믿는다. 단지 한 사람의 성도라도 구속의 은혜를 받고 더욱 성숙하게 성장하도록 하기 위해서는 '치유상담'(Healing Counseling)의 목회를 교육적으로 운영해야 하고 관심의 변화가 있어야 한다.

이러한 핵심 개념을 중심으로 집단상담을 살펴보면 다음과 같다.

첫째 집단상담은 정상 범위에서 심하게 일탈하지 않는 사람들을 대상으로 이루어지게 된다. 심각한 정서적, 성격적 문제를 가지고 있는 사람은 제외되며 본격적인 치료보다는 성장과 적응에 강조점이 주어진다.

둘째 집단상담의 상담자는 훈련받은 전문가이거나 상담에 대한 최소한의 지식과 자질을 갖추어야 한다.

셋째 집단상담의 분위기는 신뢰하고 수용적이어야 한다. 집단상담 과정의 요체는 자기 탐색 및 이해, 자기 개방과 피드백 주고받기에 있는데 구성원 상호 간의 무조건적인 수용과 신뢰하는 분위기는 효과적인 집단상담의 필수 조건이다.

넷째 집단상담은 집단 구성원들이 상호 작용하는 역동적인 대인관계 과정이다. 집단상담을 개인상담과 비교하였을 때 그 우월성은 집단의 응집력을 이용하는 데 있다. 집단 응집력은 집단 내의 친밀감, 신뢰감, 온화함, 공감적 이해로 나타나며 적대감과 갈등을 포함할 수 있다. 응집력 있는 집단은 집단원으로 하여금 자기 개방, 위험 감수 그리고 집단 내의 갈등에 대해 건설적으로 표현함으로써 성공적인 상담으로 나아갈 수 있다.

5) 집단상담과 집단토의

집단상담은 집단토의와는 다르다.(상담이라는 용어 질문하고 싶은 문의하고 싶은 정도의 용어까지 포함하고 있지만 엄밀히 상담과 문의, 질문이라는 용어와는 구별된다.) 집단토의에서는 분명한 토의 주제와 내용이 있어서 그것을 중심으로 객관적 사실을 다루는 데 반해, 집단상담에서는 내용보다는 과정이 중심이 되며 객관적 사실이 아니라 너와 나의 개인적, 주관적 경험을 중시한다. 어떤 상반된 의견이 나오더라도 수용되고 허용되는 분위기와 무엇보다도 자유로운 '느낌'의 교환이 있어야 한다. 집단토의에서 지도자는 목적 달성을 위해 토의를 이끌고 집단을 통제할 수 있겠지만 집단상담에서는 지도자의 지도성이 정해져 있지 않고 형식상의 역할은 없다.

6) 집단상담과 집단지도, 집단치료

집단상담은 집단지도나 집단치료와 혼동될 수 있다. 그러나 집단상담은 엄밀한 의미에 있어서 이들과도 다르다. 이를 간단히 구분해보면 다음과 같다.

그러나 이러한 구분은 개념상의 분류일 뿐, 어떤 수준의 대상을 다루며 어느 정도의 전문적인 과정을 거치느냐에 따라 집단치료와 집단상담은 같은 연속선상에 위치한다고 볼 수 있다. 집단상담에서 참여자들의 심한 정서적 문제가 발견되었을 경우 가능하면 집단상담의 참여자들이 다룰 수 있는 범위와 수준까지만 상담이 진행되도록 하고, 너무 심한 정서적 문제가 있는 참여자는 개인상담이나 집단치료를 받도록 조처하는 것이 바람직하다. 그러나 집단상담은 부적응 행동과 개인문제를 해결하는 태도에 영향을 준다는 면에서 교육적일 수도 있고 또 치료적이라고도 말할 수 있을 것이다.

우리나라에 집단상담 운동은 1970년대에 시작되어 약 30년의 세월이 경과하는 동안 학문적으로나 실제적으로 괄목할 만큼 발전해왔다(이형득, 1998). 그동안 집단상담을 학문적으로 연구하고 실제에 적용한 사람들의 노력과 더불어 집단상담에 참여한 경험을 통해 자기성장과 인간관계 발전에 도움을 받은 학생 및 일반인의 수가 헤아릴 수 없을 만큼 많으며 산업 분야에도 집단상담을 통한 자기성장과 인간관계 발전이 생산성의 향상에 공헌한다는 인식이 크게 확산되고 있다. 앞으로도 집단상담은 문제해결의 상담 장면뿐만 아니라 교육, 산업, 종교 등 모든 분야에 적용되어 삶의 질을 개선하는 데 크게 공헌할 것이다.

지금까지 학생 및 일반인이 쉽게 접할 수 있도록 개방적으로 운영된 집단상담의 형태는 주로 자기성장이나 인간관계 발달에 초점을 맞춘 '집단' 혹은 '참만남 집단'이라 할 수 있다. 미국에서 Lewin과 그의 동료들이 중심이 되어 NTL(National Training Labortorg)에서 시작된 T-집단은 인간관계 훈련 및 집단역학에 초점을 두었으며 Rogers가 중심이 되어 시카고 대학에서 시작된 참만남 집단은 자기성장에 초점을 두었는데 이들이 우리나라 집단상담 운동의 모태가 되었기 때문이다(설기문, 1998). 우리나라에 '자기성장 집단상담'이란 용어가 사용된 것은 이형득이 개발한 '자기성장 프로그램'(윤홍섭/이형득, 1980)이 집단상담 분야에 널리 적용된 것이 계기가 되었다. 최근에 이형득(1998)은 '자기성장 집단상담은 대상이나 특정문제와는 상관없이 참여자에게 자기이해, 자기수용, 자기개방이라는 세 가지 단계의 순환적 과정을 경험시킴으로 여하한 상황에 처해서도 자력으로 대처해 나가도록 돕는 데 목적을 두고……'라고 기술함으로써 자기성장 집단상담의 성격을 어느 정도 규정하였다.

자기성장 집단상담의 활용 범위를 넓이고 그 효율성을 증대시키려면 자기 성장 집단상담의 '모형'이 있어야 한다.

7) 집단상담의 질 관리

우리나라의 집단상담은 양과 질에서 크게 성장하였다. 특히 양적인 측면에서는 각 대학, 사회단체, 연구소 등을 중심으로 집단상담이 이루어지지 않는 곳이 거의 없는 실정이고 질적인 측면에서도 집단상담을 연구하는 연구자, 집단지도자, 집단전문가의 자질 또한 향상되고 있다. 이럴수록 집단지도자의 자질을 검증하고 관리할 수 있는 제도적 장치가 마련되어야 한다. 현재 한국집단상담학회에서는 집단상담 분야의 전문가를 양성하기 위한 전문집단상담가 자격제도를 두고 있다. 이러한 자격제도를 적극 활용하여 국내에서 가장 우수하고 유능한 집단상담 전문가들을 양성하고 또한 이들의 질 관리를 강화할 것이다. 또한 전문가 및 회원들의 질 관리 측면에서 상담자의 자질을 위한 공개 강좌 또는 세미나를 정기적으로 체험해야 할 이유가 있다.

1) 이석철, Midwest Theological Seminary Theological Foundation for Christian Education Lecture Notes, p.44, 2004.
2) 은준관, 기독교교육의 현장론, 대한기독교출판사, p.11, 1995.
3) 이석철, Ibid. p.45.
4) 오인탁, 기독교 교육, 종로서적, 1991, p.217.
5) Lewis J. Sherrill, The Gift of Power, 김재은 & 장기옥 Translation, 대한기독교출판사, 1981, p.69.
6) 은준관, Ibid., p.24.
7) 정웅섭, 현대 기독교교육의 과제와 방법, 대한기독교서회, 1991, p.138.
8) Duncan, Buchanan, The counseling of Jesus, 천청웅 역, 아가페 1987, p.157.
9) 반피득, 기독교 교육, 대한기독교서회, 1993, p.343.
10) Ibid. p.51.
11) Ibid. p.65.

10. 게슈탈트(Gestalt)

　게슈탈트 치료는 독일출생의 유대계 정신과 의사 프릿츠 퍼얼스 (Fritz Perls)에 의해 창시·확장된 것이다. 심리적 장애나 고민은 인간의 심리과정이 두 가지의 대립된 요소가 생겨서 일어나며 따라서 그 부조화된 요소를 서로 명확히 하기 위해 대결시키고 그 결과 조화를 이루는 '유기체적 자기 제어'(organistic self-regulation)의 메커니즘을 회복하는 것을 치료의 목적으로 한다. 펄즈는 정신분석에 있어서 동기와 방어에 관한 역동적 이해와 실존주의로부터의 '지금, 여기에서'(here and now)의 사고방식, 게슈탈트 심리학에서의 지각, 인지의 전체주의적 편성과 상호 관련성―전체는 부분의 총화 이상의 것이다. ― 사고방식, 골드슈타인의 항상성(homeostasis)과 유기체론의 개념, 모레노의 심리극 등을 사용하여 그의 이론과 기법을 전개하였다.

　펄즈(Perls)에 의하면 많은 사람들은 자기의 극히 일부분밖에 의식하고 있지 않으며 전체의 자기(holistic self)라는 것에 눈을 돌리지 않고 있는 점을 의식했다. 사람들이 자신의 인격 개개의 단편적 부분에 자각하고 그들을 인정하며 모두를 자신의 것으로서, 하나의 전체로서 통합하는 것을 돕는다. 게슈탈트 치료의 기본적 입장으로 가장 중요한 것은 '지금-여기(here and now)의 감정체험과 지각(awareness) 그리고 현재-경험-자각-현실'을 강조하고 있다.

1) 게슈탈트 치료의 역사

펄즈(Perls)는 1893년 독일 베를린 중·하류층 유태계 가정에서 태어나서 오스트리아 비인에서 정신신경과 의사 쉴더(Paul Ferdinard Schilder; 1886~1940)에게서 배우고 박사학위를 취득한 후 1926년 뇌손상 군인들을 연구하던 '골드슈타인 연구소'(Goldstein's Institute for Brain Damaged Soldier)에서 골드슈타인의 조수로 일하기 위해 프랑크 풀트 암 마인에 갔다. 여기서 골드슈타인 교수와 게슈탈트 심리학의 전체주의설을 세운 젤브(Adhemar Gelb)를 만나게 되고 1927년에는 그의 아내가 된 로라(Laura)를 만났다.

펄즈는 정신분석가가 되어 직접적으로는 호나이(Horney), 라이히(Reich)에 의해 영향을 받았으며 간접적으로는 랭크(O. Rank) 외 그밖의 사람들의 영향을 받았다.

(1) 게슈탈트 상담이론

(ㄱ) 개관

① 실존주의적

: 게슈탈트 상담이론이란 Frederick S. Perls(1893~1970)에 의해

개발된 상담이론, '지금-여기'와 경험의 전체성, 인간의 자유와 책임, '과정으로서의 존재'를 강조한다는 점에서 실존주의적.

② 현상학에 토대

: 인생에 대한 객관적 의미보다는 인간의 지각이나 주관적 경험 및 의미를 강조한다는 점에서 현상학적인 인간관에 근거하고 있다.

③ 게슈탈트 심리학의 영향

: 그리고 전경과 배경의 형성과 소멸에 대한 원리, 지각의 조직화 과정에 대한 원리 등을 상담에 원용하고 있다는 점에서 게슈탈트 심리학의 영향을 받고 있다.

2) 주요 개념

(1) 게슈탈트(Gestalt)

① 게슈탈트란 여러 부분들이 연결되어 형성하는 의미 있는 전체를 의미하는 것으로 개인이 지니는 욕구나 감정이 하나의 의미 있는 전체로 조직된 것을 뜻한다.

② 인간은 자기 조정 능력에 의해 매 순간 자신에게 가장 필요한 욕구와 감정의 순서대로 게슈탈트를 형성하고 조정한다.

③ 그런데 만약 완결된 형태로서 게슈탈트를 형성하지 못하면 심리적 장애를 겪게 된다.

참고문헌(Bibliography)

[한국어 책]

한글 개혁성경.

영-한 사전(민중서림).

호크마 성경주석(지혜사). 1989.

김경미, 이화여자대학교 대학원 석사논문. 아동의 감정 존중에 내재된 교육
    적 의미((The) Educational Implications of the Consideration for
    Children's Emotion) 2003.

김정은. 한국성경번역의 역사. 장로교 신학교.

(Jung Eun Kim. professor of Presbyterian Theological seminary. History
    of Korean Bible translation.(The 'new and old Testament Chinese
    writing Bible' that Asian the first translation was translated in
    China(1822.)and The first translation was translated in Japan
    '1882.')

김은정. 상담심리의 이해. 선학사. 2005.

박민정. 박사학위 논문 이화여자대학교 대학원. 인간의 감정을 형상화한 인
    체 표현 연구: 희, 노, 애, 락을 중심으로(Human Sentiments Embodied
    through Human Bodies: focused on Joy, Sorrow, and Pleasure) 2003.

반피득. 기독교 교육, 대한기독교서회. 1993.

신영재. 자각을 중심으로 한 게슈탈트 집단상담이 청소년의 공격성 감소에
    미치는 효과. 계명대 교대. 석사논문. 1999.

오성춘. 영성과 목회(기독교 영성훈련의 이론과 실제). 1992.

오인탁. 기독교 교육. 종로서적. 1991

이남표. 정신건강과 심리치료. 원탑문화사. 1991.

이상덕. 목회상담에 관한 연구. 총신 석사논문. 1990.

이석철. 기독교 교육을 위한 성경적 기초. 미드웨스트 신학교 강의 안. 2004.

이원설. 성경이 가르치는 크리스찬 리더십. 쿰란. 2000.

이정희. 상담자 예수. 그린. 서울 1992.

이해종. 미드웨스트 대학교 기독교. 상담학 박사학위 논문. 2005.

은준관. 기독교교육의 현장론. 대한기독교출판사. 1995.

정훈택. 신약에서의 기독교 윤리의 근거와 그 의의. 서울. 로고스연구원. 1993.

원효식. 영성신학의 이론과 실제. 대신대학대학원. 1993.

정인석. 상담학의 기초이론. 서울. 1992.

정양은. 심리학 통론. 서울. 법문사. 1986.

[번역책]

Arnold B. Come, Human spirit and Holy spirit, translated by, Kim Seong Min, Seoul. DeaHan Christianity Publishing Company, 1984.

Bon Lee Davis, Gold in the Making, Kim Geo Hyang, Translated, Seoul, NacimBan, 1992.

Carl A. Manimgger, The Human mind(1), translated by, Seol Young Hwan, SeonyoungSa, 1993.

Carl R. Rogers, Counseling And Psychotherapy, translated by, Han Sung Ho, Seoul. Jip Mun Dang, 1983.

Charles Sell. Helping Adult Children Resolve their Past, translated by, Chung Dong Sep & Choe Min He Seoul, DuRanNo, 1993.

C. W. Brister, The Premise of counseling, translated by, Oh Seong Chun, Seoul. HoungEikSa, 1989.

Cornelius Van Til, Christian Theistic Ethics, translated by, Ui Ger chan

Emmao, Seoul, 1993.

David A. Semands, Healing for Damaged Emotions, Song Hyon Bok, Translated by, Seoul. DoRanno, 1993.

Duncan, Buchanan, The Counselling of Jesus, translated by, Chung Jeong Ung Agape, 1987.

Da Kuma Dagadoci, Personality and Psychology of aptitude, Seoul. Voicesa, 1989.

Dennis E. Saylor, A Guid To Hospital Calling, Jang Tae Young, translated by, Seoul, Vociesa, 1993.

D. Martyn Lioyd-Jones. Healing and Medicine.1987.Translated by Chung deuk sil. 1994.

E. G. Willamson & S. D. Foley, Counseling And discipline, Jung In suk,. translated by, Seoul. DeWangSa, 1991.

Francis Nigel Lee, The Orign Destiny of Man, Lee Sung Gu, translated by, Seoul, Emmao, 1992.

G. Campbell Morgan, How to Live, Lim ok Hyeon, translated, Seoul, NaChimBan, 1992.

Gary R. Collins, Counselling Guide, Jung Sunk Hwan, translated, Seoul, GiDuck GeHeaSa, 1989.

Gerald Corey, Theory And Practice of Counseling And Psychotherapy, Ki Tai Hahn, translated, Seoul, SungKwang, 1992.

Gerald Corey. Marianne Schneoder Corey. Patrick Callanan. J. Michael Russell. Group Techniques. 3rd Edition. Translated by. Kim Chen Kyung & Choi Oiw Young. Sigmapress. 2005.

Gerard Egan, The Skilled Helper, Oh Sung Chuen, translated by, Seoul, JeChang ChongHoi Publication. 1991.

Howard J. Clinebell, Growth Counselling, Kim Seon Do, translated by, Kaung Rim, 1993.

Howard J. Clinebell, Basic Types of Pastoral Counseling, Translated by, Keun Won Park, The christian Literaure Society, Seoul, 1991.

Jay E. Adams, A Theology of Christian Counseling, Chung Dong Sik, translated, Seoul, GiDok SinBo C0, 1990.

Jay E. Adams, Competent to Counsel, Chung Chung Suk, translated, chonSin College, 1993.

Jay E. Adams, Pastoral Counseling, Jeoug Sam Ge, translated, Seoul. Christanity document mission, 1992.

Jay E. Adams, The Christian Counselor's Manual, translated, Yong Soom Kim, Voice, Seoul, 1982.

J. M. Bochenski, Wege zum philosophischen Denken, Pyo Jae Myong, Tanslated, Seoul, DongMyongSa, 1982.

John Haggai, Lead on, Translated by, Kwon Myung Dal, Voicesa, Seoul, 1996.

Lawrence J. Crabb, Effective Biblical Counseling, Chung Jung Sook, translated, ChongShin College Printing Store, 1982.

L. J. Crabb, D. B. Allender. The Key To Caring, OhHun Mi & Lee Young Bok, translated, Seoul, NacimBan, 1988.

Paul. Tourmier, The of persons, Kwon Myung Dal, translated, Voice 1987.

Raymond L. Cramer, The Psychology of Jesus and Health, Chung Dong Soup, translated, word of life press, 2001.

Robert E. Webber, The of the Christian in the Secure World, Lee Sung Gu, translated, Seoul, AmMaoh, 1992.

S. Freud, Vor Lesungen Zur Esungen Zur Einfuhrung In Die Psychoanalyse, Lee Jung Sik, translated, Seoul. DaMoo, 1993.

Seward Hiltner, Pastoral Counseling, translated by, Kyung Il Mah, The Christian Literature Society, Seoul, 2001.

Victor E. Frank, Psychology analysis and mind treatment, Yu Hyeong Sim, translated, Seoul, HanGcil, 1992.

[English Book]

K. J. V. Bible.

N. I. V. Bible.

Revised Standard Version. Bible.

Clyed M. Narramore, The Psychology of counseling, 1960.

Charles G. Morris, Seventh Edition, Psychology An Introduction, 1990.

David Seamands, Healing for Damaged Emotion. Victor Books, 1981.

Diane Langberg, counsel for pastor' wives, 1988.

George Bama, The Leader on Leadership, Bethany Print co, 2000.

Gary R Collins, Case Studies in Christian Counseling(series 28).translated
        by. Tyrannus. 1996.

Howard Clinebell, contemporary Growth therapies, 1981

Ralph D. Winter. & Steven C. Hawthome. Perspectives on the World
        christian Movement. U. S. Center for world Mission. 1999.

Raymond L. cramer, The Psychology of Jesus and mental Health, 2001.
        Richard Walters. Counseling for Problems of Self-Control.(volum 11
        of the resources Christian ounseling.) 1988.

Ruce W. Jones, Ministerial Leadership in a Managerial, 1994.

Ted W. Engstrom, The making of Christian Leader Rapid, michigan
        Zonderervan, 1976.

William B. Oglesby Jr, Biblical Themes for Pastoral Care, 1980.

Wolfgang Kohler, Gestalt Psychology, Liveright Publishing co, 1945.

[Internet Address]

http://news.media.daum.net/snews/culture/art/200603/10/kukinews/v1197
        5466.html.

http://k.daum.net/qna/kin/home/qdetail__view.html?boardid

http://www.bt-cp.co.kr/bt/b__t/b__str.htm
http://mfs.kyungpook.ac.kr/biocosmos/high/menu.html
http://www.medcity.com/jilbyung/stress.html.
http://www.chungaclinic.com/clinic3/clinic3__03.htm.
Lifeline(생명의 전화)상담자료. 2004. 12.
여성부(미혼모 현황 및 욕구조사 결과). 2005. 10. 가족지원팀.
한국일보. 2005. 11. 18.

• 저자 •

이해종
李海鍾

• 약 력 •

안양대학교 국어국문학과
안양대학교 신학대학원 신학과
Midwest University
전 새민장로교회 담임목사
현 FE치유상담연구소 소장
현 안양대학교 신학대학원 출강

• 주요논저 •

「집단상담」
「상담의 방법론」
「청소년상담」
「기독교상담과 일반상담의 차이점」
외 다수

• 연락처 •

hjong4747@naver.com

기독교상담과
일반상담의 차이점

– 새로운 상담기법 FE-Toil과 상담은 목회의 사명 –

• 초판 인쇄   2007년 9월 30일
• 초판 발행   2007년 9월 30일

• 지 은 이   이해종
• 펴 낸 이   채종준
• 펴 낸 곳   한국학술정보㈜
             경기도 파주시 교하읍 문발리 526-2
             파주출판문화정보산업단지
             전화 031) 908-3181(대표) · 팩스 031) 908-3189
             홈페이지 http://www.kstudy.com
             e-mail(출판사업부) publish@kstudy.com
• 등   록   제일산-115호(2000. 6. 19)
• 가   격   19,000원

ISBN   978-89-534-7417-8 93230 (Paper Book)
        978-89-534-7418-5 98230 (e-Book)